Ausgewählt und
zusammengestellt von
Martin Althaus

Das Excel-Funktionslexikon

Fachverlag für **Computerwissen**

Inhaltsverzeichnis

Vorwort

Liebe Excel-Anwenderin, lieber Excel-Anwender,

seit über 15 Jahren beschäftige ich mich mit Excel. Die erste Version, die ich intensiv eingesetzt habe, war Version 2.11. Das war im Jahr 1990 und damit noch im letzten Jahrhundert – und es kommt mir manchmal auch so vor, als sei das eine andere Zeit gewesen.

Excel hat seitdem echte Entwicklungssprünge gemacht und ist ein großartiges, ausgereiftes Software-Produkt geworden. Was Excel einem Anwender aber immer noch nicht abnehmen kann, ist die Suche nach einer passenden Tabellenfunktion für eine bestimmte Aufgabe.

Welche Argumente benötigt die Funktion SVERWEIS noch gleich? Wie ruft man INDEX noch auf? Mit diesem Excel-Funktionslexikon haben Sie alle Tabellenfunktionen auf einen Blick und stets griffbereit zur Hand. Sie müssen nicht mehr lange überlegen, wenn Sie eine bestimmte Funktion zur Lösung Ihrer Excel-Aufgaben benötigen.

Denn dieses Buch konzentriert sich auf den Einsatz von Tabellenfunktionen und wird Ihnen sicher ein ständiger Begleiter bei Ihrer Arbeit mit Excel werden.

Ich hoffe, dass Ihnen das Excel-Funktionslexikon beim praktischen Einsatz von Excel-Tabellenkalkulationen eine wirkliche Hilfe ist, und wünsche Ihnen viel Erfolg mit Excel!

Mit herzlichem Gruß

Martin Althaus

Alle Excel-Funktionen auf einen Blick

Datenbank: Alle Funktionen

Mit den Tabellenfunktionen der Kategorie „Datenbank" greifen Sie auf die Inhalte Ihrer Listen zu.

Die Beispieldatei aus diesem Kapitel können Sie im Internet abrufen, wenn Sie die Beispiele direkt in Ihrem Excel nachvollziehen möchten. Wählen Sie die folgende Internet-Adresse:

www.computerwissen.de/downloads/excel-lexikon

Rufen Sie dann die folgende Datei ab: Datenbank.xls.

Beschreibung der Datenbankfunktionen

DBANZAHL und DBANZAHL2

Die Funktionen DBANZAHL und DBANZAHL2 ermitteln in einer Datenbank die Anzahl der Zellen, die bestimmten Kriterien entsprechen.

DBANZAHL zählt nur diejenigen Datensätze, die im mit <Datenbankfeld> übergebenen Datenbankfeld eine Zahl aufweisen.

DBANZAHL2 zählt nur diejenigen Datensätze, die im mit <Datenbankfeld> übergebenen Datenbankfeld nicht leer sind.

Aufbau

=DBANZAHL(<Datenbank>;
  <Datenbankfeld>;<Suchkriterien>)

=DBANZAHL2(<Datenbank>;
  <Datenbankfeld>;<Suchkriterien>)

Parameter

<Datenbank> legt den Bereich fest, in dem sich die Liste befindet, die betrachtet werden soll.

<Datenbankfeld> definiert die Nummer oder den Namen des Datenbankfeldes (bzw. der Spalte), das untersucht werden soll. Das erste Feld besitzt die Nummer 1. <Datenbankfeld> ist ein optionaler Parameter, der nicht angegeben werden muss.

<Suchkriterien> gibt den Kriterienbereich an, der die Auswahlkriterien enthält.

	A	B	C	D	E	F	G	H	I	J
1	DBANZAHL und DBANZAHL2									
2										
3	Vorname	Nachname	Geburtsdatum	Betrag		Kriterienbereich				
4	Mario	Tregulov	5. Mai. 1974	299 €		Vorname	Nachname	Geburtsdatum	Betrag	Betrag
5		Stockrahm	25. Nov. 1954	784 €					<1000	>500
6	Sabine	Materna	10. Apr. 1943	993 €					>4500	
7	Celikten	Siek	5. Jan. 1982	1.242 €						
8	Michael	Druschke	12. Apr. 1957	1.727 €						
9	Jörg	Geyer	14. Jan. 1961	1.864 €		Formel				
10	Klaus-P.	Stramka	5. Feb. 1960	2.111 €		0	=DBANZAHL($A$3:$D$18;1;$F$4:$I$5)			
11	Edgar	Lindner	26. Jul. 1944	2.322 €		3	=DBANZAHL($A$3:$D$18;3;$F$4:$I$5)			
12	Martina	Steinberger	4. Dez. 1984	3.630 €		2	=DBANZAHL($A$3:$D$18;3;$F$4:$J$5)			
13	Jan	Lopez	12. Apr. 1974	3.968 €		6	=DBANZAHL($A$3:$D$18;3;$F$4:$J$6)			
14	Julia	Hehn	26. Sep. 1942	4.315 €		2	=DBANZAHL2($A$3:$D$18;1;$F$4:$I$5)			
15	Krystian	Dittmer	24. Mai. 1977	4.567 €		3	=DBANZAHL2($A$3:$D$18;3;$F$4:$I$5)			
16	Liliane	Sippel	14. Jan. 1943	4.637 €		2	=DBANZAHL2($A$3:$D$18;3;$F$4:$J$5)			
17	Silvia	Remmel	22. Mai. 1949	4.739 €		1	=DBANZAHL2($A$3:$D$18;1;$F$4:$J$5)			
18	Tanja	Hochgeschurz	28. Dez. 1943	4.859 €		5	=DBANZAHL2($A$3:$D$18;1;$F$4:$J$6)			
19										

DBANZAHL und DBANZAHL2 in der Praxis

Funktions-Assistent
Kategorie: Datenbank
Englischer Funktionsname
DCOUNT
DCOUNTA

Besonderheiten

Mit dem Parameter <Suchkriterien> teilen Sie Excel mit, welche Zellen des Feldes untersucht werden sollen. Der übergebene Bereich muss in der ersten Zeile mindestens einen Namen (Datenbankfeld) enthalten, der auch in der ersten Zeile der übergebenen <Datenbank> enthalten ist.

Nebeneinander in <Suchkriterien> auftretende Kriterien müssen gleichzeitig erfüllt sein (Und-Verknüpfung). Von untereinander auftretenden Kriterien muss nur eine erfüllt sein (Oder-Verknüpfung).

In <Suchkriterien> kann ein Datenbankfeld auch mehrfach auftreten.

Wenn Sie <Datenbankfeld> nicht angeben, werden alle Datenbankfelder auf die jeweilige Bedingung (Wert bzw. nicht leer) überprüft.

DBAUSZUG

Zur Ermittlung des Inhaltes eines Datensatzes in einer Datenbank, der gewisse Auswahlkriterien erfüllt, arbeiten Sie mit der Funktion DBAUSZUG.

Aufbau

DBAUSZUG(<Datenbank>;<Datenbankfeld>;
<Suchkriterien>)

Parameter

<Datenbank> legt den Bereich fest, in dem sich die Liste befindet, aus der Sie den Inhalt eines Datensatzes ermitteln möchten.

<Datenbankfeld> definiert die Nummer oder den Namen des Datenbankfeldes (bzw. der Spalte), aus dem Sie einen Inhalt ermitteln möchten. Das erste Feld besitzt die Nummer 1.

<Suchkriterien> gibt den Kriterienbereich an, der die Auswahlkriterien enthält.

Funktions-Assistent

Kategorie:
Datenbank

Englischer Funktionsname
DGET

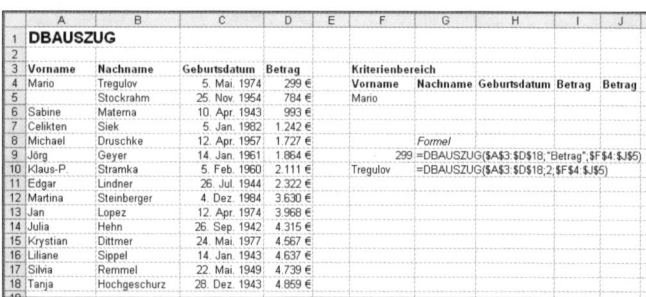

Die Funktion DBAUSZUG

Besonderheiten

Mit dem Parameter <Suchkriterien> teilen Sie Excel mit, welche Zellen des Feldes untersucht werden sollen. Der übergebene Bereich muss in der ersten Zeile mindestens einen Namen (Datenbankfeld) enthalten, der auch in der ersten Zeile der übergebenen <Datenbank> enthalten ist.

Nebeneinander in <Suchkriterien> auftretende Kriterien müssen gleichzeitig erfüllt sein (Und-Verknüpfung). Von untereinander auftretenden Kriterien muss nur eine erfüllt sein (Oder-Verknüpfung).

In <Suchkriterien> kann ein Datenbankfeld auch mehrfach auftreten.

Sind die Suchkriterien bei mehr als einem Datensatz erfüllt, liefert die Funktion DBAUSZUG den Fehlerwert #ZAHL!.

Findet Excel keinen Datensatz, der den Suchkriterien entspricht, wird der Wert #WERT geliefert.

DBMAX, DBMITTELWERT, DBMIN, DBSUMME

Mit den Funktionen DBMAX, DBMITTELWERT, DBMIN, DBSUMME führen Sie statistische Berechnungen in Ihren Datenbanken durch. Die betrachteten Datensätze müssen dabei bestimmte Auswahlkriterien erfüllen.

➡ DBMAX ermittelt das Maximum.

➡ DBMITTELWERT berechnet den Mittelwert.

➡ DBMIN ermittelt das Minimum.

➡ DBSUMME bildet die Summe.

Aufbau

DBMAX(<Datenbank>;<Datenbankfeld>; <Suchkriterien>)

DBMITTELWERT(<Datenbank>; <Datenbankfeld>;<Suchkriterien>)

DBMIN(<Datenbank>;<Datenbankfeld>; <Suchkriterien>)

DBSUMME(<Datenbank>;<Datenbankfeld>;
<Suchkriterien>)

	A	B	C	D	E	F	G	H	I	J
1	**DBMAX, DBMITTELWERT, DBMIN und DBSUMME**									
2										
3	Vorname	Nachname	Geburtsdatum	Betrag		Kriterienbereich				
4	Mario	Tregulov	5. Mai. 1974	299 €		Vorname	Nachname	Geburtsdatum	Betrag	Betrag
5		Stockrahm	25. Nov. 1954	784 €					<1000	>500
6	Sabine	Materna	10. Apr. 1943	993 €					>4500	
7	Celikten	Siek	5. Jan. 1982	1.242 €						
8	Michael	Druschke	12. Apr. 1957	1.727 €		993	=DBMAX($A$3:$D$18;4;$F$4:$I$5)			
9	Jörg	Geyer	14. Jan. 1961	1.864 €		692	=DBMITTELWERT($A$3:$D$18;4;$F$4:$I$5)			
10	Klaus-P.	Stramka	5. Feb. 1960	2.111 €		299	=DBMIN($A$3:$D$18;4;$F$4:$I$5)			
11	Edgar	Lindner	26. Jul. 1944	2.322 €		2076	=DBSUMME($A$3:$D$18;4;$F$4:$I$5)			
12	Martina	Steinberger	4. Dez. 1984	3.630 €						
13	Jan	Lopez	12. Apr. 1974	3.968 €		4859	=DBMAX($A$3:$D$18;4;$F$4:$I$6)			
14	Julia	Hehn	26. Sep. 1942	4.315 €		2982,571	=DBMITTELWERT($A$3:$D$18;4;$F$4:$I$6)			
15	Krystian	Dittmer	24. Mai. 1977	4.567 €		299	=DBMIN($A$3:$D$18;4;$F$4:$I$6)			
16	Liliane	Sippel	14. Jan. 1943	4.637 €		20878	=DBSUMME($A$3:$D$18;4;$F$4:$I$6)			
17	Silvia	Remmel	22. Mai. 1949	4.739 €						
18	Tanja	Hochgeschurz	28. Dez. 1943	4.859 €		993	=DBMAX($A$3:$D$18;4;$F$4:$J$5)			
19						888,5	=DBMITTELWERT($A$3:$D$18;4;$F$4:$J$5)			
20						784	=DBMIN($A$3:$D$18;4;$F$4:$J$5)			
21						1777	=DBSUMME($A$3:$D$18;4;$F$4:$J$5)			

DBMAX, DBMITTELWERT, DBMIN, DBSUMME

Parameter

<Datenbank> legt den Bereich fest, in dem sich die
Liste befindet, in der Sie die statistische Berechnung
durchführen möchten.

<Datenbankfeld> definiert die Nummer oder den Na-
men des Datenbankfeldes (bzw. der Spalte), in der die
Berechnung stattfinden soll. Das erste Feld besitzt die
Nummer 1.

<Suchkriterien> gibt den Kriterienbereich an, der die
Auswahlkriterien enthält.

Besonderheiten

Mit dem Parameter <Suchkriterien> teilen Sie Excel
mit, welche Zellen des Feldes untersucht werden sollen.
Der übergebene Bereich muss in der ersten Zeile mindestens einen Namen (Datenbankfeld) enthalten, der
auch in der ersten Zeile der übergebenen <Datenbank>
enthalten ist.

Nebeneinander in <Suchkriterien> auftretende Kriterien müssen gleichzeitig erfüllt sein (Und-Verknüpfung). Von untereinander auftretenden Kriterien muss nur eine erfüllt sein (Oder-Verknüpfung).

In <Suchkriterien> kann ein Datenbankfeld auch mehrfach auftreten.

Wenn kein Datensatz den Suchkriterien entspricht, liefert die Funktion DBMITTELWERT den Fehlerwert #DIV/0!.

DBPRODUKT

Die Funktion DBPRODUKT berechnet das Produkt eines bestimmten Datenbankfeldes mehrerer Datensätze. Die betrachteten Datensätze müssen dabei bestimmte Auswahlkriterien erfüllen.

Aufbau

```
DBPRODUKT(<Datenbank>;
<Datenbankfeld>;<Suchkriterien>)
```

	A	B	C	D	E	F	G	H	I	J
1	**DBPRODUKT**									
2										
3	Vorname	Nachname	Geburtsdatum	Betrag		Kriterienbereich				
4	Mario	Tregulov	5. Mai. 1974	299 €		Vorname	Nachname	Geburtsdatum	Betrag	Betrag
5		Stockrahm	25. Nov. 1954	784 €					<1000	>500
6	Sabine	Materna	10. Apr. 1943	993 €					>4500	
7	Celikten	Siek	5. Jan. 1982	1.242 €						
8	Michael	Druschke	12. Apr. 1957	1.727 €						
9	Jörg	Geyer	14. Jan. 1961	1.864 €			Formel			
10	Klaus-P.	Stramka	5. Feb. 1960	2.111 €		2,33E+08	=DBPRODUKT($A$3:$D$18;4;$F$4:$I$5)			
11	Edgar	Lindner	26. Jul. 1944	2.322 €						
12	Martina	Steinberger	4. Dez. 1984	3.630 €		778512	=DBPRODUKT($A$3:$D$18;4;$J$4:$J$5)			
13	Jan	Lopez	12. Apr. 1974	3.968 €						
14	Julia	Hehn	26. Sep. 1942	4.315 €		1,14E+23	=DBPRODUKT($A$3:$D$18;4;$F$4:$I$6)			
15	Krystian	Dittmer	24. Mai. 1977	4.567 €						
16	Liliane	Sippel	14. Jan. 1943	4.637 €						
17	Silvia	Remmel	22. Mai. 1949	4.739 €						
18	Tanja	Hochgeschurz	28. Dez. 1943	4.859 €						

DPRODUKT

Funktions-Assistent
Kategorie: Datenbank

Englischer Funktionsname
DPRODUCT

Parameter

<Datenbank> legt den Bereich fest, in dem sich die Liste befindet, in der Sie das Produkt einiger Datensätze bilden möchten.

<Datenbankfeld> definiert die Nummer oder den Namen des Datenbankfeldes (bzw. der Spalte), in der die Berechnung stattfinden soll. Das erste Feld besitzt die Nummer 1.

<Suchkriterien> gibt den Kriterienbereich an, der die Auswahlkriterien enthält.

Besonderheiten

Mit dem Parameter <Suchkriterien> teilen Sie Excel mit, welche Zellen des Feldes untersucht werden sollen. Der übergebene Bereich muss in der ersten Zeile mindestens einen Namen (Datenbankfeld) enthalten, der auch in der ersten Zeile der übergebenen <Datenbank> enthalten ist.

Nebeneinander in <Suchkriterien> auftretende Kriterien müssen gleichzeitig erfüllt sein (Und-Verknüpfung). Von untereinander auftretenden Kriterien muss nur eine erfüllt sein (Oder-Verknüpfung).

In <Suchkriterien> kann ein Datenbankfeld auch mehrfach auftreten.

DBSTDABW, DBSTDABWN, DBVARIANZ, DBVARIANZEN

Die Funktionen DBSTDABW, DBSTDABWN, DBVARIANZ und DBVARIANZEN setzen Sie ein, um die Standardabweichung oder die Varianz eines bestimmten Datenbankfeldes mehrerer Datensätze zu berechnen. Die betrachteten Datensätze müssen dabei bestimmte Auswahlkriterien erfüllen.

➡ DBSTDABW berechnet die Standardabweichung und geht von einem Teil einer Grundgesamtheit aus.

➡ DBSTDABWN berechnet die Standardabweichung und geht dabei von einer vollständigen Grundgesamtheit aus.

➡ DBVARIANZ berechnet die Varianz und geht von einem Teil einer Grundgesamtheit aus.

➡ DBVARIANZEN berechnet die Varianz und geht dabei von einer vollständigen Grundgesamtheit aus.

Aufbau

```
DBSTDABW(<Datenbank>;
<Datenbankfeld>;<Suchkriterien>)

DBSTDABWN(<Datenbank>;
<Datenbankfeld>;<Suchkriterien>)

DBVARIANZ(<Datenbank>;
<Datenbankfeld>;<Suchkriterien>)

DBVARIANZEN(<Datenbank>;
<Datenbankfeld>;<Suchkriterien>)
```

	A	B	C	D	E	F	G	H	I	J
1	**DBSTDABW, DBSTDABWN, DBVARIANZ und DBVARIANZEN**									
2										
3	Vorname	Nachname	Geburtsdatum	Betrag		Kriterienbereich				
4	Mario	Tregulov	5. Mai. 1974	299 €		Vorname	Nachname	Geburtsdatum	Betrag	Betrag
5		Stockrahm	25. Nov. 1954	784 €					<1000	>500
6	Sabine	Materna	10. Apr. 1943	993 €					>4500	
7	Celikten	Siek	5. Jan. 1982	1.242 €						
8	Michael	Druschke	12. Apr. 1957	1.727 €						
9	Jörg	Geyer	14. Jan. 1961	1.864 €		356,0295	=DBSTDABW($A$3:$D$18;4;$F$4:$I$5)			
10	Klaus-P.	Stramka	5. Feb. 1960	2.111 €		290,6969	=DBSTDABWN($A$3:$D$18;4;$F$4:$I$5)			
11	Edgar	Lindner	26. Jul. 1944	2.322 €		126757	=DBVARIANZ($A$3:$D$18;4;$F$4:$I$5)			
12	Martina	Steinberger	4. Dez. 1984	3.630 €		84504,67	=DBVARIANZEN($A$3:$D$18;4;$F$4:$I$5)			
13	Jan	Lopez	12. Apr. 1974	3.968 €						
14	Julia	Hehn	26. Sep. 1942	4.315 €		147,7853	=DBSTDABW($A$3:$D$18;4;$F$4:$J$5)			
15	Krystian	Dittmer	24. Mai. 1977	4.567 €		104,5	=DBSTDABWN($A$3:$D$18;4;$F$4:$J$5)			
16	Liliane	Sippel	14. Jan. 1943	4.637 €		21840,5	=DBVARIANZ($A$3:$D$18;4;$F$4:$J$5)			
17	Silvia	Remmel	22. Mai. 1949	4.739 €		10920,25	=DBVARIANZEN($A$3:$D$18;4;$F$4:$J$5)			
18	Tanja	Hochgeschurz	28. Dez. 1943	4.859 €						
19						2154,346	=DBSTDABW($A$3:$D$18;4;$F$4:$I$6)			
20						1994,537	=DBSTDABWN($A$3:$D$18;4;$F$4:$I$6)			
21						4641207	=DBVARIANZ($A$3:$D$18;4;$F$4:$I$6)			
22						3978177	=DBVARIANZEN($A$3:$D$18;4;$F$4:$I$6)			

Funktions-Assistent
Kategorie: **Datenbank**

Englischer Funktionsname
DSTDEV
DSTDEVP
DVAR
DVARP

DBSTDABW, DBSTDABWN, DBVARIANZ, DBVARIANZEN

Parameter

<Datenbank> legt den Bereich fest, in dem sich die Liste befindet, in der Sie die Standardabweichung bzw. Varianz einiger Datensätze berechnen möchten.

<Datenbankfeld> definiert die Nummer oder den Namen des Datenbankfeldes (bzw. der Spalte), in der die Berechnung stattfinden soll. Das erste Feld besitzt die Nummer 1.

<Suchkriterien> gibt den Kriterienbereich an, der die Auswahlkriterien enthält.

Besonderheiten

Mit dem Parameter <Suchkriterien> teilen Sie Excel mit, welche Zellen des Feldes untersucht werden sollen. Der übergebene Bereich muss in der ersten Zeile mindestens einen Namen (Datenbankfeld) enthalten, der auch in der ersten Zeile der übergebenen <Datenbank> enthalten ist.

Nebeneinander in <Suchkriterien> auftretende Kriterien müssen gleichzeitig erfüllt sein (Und-Verknüpfung). Von untereinander auftretenden Kriterien muss nur eine erfüllt sein (Oder-Verknüpfung).

In <Suchkriterien> kann ein Datenbankfeld auch mehrfach auftreten.

Wenn kein Datensatz den Suchkriterien entspricht, liefern die Funktionen den Fehlerwert #DIV/0!.

Datum und Zeit: Alle Funktionen

Mit den Tabellenfunktionen der Kategorie „Datum und Zeit" führen Sie Berechnungen mit Datums- und Zeitwerten durch.

Die Beispieldatei aus diesem Kapitel können Sie im Internet abrufen, wenn Sie die Beispiele direkt in Ihrem Excel nachvollziehen möchten. Wählen Sie die folgende Internet-Adresse:

www.computerwissen.de/downloads/excel-lexikon

Rufen Sie dann die folgende Datei ab:

DatumUndZeit.xls.

Beschreibung der Datums- und Zeitfunktionen

DATUM

Die Funktion DATUM erzeugt einen Datumswert anhand der Angabe von Jahr, Monat und Tag.

Aufbau

`DATUM(<Jahr>;<Monat>;<Tag>)`

Funktions-Assistent	
Kategorie:	Datum & Zeit
Englischer Funktionsname	DATE

	A	B	C	D	E
1	**DATUM**				
2					
3	Jahr	Monat	Tag	Datum	*Formel*
4	1	7	16	16.07.1901	=DATUM(A4;B4;C4)
5	22	12	11	11.12.1922	=DATUM(A5;B5;C5)
6	150	1	8	08.01.2050	=DATUM(A6;B6;C6)
7	1899	5	1	01.05.3799	=DATUM(A7;B7;C7)
8	1900	7	22	22.07.1900	=DATUM(A8;B8;C8)
9	1970	7	25	25.07.1970	=DATUM(A9;B9;C9)
10					

DATUM

Parameter

Mit <Jahr> übergeben Sie eine Jahreszahl für das zu erstellende Datum.

Mit <Monat> übergeben Sie den Monat für das zu erstellende Datum.

<Tag> legt den Tag für das zu erstellende Datum fest.

Besonderheiten

Datumswerte werden von Excel intern als die Anzahl der Tage auf der Basis des 1.1.1900 verwaltet. Excel kann nur Datumswerte zwischen dem 1.1.1900 und dem 31.12.9999 verwalten. Falls Sie in den Optionen von Excel die Einstellung „1904-Datumswerte" aktiviert haben, ist der 1.1.1904 die Basis für Datumsberechnungen.

Sie können dem Parameter <Jahr> nur Werte zwischen 1 und 9999 übergeben. Wenn Sie dem Parameter <Jahr> einen Wert kleiner als 1900 übergeben, addiert die Funktion zum erzeugten Datum automatisch 1900 Jahre hinzu.

Sie können den beiden Parametern <Monat> und <Tag> auch negative Werte übergeben. Die entsprechende Monatszahl bzw. Tageszahl wird dann vom erzeugten Datum abgezogen.

Nullwerte werden bei <Monat> als Dezember des Vorjahres interpretiert und Nullwerte bei <Tag> als letzter Tag des Vormonats.

DATWERT

Zur Umwandlung eines in Textform vorliegenden Datums in einen Datumswert verwenden Sie die Funktion DATWERT.

Aufbau

DATWERT(<Datumstext>)

	A	B	C	D
1	**DATWERT**			
2				
3		*Formel*		
4	1. Mai 2000	=DATWERT("1.05.2000")		
5	1. Mai 2005	=DATWERT("1.05")		
6	#WERT!	=DATWERT("30.02.2005")		
7	#WERT!	=DATWERT("30.02.1890")		
8				

Funktions-Assistent
Kategorie: Datum & Zeit

Englischer Funktionsname
DATEVALUE

DATWERT

Parameter

Mit <Datumstext> übergeben Sie das in Textform vor-liegende Datum.

Besonderheiten

Datumswerte werden von Excel intern als die Anzahl der Tage auf der Basis des 1.1.1900 verwaltet. Excel kann Datumswerte zwischen dem 1.1.1900 und dem 31.12.9999 verwalten. Falls Sie in den Optionen von Excel die Einstellung „1904-Datumswerte" aktiviert haben, ist der 1.1.1904 die Basis für Datumsberechnun-gen.

Wenn Sie mit <Datumstext> ein Datum übergeben, in dem kein Jahr angegeben ist, verwendet die Funktion das Jahr der Systemzeit Ihres Rechners als Jahresanga-be.

Wenn Sie mit <Datumstext> ein ungültiges Datum ü-bergeben, liefert DATWERT den Fehlerwert #WERT!.

Excel speichert Datumsangaben als fortlaufende Zahlen, um sie in Berechnungen verwenden zu können. Der 1. Januar 1900 wird standardmäßig als fortlaufende Zahl 1 gespeichert. Der 1. Januar 2008 wird beispielsweise als fortlaufende Zahl 39448 gespeichert, da dieses Datum 39.448 Tage auf den 1. Januar 1900 folgt.

JAHR, MONAT und TAG

Die Funktionen JAHR, MONAT und TAG liefern die Jahreszahl, Monatszahl und Tageszahl eines Datums bzw. Datumswertes.

➡ JAHR liefert die Jahreszahl eines Datums als Wert zwischen 1900 und 9999.

➡ MONAT ermittelt die Nummer des Monats innerhalb eines Jahres. Monat liefert Werte zwischen 1
und 12.

➡ TAG berechnet die Nummer des Tages innerhalb
eines Monats. TAG kann Werte zwischen 1 und 31
zurückgeben.

Aufbau

JAHR(<Zahl>)

MONAT(<Zahl>)

TAG(<Zahl>)

	A	B	C	D	E	F	G
1	JAHR, MONAT und TAG						
2							
3	Datum	Jahr	*Formel*	Monat	*Formel*	Tag	*Formel*
4	12.03.2005	2005	=JAHR(A4)	3	=MONAT(A4)	12	=TAG(A4)
5	01.03.1950	1950	=JAHR(A4)	3	=MONAT(A4)	1	=TAG(A5)
6	17.03.2003	2003	=JAHR(A5)	3	=MONAT(A5)	17	=TAG(A6)
7							

JAHR, MONAT und TAG

Funktions-Assistent
Kategorie: Datum & Zeit

Englischer Funktionsname
YEAR
MONTH
DAY

Parameter

Mit <Zahl> übergeben Sie das Datum bzw. den Datumswert, für den Sie die Berechnung durchführen
möchten.

Besonderheiten

Datumswerte werden von Excel intern als die Anzahl
der Tage auf der Basis des 1.1.1900 verwaltet. Excel
kann Datumswerte zwischen dem 1.1.1900 und dem
31.12.9999 verwalten. Falls Sie in den Optionen von
Excel die Einstellung „1904-Datumswerte" aktiviert
haben, ist der 1.1.1904 die Basis für Datumsberechnungen.

Wenn Sie mit <Zahl> kein gültiges Datum übergeben, liefern die Funktionen JAHR, MONAT und TAG den Fehlerwert #WERT!.

Denken Sie daran, dass Sie die Zellen, in die Sie die Funktionen JAHR, MONAT und TAG einbinden, nicht mit einem Datumsformat formatieren, da sonst ein Datum statt einer Zahl angezeigt wird.

HEUTE und JETZT

Mit HEUTE und JETZT ermitteln Sie das aktuelle Datum bzw. die aktuelle Zeit Ihrer Systemuhr.

HEUTE liefert das aktuelle Datum der Systemuhr ohne die Uhrzeit.

JETZT liefert das aktuelle Datum inklusive der Uhrzeit Ihrer Systemuhr.

Aufbau

```
HEUTE()
```

```
JETZT()
```

Funktions-Assistent
Kategorie: Datum & Zeit
Englischer Funktionsname
TODAY NOW

	A	B	C	D
1	**HEUTE und JETZT**			
2				
3		*Formel*		
4	31.01.2005	=HEUTE()		
5	31.01.2005 15:06	=JETZT()		
6				
7				

HEUTE und JETZT

Parameter

Den beiden Funktionen HEUTE und JETZT übergeben Sie keine Parameter.

Besonderheiten

Datumswerte werden von Excel intern als die Anzahl der Tage auf der Basis des 1.1.1900 verwaltet. Excel kann Datumswerte zwischen dem 1.1.1900 und dem 31.12.9999 verwalten. Falls Sie in den Optionen von Excel die Einstellung „1904-Datumswerte" aktiviert haben, ist der 1.1.1904 die Basis für Datumsberechnungen.

Wenn die Zelle, in die Sie HEUTE oder JETZT einbinden, mit dem Zahlenformat „Standard" formatiert ist, wird nach Bestätigung der Eingabe automatisch ein Datums- bzw. Zeitformat formatiert.

STUNDE, MINUTE und SEKUNDE

Mit STUNDE, MINUTE und SEKUNDE ermitteln Sie die Anzahl der Stunden, Minuten und Sekunden einer Uhrzeit.

➡ STUNDE liefert die Anzahl der Stunden einer Uhrzeit als Wert zwischen 0 und 24.

➡ MINUTE ermittelt die Anzahl der Minuten einer Uhrzeit als Wert zwischen 0 und 60.

➡ SEKUNDE berechnet die Anzahl der Sekunden einer Uhrzeit als Wert zwischen 0 und 60.

Aufbau

STUNDE (<Zahl>)

MINUTE (<Zahl>)

SEKUNDE (<Zahl>)

	A	B	C	D	E	F	G
1	STUNDE, MINUTE und SEKUNDE						
2							
3	Datum	Stunde	*Formel*	Minute	*Formel*	Sekunde	*Formel*
4	12:15:12	12	=STUNDE(A4)	15	=MINUTE(A4)	12	=SEKUNDE(A4)
5	13:26:00	13	=STUNDE(A5)	26	=MINUTE(A5)	0	=SEKUNDE(A5)
6	0:12:32	0	=STUNDE(A6)	12	=MINUTE(A6)	32	=SEKUNDE(A6)
7							

Funktions-Assistent
Kategorie:
Datum & Zeit

Englischer Funktionsname
HOUR
MINUTE
SECOND

STUNDE, MINUTE und SEKUNDE

Parameter

Mit <Zahl> übergeben Sie die Uhrzeit, für die Sie die Berechnung durchführen möchten.

Besonderheiten

Uhrzeiten werden von Excel intern als Bruchteile von Tagen verwaltet. Jede Zeit stellt einen Wert zwischen 0 für 0:00:00 und 1 für 24:00:00 dar.

Wenn Sie mit <Zahl> keine gültige Uhrzeit übergeben, liefern STUNDE, MINUTE und SEKUNDE den Fehlerwert #WERT!.

Denken Sie daran, dass Sie die Zellen, in die Sie die Funktionen STUNDE, MINUTE und SEKUNDE einbinden, nicht mit einem Zeitformat formatieren, da sonst eine Uhrzeit statt einer Zahl angezeigt wird.

Auch wenn in dem an SEKUNDE übergebenen Bezug aufgrund des Zahlenformats keine Sekundenzahl angezeigt wird, liefert die Funktion die entsprechende Sekundenzahl.

TAGE360

Die Funktion TAGE360 berechnet die Anzahl der Tage zwischen zwei Datumswerten. Die Funktion geht dabei von einem Jahr mit 360 Tagen, also von 12 Monaten mit je 30 Tagen aus. Diese Berechnungsgrundlage wird von vielen Banken und Buchführungsmethoden verwendet.

Aufbau

```
TAGE360(<Ausgangsdatum>;<Enddatum>;
<Methode>)
```

	A	B	C	D	E
1	**TAGE360**				
2					
3	Beginn	Ende	Tage	*Formel*	
4	12.03.2005	31.12.2020	5689	=TAGE360(A4;B4)	
5	01.03.1950	01.03.1950	0	=TAGE360(A5;B5)	
6	17.03.2003	12.01.1998	-1865	=TAGE360(A6;B6)	
7					

Funktions-Assistent
Kategorie: Datum & Zeit

Englischer Funktionsname
DAYS360

TAGE360

Parameter

Mit <Ausgangsdatum> übergeben Sie das Ausgangsdatum für die Berechnung der Differenz in Tagen.

<Enddatum> legt das Enddatum für die Berechnung der Differenz in Tagen fest.

Der optionale Parameter <Methode> legt fest, wie vorgegangen wird, wenn Sie den 31. eines Monats an <Ausgangsdatum> oder <Enddatum> übergeben.

Wenn Sie <Methode> weglassen oder den Wert null übergeben, wird folgendermaßen vorgegangen:

➡ Der 31. eines Monats wird bei <Ausgangsdatum> als 30. eines Monats betrachtet.

➡ Für <Enddatum> wird der 31. eines Monats als 30. betrachtet, außer, das mit <Ausgangsdatum> übergebene Datum liegt vor dem 30. eines beliebigen Monats.

Wenn Sie <Methode> den Wert 1 übergeben, wird der 31. eines Monats bei beiden Parametern immer als 30. betrachtet.

Besonderheiten

Datumswerte werden von Excel intern als die Anzahl der Tage auf der Basis des 1.1.1900 verwaltet. Excel kann Datumswerte zwischen dem 1.1.1900 und dem 31.12.9999 verwalten. Falls Sie in den Optionen von Excel die Einstellung „1904-Datumswerte" aktiviert haben, ist der 1.1.1904 die Basis für Datumsberechnungen.

Wenn Sie mit <Ausgangsdatum> oder <Enddatum> kein gültiges Datum übergeben, liefert die Funktion TAGE360 den Fehlerwert #WERT!.

Wenn Sie mit <Ausgangsdatum> ein größeres Datum als <Enddatum> übergeben, liefert die Funktion einen negativen Wert.

Denken Sie daran, dass Sie die Zellen, in die Sie die Funktion TAGE360 einbinden, nicht mit einem Datumsformat formatieren, da sonst ein Datum statt einer Zahl angezeigt wird.

WOCHENTAG

Mit der Funktion WOCHENTAG ermitteln Sie den Wochentag eines Datums.

Aufbau

WOCHENTAG(<Zahl>;<Typ>)

	A	B	C	D
1	WOCHENTAG			
2				
3	Datum	Wochentag	*Formel*	
4	Sa 12.03.2005	7	=WOCHENTAG(A4)	
5	Sa 12.03.2005	7	=WOCHENTAG(A5;1)	
6	Sa 12.03.2005	6	=WOCHENTAG(A6;2)	
7	Sa 12.03.2005	5	=WOCHENTAG(A7;3)	
8				

Funktions-Assistent
Kategorie:
Datum & Zeit

Englischer Funktionsname
WEEKDAY

WOCHENTAG

Parameter

Mit <Zahl> übergeben Sie das Datum für die Ermittlung des Wochentags.

<Typ> ist ein optionaler Parameter, der festlegt, wie die Wochentage gezählt werden.

Der Parameter <Typ>	
<Typ>	Bedeutung
1 oder nicht angegeben	1 für Sonntag bis 7 für Samstag
2	1 für Montag bis 7 für Sonntag
3	0 für Montag bis 6 für Sonntag

Besonderheiten

Datumswerte werden von Excel intern als die Anzahl der Tage auf der Basis des 1.1.1900 verwaltet. Excel kann Datumswerte zwischen dem 1.1.1900 und dem 31.12.9999 verwalten. Falls Sie in den Optionen von Excel die Einstellung „1904-Datumswerte" aktiviert haben, ist der 1.1.1904 die Basis für Datumsberechnungen.

Wenn Sie mit <Zahl> kein gültiges Datum übergeben, liefert WOCHENTAG den Fehlerwert #WERT!.

Denken Sie daran, dass Sie die Zellen, in die Sie die Funktion WOCHENTAG einbinden, nicht mit einem Datumsformat formatieren, da sonst ein Datum statt einer Zahl angezeigt wird.

ZEIT

Die Funktion ZEIT erzeugt anhand der Angabe von Stunde, Minute und Sekunde eine Uhrzeit.

Aufbau

ZEIT(<Stunde>;<Minute>;<Sekunde>)

Funktions-Assistent
Kategorie: Datum & Zeit

Englischer Funktionsname
TIME

	A	B	C	D	E	F
1	**ZEIT**					
2						
3	Stunde	Minute	Sekunde	ZEIT	*Formel*	
4	1	7	16	01:07:16	=ZEIT(A4;B4;C4)	
5	22	12	11	22:12:11	=ZEIT(A5;B5;C5)	
6	30	1	8	06:01:08	=ZEIT(A6;B6;C6)	
7	12	80	20	13:20:20	=ZEIT(A7;B7;C7)	
8	12	30	80	12:31:20	=ZEIT(A8;B8;C8)	
9	12	-30	0	11:30:00	=ZEIT(A9;B9;C9)	
10						
11						

ZEIT

Parameter

Mit <Stunde> übergeben Sie eine Stundenzahl für die zu erstellende Uhrzeit.

Mit <Minute> übergeben Sie die Minutenzahl für die zu erstellende Uhrzeit.

<Sekunde> legt die Sekundenzahl für die zu erstellende Uhrzeit fest.

Besonderheiten

Uhrzeiten werden von Excel intern als Bruchteile von Tagen verwaltet. Jede Zeit stellt einen Wert zwischen 0 für 0:00:00 und 1 für 24:00:00 dar.

Sie können den Parametern nur Werte zwischen 32767 und -32767 übergeben, sonst liefert die Funktion den Fehlerwert #ZAHL!.

Wenn Sie den Parametern negative Werte übergeben, werden Werte von den Minuten und Stunden abgezogen. Falls daraus eine negative Uhrzeit resultieren würde, liefert die Funktion den Fehlerwert #ZAHL!.

ZEITWERT

Zur Umwandlung einer in Textform vorliegenden Uhrzeit in einen Zeitwert verwenden Sie die Funktion ZEITWERT.

Aufbau

`ZEITWERT(<Zeit>)`

	A	B	C	D
1	**ZEITWERT**			
2				
3		*Formel*		
4	12:13:13	=ZEITWERT("12:13:13")		
5	12:13:00	=ZEITWERT("12:13")		
6	#WERT!	=ZEITWERT("12")		
7	#WERT!	=ZEITWERT("-12:12:30")		
8	13:12:30	=ZEITWERT("37:12:30")		
9	1:13:13	=ZEITWERT("25:13:13")		
10	21:03:13	=ZEITWERT("20:63:13")		
11	20:03:20	=ZEITWERT("20:00:200")		

Funktions-Assistent
Kategorie: Datum & Zeit

Englischer Funktionsname
TIMEVALUE

ZEITWERT

Parameter

Mit <Zeit> übergeben Sie die in Textform vorliegende Uhrzeit.

Besonderheiten

Uhrzeiten werden von Excel intern als Bruchteile von Tagen verwaltet. Jede Zeit stellt einen Wert zwischen 0 für 0:00:00 und 1 für 24:00:00 dar.

Wenn Sie mit <Zeit> eine Uhrzeit übergeben, in der keine Sekunden angegeben sind, verwendet die Funktion null Sekunden.

Wenn Sie mit <Zeit> eine ungültige Uhrzeit übergeben, liefert ZEITWERT den Fehlerwert #WERT!.

Bei Stundenzahlen, die größer als 24 sind, werden die kompletten Tage abgeschnitten. Minutenzahlen oder Sekundenzahlen, die größer als 60 sind, werden in Stunden bzw. Minuten umgewandelt.

Finanzmathematik: Alle Funktionen

Mit den Tabellenfunktionen der Kategorie „Finanzmathematik" führen Sie vielfältige Berechnungen im Bereich der Finanzen durch.

Die Beispieldatei aus diesem Kapitel können Sie im
Internet abrufen, wenn Sie die Beispiele direkt in Ihrem
Excel nachvollziehen möchten. Wählen Sie die folgende
Internet-Adresse:

www.computerwissen.de/downloads/excel-lexikon

Rufen Sie dann die folgende Datei ab: Finanzen.xls.

Beschreibung der Finanzfunktionen

BW

Die BW-Funktion ermittelt den aktuellen Wert für eine Annuität bzw. Investition.

Aufbau

BW(<Zins>;<Zzr>;<Rmz>;<Zw>;<F>)

Parameter

<Zins> legt den Zinssatz fest, der in jeder in <Zzr> angegebenen Periode gezahlt werden muss.

<Zzr> definiert die Anzahl der Perioden, in denen der Zins gezahlt werden muss.

<Rmz> ist optional und gibt die Höhe der Rate an, die in jeder Periode gezahlt werden muss.

<Zw> ist ein optionaler Parameter, mit dem Sie den zukünftigen Wert der Investition am Ende der Zahlungsperioden angeben können. Wenn Sie <Zw> nicht angeben, wird der Wert null angenommen.

Über den optionalen Parameter <F> legen Sie fest, wann die Zahlungen innerhalb der Perioden fällig sind.

➡ Wenn Sie als Parameter <F> einen Nullwert übergeben oder ihn weglassen, sind die Zahlungen am Ende jeder Periode fällig.

➡ Wenn Sie als Parameter <F> den Wert 1 übergeben, sind die Zahlungen am Anfang einer Periode fällig.

	A	B	C	D	E	F	G
1	**BW**						
2							
3	Zins	Zzr	Rmz	Zw	F	BW	*Formel*
4	5%	12	100 €	0 €	0	-886,33 €	=BW(A4;B4;C4;D4;E4)
5	5%	12	100 €	1.000 €	0	-1.443,16 €	=BW(A5;B5;C5;D5;E5)
6	5%	12	-100 €	0 €	0	886,33 €	=BW(A6;B6;C6;D6;E6)
7	5%	12	-100 €	-1.000 €	0	1.443,16 €	=BW(A7;B7;C7;D7;E7)
8	5%	12	100 €	0 €	1	-930,64 €	=BW(A8;B8;C8;D8;E8)
9	5%	12	100 €	1.000 €	1	-1.487,48 €	=BW(A9;B9;C9;D9;E9)
10	5%	12	-100 €	0 €	1	930,64 €	=BW(A10;B10;C10;D10;E10)
11	5%	12	-100 €	-1.000 €	1	1.487,48 €	=BW(A11;B11;C11;D11;E11)
12							

Funktions-Assistent
Kategorie:
Finanz-mathematik

Englischer Funktionsname
PV

BW

Besonderheiten

Sie können für die vier Parameter <Zins>, <Zzr>, <Rmz> und <Zw> sowohl positive als auch negative Werte übergeben.

Achten Sie darauf, dass der angegebene Zinssatz mit der Größenordnung der Anzahl von Perioden und der Höhe der Raten übereinstimmt.

Wenn Sie <Rmz> nicht angegeben haben, sollten Sie für <Zw> einen Wert übergeben und umgekehrt. Sonst liefert die Funktion als Ergebnis null.

DIA, GDA, GDA2, LIA und VDB

Mit den Funktionen DIA, GDA, GDA2, LIA und VDB berechnen Sie die Höhe der Abschreibung von Wirtschaftsgütern für eine bestimmte Periode des Abschreibungszeitraums.

➡ DIA berechnet die Abschreibung einer bestimmten Periode nach der arithmetisch degressiven Methode.

➡ GDA berechnet die Abschreibung einer bestimmten Periode nach der degressiven Doppelraten-Methode.

➡ GDA2 berechnet die Abschreibung einer bestimmten Periode nach der geometrisch degressiven Methode.

➡ LIA berechnet die Abschreibung einer bestimmten Periode nach der linearen Methode.

➡ VDB berechnet die Abschreibung eines bestimmten Abschreibungszeitraums nach der degressiven Doppelraten-Methode.

Aufbau

DIA(<Ansch_Wert>;<Restwert>;
<Nutzungsdauer>;<Zr>)

GDA(<Ansch_Wert>;<Restwert>;
<Nutzungsdauer>;<Periode>;*<Faktor>*)

GDA2(<Ansch_Wert>;<Restwert>;
<Nutzungsdauer>;<Periode>;*<Monate>*)

LIA(<Ansch_Wert>;<Restwert>;
<Nutzungsdauer>)

VDB(<Ansch_Wert>;<Restwert>;
<Nutzungsdauer>;<Anfang>;<Ende>;
<Faktor>;<Nicht_wechseln>)

Parameter

<Ansch_Wert> legt die Anschaffungskosten des abzuschreibenden Wirtschaftsguts fest.

<Restwert> definiert den Restwert am Ende der Nutzungsdauer bzw. am Ende des Abschreibungszeitraums.

Mit <Nutzungsdauer> legen Sie die Anzahl der Perioden fest, in denen das Wirtschaftsgut abgeschrieben wird.

Über <Zr> bzw. <Periode> legen Sie die Periode fest, für die Sie die Höhe der Abschreibung ermitteln möchten.

Mit dem optionalen Parameter <Faktor> legen Sie fest, um welches Maß die Abschreibung in jeder Periode abnimmt. Wenn Sie <Faktor> nicht angeben, wird der Wert 2 angenommen.

Der optionale Parameter <Monate> legt die Anzahl der Monate im ersten Jahr der Abschreibung fest. Wenn Sie <Monate> nicht angeben, wird der Wert 12 angenommen.

<Anfang> legt den Beginn der zu ermittelnden Abschreibungssumme fest.

<Ende> definiert das Ende der zu ermittelnden Abschreibungssumme.

Der optionale Parameter <Nicht_wechseln> legt fest, ob zur linearen Abschreibungsmethode gewechselt werden soll, falls diese höhere Abschreibungsbeträge aufweist.

Übergeben Sie dem Parameter <Nicht_wechseln> WAHR oder 1, um in keinem Fall zur linearen Abschreibungsmethode zu wechseln.

Wenn Sie den Parameter <Nicht_wechseln> nicht angeben oder etwas anderes als WAHR oder 1 übergeben, wird gegebenenfalls zur linearen Abschreibungsmethode gewechselt.

Besonderheiten

Wenn der Parameter <Zr> bzw. <Periode> größer als <Nutzungsdauer> ist, liefern die Funktionen den Fehlerwert #ZAHL!.

Wenn <Anfang> größer als <Ende> ist, wird ebenfalls der Fehlerwert #ZAHL! ausgegeben.

	A	B	C	D	E	F	G	H	I	J	K
1	DIA, GDA, GDA2, LIA, VDB										
2											
3	Ansch_Wert	Restwert	Nutzungsdauer	Zr/Periode	Faktor	Monate	Anfang	Ende	Nicht_wechseln	Abschreibung	Formel
4	50.000 €	20.000 €	36	12						1.126,13 €	=DIA(A4;B4;C4;D4)
5	50.000 €	20.000 €	36	12	2					1.304,49 €	=GDA(A5;B5;C5;D5;E5)
6	50.000 €	20.000 €	36	12		12				946,15 €	=GDA2(A6;B6;C6;D6;F6)
7	50.000 €	20.000 €	36							833,33 €	=LIA(A7;B7;C7)
8	50.000 €	20.000 €	36		2		13	15	1	2.569,13 €	=VDB(A8;B8;C8;G8;H8;E8;I8)
9											

DIA, GDA, GDA2, LIA und VDB

IKV

Mit IKV berechnen Sie die interne Kapitalverzinsung einer Reihe von Zahlungen.

Aufbau

IKV(<Werte>;<Schätzwert>)

Parameter

<Werte> legt die Zahlungsflüsse fest, für die Sie die interne Verzinsung berechnen möchten.

<Schätzwert> ist ein optionaler Parameter, mit dem Sie einen Schätzwert für das Ergebnis angeben können.

	A	B	C	D	E	F	G	H	I
1	IKV								
2									
3			Werte				Schätzwert	IKV	Formel
4	100 €	150 €	200 €	200 €	200 €	-500 €		#ZAHL!	=IKV(A4:F4)
5	100 €	150 €	200 €	200 €	200 €	-500 €	-10%	-19%	=IKV(A5:F5;G5)
6	2.000 €	-250 €	-250 €	-250 €	-250 €	-250 €		-14%	=IKV(A6:F6)
7	-250 €	-250 €	-250 €	-250 €	-250 €	2.000 €		16%	=IKV(A7:F7)
8	-2.000 €	250 €	250 €	250 €	250 €	250 €		-14%	=IKV(A8:F8)
9									

IKV

Besonderheiten

Wenn Sie <Schätzwert> nicht angeben, wird ein Wert von 10 % angenommen.

Von den in <Wert> übergebenen Werten muss mindestens ein Wert ein anderes Vorzeichen haben, sonst liefert IKV den Fehlerwert #ZAHL!.

Die Funktion IKV verwendet zur Berechnung ein Iterationsverfahren mit 20 Durchläufen.

Falls nach den 20 Durchläufen kein Ergebnis gefunden wird, liefert die Funktion IKV ebenfalls den Fehlerwert #ZAHL!. Geben Sie in einem solchen Fall einen Schätzwert an oder ändern Sie den Schätzwert.

ISPMT

Mit ISPMT berechnen Sie die während eines angegebenen Zeitraums für eine Investition gezahlten Zinsen. Excel enthält die Funktion ISPMT aus Gründen der Kompatibilität mit Lotus 1-2-3.

Aufbau

ISPMT(<Rate>;<Per>;<Nper>;<Pv>)

Parameter

<Rate> legt den Zinssatz fest, der in jeder Periode gezahlt werden muss.

<Per> gibt an, für welche Periode Sie die Höhe der Zinsen berechnen möchten.

<Nper> definiert die Anzahl der Perioden, in denen der Zins gezahlt werden muss.

<Pv> gibt den aktuellen Wert der Investition an.

	A	B	C	D	E	F
1	**ISPMT**					
2						
3	Rate	Per	Nper	Pv	ISPMT	*Formel*
4	5%	5	12	10.000 €	-292 €	=ISPMT(A4;B4;C4;D4)
5	7,5%	5	12	10.000 €	-438 €	=ISPMT(A5;B5;C5;D5)
6	10%	5	12	10.000 €	-583 €	=ISPMT(A6;B6;C6;D6)
7	12,5%	5	12	10.000 €	-729 €	=ISPMT(A7;B7;C7;D7)
8						

Funktions-Assistent
Kategorie: **Finanzmathematik**

Englischer Funktionsname
ISPMT

ISPMT

Besonderheiten

Sie können für die vier Parameter <Rate>, <Per>, <Nper> und <Pv> sowohl positive als auch negative Werte übergeben.

Achten Sie darauf, dass der angegebene Zinssatz mit der Größenordnung der Anzahl von Perioden übereinstimmt.

KAPZ

Mit KAPZ ermitteln Sie die Höhe der Kapitalrückzahlung einer Investition in einer bestimmten Periode.

Aufbau

KAPZ(<Zins>;<Zr>;<Zzr>;<BW>;<Zw>;<F>)

Parameter

<Zins> legt den Zinssatz fest, der in jeder in <Zzr> angegebenen Periode gezahlt werden muss.

Mit <Zr> übergeben Sie die Periode, auf die sich die Berechnung beziehen soll.

<Zzr> definiert die Anzahl der Perioden, in denen der Zins gezahlt werden muss.

<BW> gibt den aktuellen Wert der Investition an.

<Zw> ist ein optionaler Parameter, mit dem Sie den zukünftigen Wert der Investition am Ende der Zahlungsperioden angeben können. Wenn Sie <Zw> nicht angeben, wird der Wert null angenommen.

Über den optionalen Parameter <F> legen Sie fest, wann die Zahlungen innerhalb der Perioden fällig sind.

➡ Wenn Sie als Parameter <F> einen Nullwert übergeben oder ihn weglassen, sind die Zahlungen am Ende jeder Periode fällig.

➡ Wenn Sie als Parameter <F> den Wert 1 übergeben, sind die Zahlungen am Anfang jeder Periode fällig.

	A	B	C	D	E	F	G	H
1	**KAPZ**							
2								
3	Zins	Zr	Zzr	BW	ZW	F	KAPZ	*Formel*
4	5%	5	10	1.000 €	200 €		-115,97 €	=KAPZ(A4;B4;C4;D4;E4;F4)
5	5%	36	120	1.000 €	200 €		-0,95 €	=KAPZ(A5;B5;C5;D5;E5;F5)
6	5%	12	8	1.000 €	200 €		#ZAHL!	=KAPZ(A6;B6;C6;D6;E6;F6)
7	5%	5	10	-1.000 €	-200 €		115,97 €	=KAPZ(A7;B7;C7;D7;E7;F7)
8	5%	5	10	1.000 €	200 €	1	-110,44 €	=KAPZ(A8;B8;C8;D8;E8;F8)
9	5%	36	120	1.000 €	200 €	1	-0,91 €	=KAPZ(A9;B9;C9;D9;E9;F9)
10	5%	12	8	1.000 €	200 €	1	#ZAHL!	=KAPZ(A10;B10;C10;D10;E10;F10)
11	5%	5	10	-1.000 €	-200 €	1	110,44 €	=KAPZ(A11;B11;C11;D11;E11;F11)
12								

KAPZ

Funktions-Assistent

Kategorie:
Finanz-mathematik

Englischer Funktionsname
PPMT

Besonderheiten

Sie können für die drei Parameter <Zins>, <BW> und <Zw> sowohl positive als auch negative Werte übergeben.

Achten Sie darauf, dass der angegebene Zinssatz mit der Größenordnung der Anzahl von Perioden und der Höhe der Raten übereinstimmt.

Der Parameter <Zr> muss größer oder gleich 1 und kleiner oder gleich <Zzr> sein, sonst liefert die Funktion den Fehlerwert #ZAHL!.

NBW

Die NBW-Funktion ermittelt den Nettobarwert einer Reihe unterschiedlicher Zahlungen.

Aufbau

NBW(<Zins>;<Werte>)

Parameter

<Zins> legt den Zinssatz fest, der in jeder Periode gezahlt werden muss.

<Werte> legt die unterschiedlichen Zahlungen fest. Sie können mit <Werte> einen Bereich mit Zahlungen oder mehrere einzelne Zahlungen übergeben.

Funktions-Assistent		Kategorie: Finanz- mathematik		Englischer Funktionsname		NPV

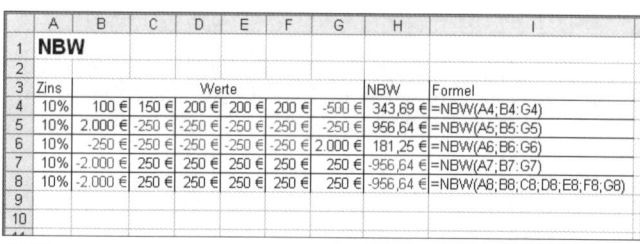

	A	B	C	D	E	F	G	H	I
1	NBW								
2									
3	Zins			Werte				NBW	Formel
4	10%	100 €	150 €	200 €	200 €	200 €	-500 €	343,69 €	=NBW(A4;B4:G4)
5	10%	2.000 €	-250 €	-250 €	-250 €	-250 €	-250 €	956,64 €	=NBW(A5;B5:G5)
6	10%	-250 €	-250 €	-250 €	-250 €	-250 €	2.000 €	181,25 €	=NBW(A6;B6:G6)
7	10%	-2.000 €	250 €	250 €	250 €	250 €	250 €	-956,64 €	=NBW(A7;B7:G7)
8	10%	-2.000 €	250 €	250 €	250 €	250 €	250 €	-956,64 €	=NBW(A8;B8;C8;D8;E8;F8;G8)
9									
10									

NBW

Mit <Werte> können Sie zwischen 1 und 29 Argumente übergeben, die den Einzahlungen und Auszahlungen entsprechen.

Besonderheiten

Wenn Sie die Werte als Bereich angeben, werden nur diejenigen Zellen berücksichtigt, die Zahlen enthalten. Wenn Sie die Werte aber einzeln übergeben, werden

auch leere Zellen, Wahrheitswerte oder Zahlen in Textform berücksichtigt.

NBW geht davon aus, dass die Zahlungen am Ende
jeder Periode gezahlt werden. Falls die Zahlungen am
Anfang jeder Periode geleistet werden, dürfen Sie der
Funktion den ersten Wert nicht übergeben, sondern
müssen ihn „per Hand" zu dem Ergebnis der Funktion
addieren.

QIKV

Mit QIKV berechnen Sie eine interne Kapitalverzinsung
einer Reihe von Zahlungen. Dabei geben Sie für negative und positive Zahlungen unterschiedliche Zinssätze
an.

Aufbau

```
QIKV(<Werte>;<Investition>;
<Reinvestition>)
```

Parameter

<Werte> legt die Zahlungsflüsse fest, für die Sie die
interne Verzinsung berechnen möchten.

<Investition> ist der Zinssatz, den Sie für gezahlte Gel-
der ansetzen.

<Reinvestition> ist der Zinssatz, den Sie für investierte
Gelder erzielen.

Besonderheiten

Von den in <Wert> übergebenen Werten muss mindestens ein Wert ein anderes Vorzeichen als die übrigen
Werte haben, sonst liefert QIKV den Fehlerwert
#DIV/0!.

	A	B	C	D	E	F	G	H	I	J
1	QIKV									
2										
3			Werte				Investition	Reinvestition	QIKV	Formel
4	100 €	150 €	200 €	200 €	200 €	-500 €	5%	8%	22%	=QIKV(A4:F4;G4;H4)
5	100 €	150 €	200 €	200 €	200 €	-500 €	8%	5%	23%	=QIKV(A5:F5;G5;H5)
6	100 €	150 €	200 €	200 €	200 €	-500 €	8%	-5%	17%	=QIKV(A6:F6;G6;H6)
7	2.000 €	-250 €	-250 €	-250 €	-250 €	-250 €	5%	8%	22%	=QIKV(A7:F7;G7;H7)
8	-250 €	-250 €	-250 €	-250 €	-250 €	2.000 €	5%	8%	12%	=QIKV(A8:F8;G8;H8)
9	-2.000 €	250 €	250 €	250 €	250 €	250 €	5%	8%	-6%	=QIKV(A9:F9;G9;H9)
10										
11										

QIKV

Zellen, in denen keine Zahlen enthalten sind, werden von der Funktion ignoriert.

RMZ

Mit RMZ ermitteln Sie die Höhe der Zahlungen einer Annuität, die pro Periode gezahlt werden müssen.

Aufbau

RMZ(<Zins>;<Zzr>;<Bw>;<Zw>;<F>)

Parameter

<Zins> legt den Zinssatz fest, der in jeder in <Zzr> angegebenen Periode gezahlt werden muss.

<Zzr> definiert die Anzahl der Perioden, in denen der Zins gezahlt werden muss.

<Bw> gibt den aktuellen Wert der Investition an.

<Zw> ist ein optionaler Parameter, mit dem Sie den zukünftigen Wert der Investition am Ende der Zahlungsperioden angeben können. Wenn Sie <Zw> nicht angeben, wird der Wert null angenommen.

Über den optionalen Parameter <F> legen Sie fest, wann die Zahlungen innerhalb der Perioden fällig sind.

➡ Wenn Sie als Parameter <F> einen Nullwert übergeben oder ihn weglassen, sind die Zahlungen am Ende einer Periode fällig.

➡ Wenn Sie als Parameter <F> den Wert 1 übergeben, sind die Zahlungen am Anfang einer Periode fällig.

	A	B	C	D	E	F	G
1	**RMZ**						
2							
3	Zins	Zzr	Bw	Zw	F	RMZ	Formel
4	5%	10	1.000 €	200 €		-145,41 €	=RMZ(A4;B4;C4;D4;E4)
5	5%	120	1.000 €	200 €		-50,17 €	=RMZ(A5;B5;C5;D5;E5)
6	5%	8	1.000 €	200 €		-175,67 €	=RMZ(A6;B6;C6;D6;E6)
7	5%	10	-1.000 €	-200 €		145,41 €	=RMZ(A7;B7;C7;D7;E7)
8	5%	10	1.000 €	200 €	1	-138,48 €	=RMZ(A8;B8;C8;D8;E8)
9	5%	120	1.000 €	200 €	1	-47,78 €	=RMZ(A9;B9;C9;D9;E9)
10	5%	8	1.000 €	200 €	1	-167,30 €	=RMZ(A10;B10;C10;D10;E10)
11	5%	10	-1.000 €	-200 €	1	138,48 €	=RMZ(A11;B11;C11;D11;E11)
12							

RMZ

Funktions-Assistent
Kategorie: Finanz-mathematik
Englischer Funktionsname
PMT

Besonderheiten

Sie können für die vier Parameter <Zins>, <Zzr>, <BW> und <Zw> sowohl positive als auch negative Werte übergeben.

Achten Sie darauf, dass der angegebene Zinssatz mit der Größenordnung der Anzahl von Perioden übereinstimmt.

ZINS

Mit ZINS ermitteln Sie die Höhe des Zinssatzes einer Annuität, der pro Periode gezahlt werden muss.

Aufbau

ZINS(<Zzr>,<Rmz>;<Bw>;<Zw>;<F>; <Schätzwert>)

Parameter

<Zzr> definiert die Anzahl der Perioden, in denen der Zins gezahlt werden muss.

<Rmz> gibt die Höhe der Rate an, die in jeder Periode gezahlt werden muss.

<Bw> gibt den aktuellen Wert der Investition an.

<Zw> ist ein optionaler Parameter, mit dem Sie den zukünftigen Wert der Investition am Ende der Zahlungsperioden angeben können. Wenn Sie <Zw> nicht angeben, wird der Wert null angenommen.

Über den optionalen Parameter <F> legen Sie fest, wann die Zahlungen innerhalb der Perioden fällig sind.

➡ Wenn Sie als Parameter <F> einen Nullwert übergeben oder ihn weglassen, sind die Zahlungen am Ende einer Periode fällig.

➡ Wenn Sie als Parameter <F> den Wert 1 übergeben, sind die Zahlungen am Anfang einer Periode fällig.

<Schätzwert> ist ein optionaler Parameter, mit dem Sie einen Schätzwert für das Ergebnis angeben können.

Funktions-Assistent

Kategorie:
Finanz-mathematik

Englischer Funktionsname
RATE

	A	B	C	D	E	F	G	H
1	ZINS							
2								
3	Zzr	Rmz	Bw	Zw	F	Schätzwert	ZINS	Formel
4	10	-50 €	1.000 €				-11%	=ZINS(A4;B4;C4;D4;E4)
5	10	50 €	-1.000 €				-11%	=ZINS(A5;B5;C5;D5;E5)
6	10	-50 €	-1.000 €				#ZAHL!	=ZINS(A6;B6;C6;D6;E6)
7	10	50 €	1.000 €				#ZAHL!	=ZINS(A7;B7;C7;D7;E7)
8	10	-50 €	-1.000 €	1.200 €			-3%	=ZINS(A8;B8;C8;D8;E8)
9	10	50 €	1.000 €	-1.200 €			-3%	=ZINS(A9;B9;C9;D9;E9)
10	10	-50 €	1.000 €		1		-13%	=ZINS(A10;B10;C10;D10;E10)
11	10	50 €	-1.000 €		1		-13%	=ZINS(A11;B11;C11;D11;E11)
12	10	-50 €	-1.000 €		1		-100%	=ZINS(A12;B12;C12;D12;E12)
13	10	50 €	1.000 €		1		-100%	=ZINS(A13;B13;C13;D13;E13)
14	10	-50 €	-1.000 €	1.200 €	1		-3%	=ZINS(A14;B14;C14;D14;E14)
15	10	50 €	1.000 €	-1.200 €	1		-3%	=ZINS(A15;B15;C15;D15;E15)
16								

ZINS

Besonderheiten

Sie können für die drei Parameter <Rmz>, <BW> und <Zw> sowohl positive als auch negative Werte übergeben.

Achten Sie darauf, dass der angegebene Zinssatz mit der Größenordnung der Anzahl von Perioden übereinstimmt.

Wenn Sie <Rmz> nicht angeben, muss <Bw> angegeben werden. Sie sollten dann auch einen Wert für <Zw> angeben, da als Ergebnis sonst immer -100 % geliefert wird.

Wenn Sie <ZW> nicht angeben, müssen <Rmz> und <Bw> unterschiedliche Vorzeichen haben, sonst liefert ZINS den Fehlerwert #ZAHL!.

Wenn Sie <Schätzwert> nicht angeben, wird ein Wert von 10 % angenommen.

Die Funktion ZINS verwendet zur Berechnung ein Iterationsverfahren mit 20 Durchläufen. Falls nach den 20 Durchläufen kein Ergebnis gefunden wurde, liefert die Funktion ZINS den Fehlerwert #ZAHL!. Geben Sie in einem solchen Fall einen Schätzwert an oder ändern Sie den Schätzwert.

ZINSZ

Mit ZINSZ ermitteln Sie die Höhe der Zinszahlungen einer Annuität, die in einer bestimmten Periode gezahlt werden müssen.

Aufbau

```
ZINSZ(<Zins>;<Zr>;<Zzr>;<Bw>;<Zw>;
<F>)
```

Parameter

<Zins> legt den Zinssatz fest, der in jeder in <Zzr> an-gegebenen Periode gezahlt werden muss.

Mit <Zr> übergeben Sie die Periode, in der Sie die Höhe der Zinszahlungen berechnen möchten.

<Zzr> definiert die Anzahl der Perioden, in denen der Zins gezahlt werden muss.

<Bw> gibt den aktuellen Wert der Investition an.

<Zw> ist ein optionaler Parameter, mit dem Sie den zukünftigen Wert der Investition am Ende der Zahlungsperioden angeben können. Wenn Sie <Zw> nicht angeben, wird der Wert null angenommen.

Über den optionalen Parameter <F> legen Sie fest, wann die Zahlungen innerhalb der Perioden fällig sind.

➡ Wenn Sie als Parameter <F> einen Nullwert übergeben oder ihn weglassen, sind die Zahlungen am Ende einer Periode fällig.

➡ Wenn Sie als Parameter <F> den Wert 1 übergeben, sind die Zahlungen am Anfang einer Periode fällig.

Besonderheiten

Sie können für die fünf Parameter <Zins>, <Zr>, <Zzr>, <Bw> und <Zw> sowohl positive als auch negative Werte übergeben.

Achten Sie darauf, dass der angegebene Zinssatz mit der Größenordnung der Anzahl von Perioden überein-stimmt.

Der Parameter <Zr> muss größer oder gleich 1 und kleiner oder gleich <Zzr> sein, sonst liefert die Funktion den Fehlerwert #ZAHL!.

	A	B	C	D	E	F	G	H
1	**ZINSZ**							
2								
3	Zins	Zr	Zzr	Bw	Zw	F	ZINSZ	Formel
4	5%	2	10	1.000 €			-46,02 €	=ZINSZ(A4;B4;C4;D4;E4;F4)
5	5%	2	10	-1.000 €			46,02 €	=ZINSZ(A5;B5;C5;D5;E5;F5)
6	5%	0	10	-1.000 €			#ZAHL!	=ZINSZ(A6;B6;C6;D6;E6;F6)
7	5%	11	10	1.000 €			#ZAHL!	=ZINSZ(A7;B7;C7;D7;E7;F7)
8	5%	2	10	-1.000 €	-500 €		44,04 €	=ZINSZ(A8;B8;C8;D8;E8;F8)
9	5%	2	10	1.000 €	500 €		-44,04 €	=ZINSZ(A9;B9;C9;D9;E9;F9)
10	5%	2	10	1.000 €		1	-43,83 €	=ZINSZ(A10;B10;C10;D10;E10;F10)
11	5%	2	10	-1.000 €		1	43,83 €	=ZINSZ(A11;B11;C11;D11;E11;F11)
12	5%	0	10	-1.000 €		1%	#ZAHL!	=ZINSZ(A12;B12;C12;D12;E12;F12)
13	5%	11	10	1.000 €		1	#ZAHL!	=ZINSZ(A13;B13;C13;D13;E13;F13)
14	5%	2	10	-1.000 €	-500 €	1	41,94 €	=ZINSZ(A14;B14;C14;D14;E14;F14)
15	5%	2	10	1.000 €	500 €	1	-41,94 €	=ZINSZ(A15;B15;C15;D15;E15;F15)

ZINSZ

Funktions-Assistent
Kategorie:
Finanz-mathematik
Englischer Funktionsname
IPMT

ZW

Die ZW-Funktion ermittelt den zukünftigen Wert einer Investition.

Aufbau

ZW(<Zins>;<Zzr>;<Rmz>;<Bw>;<F>)

Parameter

<Zins> legt den Zinssatz fest, der in jeder in <Zzr> angegebenen Periode gezahlt werden muss.

<Zzr> definiert die Anzahl der Perioden, in denen der Zins gezahlt werden muss.

<Rmz> ist ein optionaler Parameter und gibt die Höhe der Rate an, die in jeder Periode gezahlt werden muss.

<Bw> ist ein optionaler Parameter, mit dem Sie den aktuellen Wert der Investition zu Beginn der Zahlungsperioden angeben können. Wenn Sie <Zw> nicht angeben, wird der Wert null angenommen.

Über den optionalen Parameter <F> legen Sie fest, wann die Zahlungen innerhalb der Perioden fällig sind.

➡ Wenn Sie als Parameter <F> einen Nullwert übergeben oder ihn weglassen, sind die Zahlungen am Ende jeder Periode fällig.

➡ Wenn Sie als Parameter <F> den Wert 1 übergeben, sind die Zahlungen am Anfang jeder Periode fällig.

Funktions-Assistent
Kategorie:
Finanz-mathematik

Englischer Funktionsname
FV

	A	B	C	D	E	F	G
1	**ZW**						
2							
3	Zins	Zzr	Rmz	Bw	F	ZW	*Formel*
4	5%	12	100 €	0 €	0	-1.591,71 €	=ZW(A4;B4;C4;D4;E4)
5	5%	12	100 €	1.000 €	0	-3.387,57 €	=ZW(A5;B5;C5;D5;E5)
6	5%	12	-100 €	0 €	0	1.591,71 €	=ZW(A6;B6;C6;D6;E6)
7	5%	12	-100 €	-1.000 €	0	3.387,57 €	=ZW(A7;B7;C7;D7;E7)
8	5%	12	100 €	0 €	1	-1.671,30 €	=ZW(A8;B8;C8;D8;E8)
9	5%	12	100 €	1.000 €	1	-3.467,15 €	=ZW(A9;B9;C9;D9;E9)
10	5%	12	-100 €	0 €	1	1.671,30 €	=ZW(A10;B10;C10;D10;E10)
11	5%	12	-100 €	-1.000 €	1	3.467,15 €	=ZW(A11;B11;C11;D11;E11)
12							

ZW

Besonderheiten

Sie können für die vier Parameter <Zins>, <Zzr>, <Rmz> und <Bw> sowohl positive als auch negative Werte übergeben.

Achten Sie darauf, dass der angegebene Zinssatz mit der Größenordnung der Anzahl von Perioden und der Höhe der Raten übereinstimmt.

Wenn Sie <Rmz> nicht angegeben haben, sollten Sie für <Zw> einen Wert übergeben und umgekehrt genauso. Sonst liefert die Funktion als Ergebnis null.

ZZR

Die ZZR-Funktion ermittelt die Anzahl der Zahlungsperioden für eine Investition.

Aufbau

ZZR(<Zins>;<Rmz>;<Bw>;<Zw>;<F>)

Parameter

<Zins> legt den Zinssatz fest, der in jeder in <Zzr> angegebenen Periode gezahlt werden muss.

<Rmz> ist ein optionaler Parameter und gibt die Höhe der Rate an, die in jeder Periode gezahlt werden muss.

<Bw> ist ein optionaler Parameter, mit dem Sie den aktuellen Wert der Investition zu Beginn der Zahlungsperioden angeben können. Wenn Sie <Bw> nicht angeben, wird der Wert null angenommen.

<Zw> ist ein optionaler Parameter, mit dem Sie den zukünftigen Wert der Investition am Ende der Zahlungsperioden angeben können. Wenn Sie <Zw> nicht angeben, wird der Wert null angenommen.

Über den optionalen Parameter <F> legen Sie fest, wann die Zahlungen innerhalb der Perioden fällig sind.

➡ Wenn Sie als Parameter <F> einen Nullwert übergeben oder ihn weglassen, sind die Zahlungen am Ende jeder Periode fällig.

➡ Wenn Sie als Parameter <F> den Wert 1 übergeben, sind die Zahlungen am Anfang jeder Periode fällig.

	A	B	C	D	E	F	G
1	**ZZR**						
2							
3	Zins	Rmz	Bw	Zw	F	ZZR	*Formel*
4	1,25%	-50 €	1.000 €			23	=ZZR(A4;B4;C4;D4;E4)
5	1,25%	50 €	-1.000 €			23	=ZZR(A5;B5;C5;D5;E5)
6	1,25%	-50 €	-1.000 €			-18	#=ZZR(A6;B6;C6;D6;E6)
7	1,25%	50 €	1.000 €			-18	=ZZR(A7;B7;C7;D7;E7)
8	1,25%	-50 €	-1.000 €	-400 €		-26	=ZZR(A8;B8;C8;D8;E8)
9	1,25%	50 €	1.000 €	400 €		-26	=ZZR(A9;B9;C9;D9;E9)
10	1,25%	-50 €	1.000 €		1	23	=ZZR(A10;B10;C10;D10;E10)
11	1,25%	50 €	-1.000 €		1	23	=ZZR(A11;B11;C11;D11;E11)
12	1,25%	-50 €	-1.000 €		1	-18	=ZZR(A12;B12;C12;D12;E12)
13	1,25%		-1.000 €	400 €	1	-74	=ZZR(A13;B13;C13;D13;E13)
14	1,25%	-50 €	-1.000 €	-400 €	1	-26	=ZZR(A14;B14;C14;D14;E14)
15	1,25%	50 €	1.000 €	400 €	1	-26	=ZZR(A15;B15;C15;D15;E15)

ZZR

Besonderheiten

Sie können für die vier Parameter <Zins>, <Rmz>, <Bw> und <Zw> sowohl positive als auch negative Werte übergeben.

Achten Sie darauf, dass der angegebene Zinssatz mit der Größenordnung der Anzahl von Perioden und der Höhe der Raten übereinstimmt.

Wenn Sie <Rmz> nicht angeben, müssen Sie für <Bw> und <Zw> Werte übergeben, sonst liefert die Funktion den Fehlerwert #ZAHL!.

Wenn Sie nur <Rmz> angeben und für <Bw> und <Zw> keine Werte übergeben, liefert die Funktion einen Nullwert.

Information: Alle Funktionen

Mit den Tabellenfunktionen der Kategorie „Information" ermitteln Sie Informationen, z. B. über Zellen oder
deren Inhalte.

Die Beispieldatei aus diesem Kapitel können Sie im
Internet abrufen, wenn Sie die Beispiele direkt in Ihrem
Excel nachvollziehen möchten. Wählen Sie die folgende
Internet-Adresse:

www.computerwissen.de/downloads/excel-lexikon

Rufen Sie dann die folgende Datei ab: Information.xls.

Beschreibung der Informationsfunktionen

ANZAHLLEEREZELLEN

Die Funktion ANZAHLLEEREZELLEN ermittelt die Anzahl der leeren Zellen eines übergebenen Zellbereichs.

Aufbau

ANZAHLLEEREZELLEN(<Bereich>)

Parameter

<Bereich> legt den Bereich fest, in dem Sie die Anzahl der leeren Zellen ermitteln möchten.

Funktions-Assistent						

Funktions-Assistent
Kategorie: Alle

Englischer Funktionsname
COUNTBLANK

	A	B	C	D	E	F
1	**ANZAHLLEEREZELLEN**					
2						
3		Schwelm	Köln	Duisburg	Bonn	
4	Januar	158 €	121 €	290 €	131 €	
5	Februar		416 €	226 €	253 €	
6	März	149 €	275 €	402 €	264 €	
7	April	367 €		108 €	221 €	
8	Mai	289 €	378 €	203 €	161 €	
9	Juni	215 €	204 €	428 €	450 €	
10	Juli	394 €	253 €	390 €		
11	August	425 €	479 €	126 €	427 €	
12						
13						
14	Leere Zellen:		3	=ANZAHLLEEREZELLEN(B4:E11)		

ANZAHLLEEREZELLEN

Besonderheiten

Sie finden die Funktion ANZAHLLEEREZELLEN im Funktions-Assistenten nicht in der Kategorie „Information", sondern nur in der Kategorie „Alle".

Achten Sie darauf, dass nicht alle Zellen, die als Leerzellen erscheinen, auch tatsächlich leer sind. Manchmal erscheinen Zellen nur aufgrund einer Formel oder der Formatierung als Leerzellen. Die Funktion ANZAHLLEEREZELLEN zählt aber nur die Zellen, die tatsächlich keinen Inhalt enthalten.

FEHLER.TYP

Mit der Funktion FEHLER.TYP ermitteln Sie den Typ eines Fehlerwerts. Dabei liefert die Funktion als Ergebnis die Nummer des Fehlerwerts.

Mögliche Ergebnisse von FEHLER.TYP	
Fehlerwert	Geliefertes Ergebnis
#NULL!	1
#DIV/0!	2
#WERT!	3
#BEZUG!	4
#NAME?	5
#ZAHL!	6
#NV	7

Aufbau

FEHLER.TYP(<Fehlerwert>)

Parameter

Mit <Fehlerwert> übergeben Sie den Fehlerwert, dessen Typ Sie ermitteln möchten.

	A	B	C	D	E
1	**FEHLER.TYP**				
2					
3	Fehler	FEHLER.TYP	*Formel*		
4	#NULL!	1	=FEHLER.TYP(A4)		
5	#DIV/0!	2	=FEHLER.TYP(A5)		
6	#WERT!	3	=FEHLER.TYP(A6)		
7	#BEZUG!	4	=FEHLER.TYP(A7)		
8	#NAME?	5	=FEHLER.TYP(A8)		
9	#ZAHL!	6	=FEHLER.TYP(A9)		
10	#NV	7	=FEHLER.TYP(A10)		
11	12	#NV	=FEHLER.TYP(A11)		
12	Victor	#NV	=FEHLER.TYP(A12)		

FEHLER.TYP

Funktions-Assistent
Kategorie:
Information

Englischer Funktionsname
ERROR.TYPE

Besonderheiten

Wenn Sie mit <Fehlerwert> keinen Fehler übergeben, liefert die Funktion FEHLER.TYP den Fehlerwert #NV.

INFO

Mit der Funktion INFO ermitteln Sie Informationen zur Betriebssystemumgebung Ihres Rechners.

Aufbau

INFO(<Typ>)

Parameter

Mit <Typ > legen Sie fest, welche Informationen Sie ermitteln möchten. <Typ> können Sie die folgenden Inhalte übergeben:

Der Parameter <Typ> für die Funktion INFO	
<Typ>	**Geliefertes Ergebnis**
„Verzeichnis"	Der Pfad der Arbeitsmappe
„VerfSpeich"	Verfügbarer Arbeitsspeicher in Bytes
„BenutztSpeich"	Größe des verwendeten Arbeitsspeichers in Bytes
„Dateienzahl"	Die gesamte Anzahl der Tabellenblätter aller geöffneten Arbeitsmappen
„Ursprung"	Gibt den Bezug der sichtbaren obersten linken Zelle im aktuellen Fensterbereich zurück. Aus Kompatibilitätsgründen mit Lotus 1-2-3 wird dabei das Präfix „$A:" vorangestellt.
„Sysversion"	Version des aktuellen Betriebssystems
„Rechenmodus"	Der aktuelle Berechnungsmodus: „Automatisch" oder „Manuell"
„Version"	Die Nummer der Excel-Version

Der Parameter <Typ> für die Funktion INFO

<Typ>	Geliefertes Ergebnis
„System"	Der Name des Betriebssystems: Macintosh = „mac", Windows = „pcdos"
„GesamtSpeich"	Der gesamte verfügbare Arbeitsspeicher in Bytes

Besonderheiten

Wenn Sie der Funktion INFO mit <Typ> keinen gültigen Inhalt aus der obigen Tabelle übergeben, liefert die
Funktion den Fehlerwert #WERT!.

	A	B	C	D
1	**INFO**			
2				
3	Typ	INFO	*Formel*	
4	Verzeichnis	C:\Excel-Studie\	=INFO(A4)	
5	VerfSpeich	1.048.576	=INFO(A5)	
6	BenutztSpeich	1.454.460	=INFO(A6)	
7	Dateienzahl	51	=INFO(A7)	
8	Ursprung	$A:$A$1	=INFO(A8)	
9	Sysversion	Windows (32-bit) NT 5.01	=INFO(A9)	
10	Rechenmodus	Automatisch	=INFO(A10)	
11	Version	11.0	=INFO(A11)	
12	System	pcdos	=INFO(A12)	
13	GesamtSpeich	2.503.036	=INFO(A13)	

INFO

Funktions-
Assistent
Kategorie:
Information

Englischer
Funktionsname
INFO

ISTBEZUG, ISTFEHL, ISTFEHLER, ISTKTEXT, ISTLEER, ISTLOG, ISTNV, ISTTEXT und ISTZAHL

Die Funktionen ISTBEZUG, ISTFEHL, ISTFEHLER,
ISTKTEXT, ISTLEER, ISTLOG, ISTNV, ISTTEXT
und ISTZAHL testen den übergebenen Inhalt. Bei einem positiven Test wird der Wahrheitswert WAHR
geliefert, ansonsten der Wahrheitswert FALSCH.

➡ ISTBEZUG testet, ob es sich bei dem übergebenen
Parameter um einen Bezug in Textform handelt.

➡ ISTFEHL testet, ob es sich bei dem übergebenen Parameter um einen Fehlerwert außer #NV handelt.

➡ ISTFEHLER testet, ob es sich bei dem übergebenen Parameter um einen beliebigen Fehlerwert handelt.

➡ ISTKTEXT testet, ob es sich bei dem übergebenen Parameter nicht um einen Text handelt.

➡ ISTLEER testet, ob es sich bei dem übergebenen Parameter um eine leere Zelle handelt.

➡ ISTLOG testet, ob es sich bei dem übergebenen Parameter um einen Wahrheitswert handelt.

➡ ISTNV testet, ob es sich bei dem übergebenen Parameter um den Fehlerwert #NV handelt.

➡ ISTTEXT testet, ob es sich bei dem übergebenen Parameter um einen Text handelt.

➡ ISTZAHL testet, ob es sich bei dem übergebenen Parameter um eine Zahl handelt.

Aufbau

ISTBEZUG(<Wert>)

ISTFEHL(<Wert>)

ISTFEHLER(<Wert>)

ISTKTEXT(<Wert>)

ISTLEER(<Wert>)

ISTLOG(<Wert>)

ISTNV(<Wert>)

ISTTEXT(<Wert>)

ISTZAHL(<Wert>)

Parameter

Mit <Wert> übergeben Sie den zu testenden Inhalt.

Besonderheiten

Sie können den Funktionen anstelle des zu überprüfenden Inhalts auch eine Formel oder Berechnung übergeben, deren Ergebnis dann gestestet wird.

	A	B	C	D	E
1	**ISTBEZUG, ISTFEHL, ISTFEHLER, ISTLEER,**				
2	**ISTLOG, ISTNV, ISTTEXT und ISTZAHL**				
3					
4	Test	Formel			
5	FALSCH	=ISTBEZUG(#BEZUG!)			
6	FALSCH	=ISTBEZUG(25)			
7	WAHR	=ISTFEHL(1/0)			
8	FALSCH	=ISTFEHL(1/2)			
9	FALSCH	=ISTFEHL(NV())			
10	WAHR	=ISTFEHLER(1/0)			
11	FALSCH	=ISTFEHLER(1/2)			
12	WAHR	=ISTFEHLER(NV())			
13	WAHR	=ISTLEER(C12)			
14	FALSCH	=ISTLEER(A12)			
15	WAHR	=ISTLOG(WAHR)			
16	WAHR	=ISTLOG(FALSCH)			
17	FALSCH	=ISTLOG(12)			
18	WAHR	=ISTNV(NV())			
19	FALSCH	=ISTNV(1/0)			
20	WAHR	=ISTTEXT("Schwelm")			
21	WAHR	=ISTTEXT("12")			
22	FALSCH	=ISTTEXT(12)			
23	WAHR	=ISTZAHL(12)			
24	FALSCH	=ISTZAHL("12")			
25	FALSCH	=ISTZAHL("Schwelm")			

Die IST-Funktionen

Funktions-Assistent
Kategorie:
Information

Englischer Funktionsname
ISREF
ISERR
ISERROR
ISBLANK
ISLOGICAL
ISNA
ISTEXT
ISNUMBER

N

Die Funktion N wandelt einen beliebigen übergebenen Parameter in eine Zahl um. Die Funktion N dient der Kompatibilität zu anderen Tabellenkalkulationsprogrammen. Je nachdem, was Sie der Funktion N übergeben, liefert sie eines der folgenden Ergebnisse:

➡ Wenn Sie N eine Zahl übergeben, liefert die Funktion diese Zahl als Ergebnis.

➡ Wenn Sie N ein Datum in einem Excel-Datumsformat übergeben, liefert die Funktion den Datumswert dieses Datums als Ergebnis – also eine fortlaufende Datumszahl.

➡ Wenn Sie N einen Wahrheitswert übergeben, liefert die Funktion 1 für WAHR oder 0 für FALSCH als Ergebnis.

➡ Wenn Sie N einen Fehlerwert übergeben, liefert die Funktion diesen Fehlerwert als Ergebnis.

➡ Bei allen anderen übergebenen Inhalten liefert die Funktion null als Ergebnis.

Aufbau

N(<Wert>)

Parameter

Mit <Wert> übergeben Sie den Inhalt, den Sie in eine Zahl umwandeln möchten.

Funktions-Assistent

Kategorie:
Information

Englischer Funktionsname
N

	A	B	C	D	E
1	**N**				
2					
3	Wert	N	*Formel*		
4			0	=N(A4)	
5	Müller		0	=N(A5)	
6	12		12	=N(A6)	
7	01.03.2005		38412	=N(A7)	
8	WAHR		1	=N(A8)	
9	FALSCH		0	=N(A9)	
10	#DIV/0!	#DIV/0!		=N(A10)	
11	0,5		0,5	=N(A11)	

N

NV

Die Funktion NV liefert als Ergebnis den Fehlerwert #NV. Die Funktion NV dient der Kompatibilität zu anderen Tabellenkalkulationsprogrammen.

Aufbau

NV()

Parameter

Der Funktion NV übergeben Sie keine Parameter.

	A	B	C	D
1	**NV**			
2				
3	NV	*Formel*		
4	#NV	=NV()		
5				

NV

Funktions-Assistent
Kategorie:
Information

Englischer Funktionsname
NA

Besonderheiten

Obwohl Sie der Funktion NV keine Parameter übergeben, müssen Sie hinter dem Funktionsnamen ein leeres Klammerpaar eingeben, damit Excel die Funktion erkennt.

TYP

Mit der Funktion TYP ermitteln Sie den Datentyp des übergebenen Parameters. Die Funktion TYP dient der Kompatibilität zu anderen Tabellenkalkulationsprogrammen.

Aufbau

TYP(<Wert>)

Parameter

Mit <Wert> übergeben Sie den Inhalt, dessen Datentyp Sie ermitteln möchten.

Mögliche Ergebnisse der Funktion TYP

Geliefertes Ergebnis	Datentyp
1	Beim übergebenen Parameter handelt es sich um eine Zahl
2	Beim übergebenen Parameter handelt es sich um einen Text

Mögliche Ergebnisse der Funktion TYP	
Geliefertes Ergebnis	**Datentyp**
4	Beim übergebenen Parameter handelt es sich um einen Wahrheitswert
16	Beim übergebenen Parameter handelt es sich um einen Fehlerwert
64	Beim übergebenen Parameter handelt es sich um eine Matrix

Besonderheiten

Sie können mit TYP nicht feststellen, ob in der übergebenen Zelle eine Formel enthalten ist. In diesem Fall
liefert TYP als Ergebnis den Datentyp des angezeigten
Ergebnisses.

Funktions-Assistent
Kategorie: Information

Englischer Funktionsname
TYPE

	A	B	C
1	**TYP**		
2			
3	Wert	TYP	*Formel*
4	12	1	=TYP(A4)
5	Müller	2	=TYP(A5)
6	WAHR	4	=TYP(A6)
7	#DIV/0!	16	=TYP(A7)
8		64	=TYP({0;0;0;0;0})
9			

TYP

ZELLE

Die Funktion ZELLE liefert Informationen über eine
bestimmte Zelle. Die Funktion ZELLE dient der Kompatibilität zu anderen Tabellenkalkulationsprogrammen.

Aufbau

ZELLE(<Infotyp>;<Bezug>)

Parameter

Mit dem Parameter <Infotyp> legen Sie fest, welche Information Sie ermitteln möchten. Sie können <Infotyp> die folgenden Werte übergeben:

Mögliche Werte des Parameters <Infotyp>	
Übergebener Inhalt	**Geliefertes Ergebnis**
„Adresse"	Bezug der Zelle als Text
„Spalte"	Spaltennummer der Zelle
„Farbe"	1, wenn die Zelle für negative Werte farbig formatiert ist 0 für alle anderen Zahlenformate
„Inhalt"	Wert der linken obersten Zelle; darf keine Formel sein
„Dateiname"	Dateiname und vollständiger Pfad der Datei der übergebenen Zelle, die Verweis enthält, als Text
„Format"	Das Zahlenformat der Zelle (siehe unten stehende Tabelle)
„Klammern"	1, wenn die Zelle für positive oder alle Werte mit Klammern formatiert ist 0 für alle anderen Zahlenformate
„Präfix"	Beschriftungspräfix der Zelle - Ein einfaches Anführungszeichen (') für linksbündige Formatierung - Ein doppeltes Anführungszeichen (") für rechtsbündige Formatierung - Ein Zirkumflex „^" für eine zentrierte Formatierung - Ein Backslash „\" für einen Blocksatz - Eine leere Zeichenfolge "" für jede andere Formatierung
„Schutz"	0, wenn die Zelle nicht gesperrt ist 1, wenn die Zelle gesperrt ist
„Zeile"	Zeilennummer der Zelle

Information

Mögliche Werte des Parameters <Infotyp>	
Übergebener Inhalt	Geliefertes Ergebnis
„Typ"	Datentyp der Zelle „b", wenn die Zelle leer ist „l", wenn die Zelle Text enthält „w", wenn die Zelle eine Zahl oder etwas anderes enthält
„Breite"	Spaltenbreite der Zelle, auf eine ganze Zahl gerundet

Mögliche Ergebnisse bei der Übergabe von „Format" an den Parameter <Infotyp>	
Zahlenformat	Geliefertes Ergebnis
Standard	"S"
0	"F0"
#,##0	".0"
0	"F2"
#,##0,00	".2"
$#,##0_);($#,##0)	"C0'
$#,##0_);[Rot]($#,##0)	"C0-"
$#,##0,00_);($#,##0,00)	"C2"
$#,##0,00_);[Rot]($#,##0,00)	"C2-"
0%	"P0"
0,00%	"P2"
0,00E+00	"S2"
# ?/? oder # ??/??	"G"
m/t/jj oder m/t/jj h:mm oder mm/tt/jj	"D4"
t-mmm-jj oder tt-mmm-jj	"D1"
t-mmm oder tt-mmm	"D2"
mmm-jj	"D3"

Mögliche Ergebnisse bei der Übergabe von "Format" an den Parameter <Infotyp>	
Zahlenformat	**Geliefertes Ergebnis**
mm/tt	"D5"
h:mm AM/PM	"D7"
h:mm:ss AM/PM	"D6"
h:mm	"D9"
h:mm:ss	"D8"

Der optionale Parameter <Bezug> legt die Zelle fest, zu der Sie die Informationen ermitteln möchten. Wenn Sie <Bezug> nicht angeben, werden die Informationen zu der Zelle geliefert, in der sich die Funktion befindet.

	A	B	C	D	E	F
1	**ZELLE**					
2						
3	Prüfzelle	Wert	ZELLE	Formel		
4		Adresse	$A$4	=ZELLE(B6;A6)		
5		Adresse	$A$3	=ZELLE(B7;A5:B6)		
6		Spalte		1	=ZELLE(B8;A8)		
7		Spalte		1	=ZELLE(B9;A5:B6)		
8	-100,00	Farbe		1	=ZELLE(B10;A10)		
9	100	Farbe		0	=ZELLE(B11;A11)		
10	Peter	Inhalt	Peter	=ZELLE(B12;A12)		
11		Inhalt	Peter	=ZELLE(B13;A12:B19)		
12		Dateiname	C:\Excel-Studie\[Informationsfunktionen.xls]Info 8	=ZELLE(B14;A14)		
13	100,00	Format	F2	=ZELLE(B15;A15)		
14	-100,00	Format	F2-	=ZELLE(B16;A16)		
15	2,00	Klammern		0	=ZELLE(B17;A17)		
16	(2,00)	Klammern		1	=ZELLE(B18;A18)		
17	Text	Präfix	'	=ZELLE(B19;A19)		
18	Text	Präfix	"	=ZELLE(B20;A20)		
19	Text	Präfix	^	=ZELLE(B21;A21)		
20	TextTextText	Präfix	\	=ZELLE(B22;A22)		
21	12	Präfix		=ZELLE(B23;A23)		
22		Schutz		1	=ZELLE(B24;A24)		
23		Zeile		23	=ZELLE(B25;A25)		
24		Zeile		20	=ZELLE(B26;A22:A24)		
25		Typ	b	=ZELLE(B27;A27)		
26	123	Typ	w	=ZELLE(B28;A28)		
27	Text	Typ	l	=ZELLE(B29;A29)		
28	#NV	Typ	w	=ZELLE(B30;A30)		
29		Breite		11,00	=ZELLE(B31;A31)		
30		Breite		11,00	=ZELLE(B32;A26:C28)		

Funktions-Assistent
Kategorie: **Information**

Englischer Funktionsname
CELL

ZELLE

Besonderheiten

Wenn die Datei der übergebenen Zelle noch nicht gespeichert wurde, führt die Übergabe des Inhalts „Dateiname" an den Parameter <Infotyp> zu einem Leerstring („") als Ergebnis.

Wenn Sie dem Parameter <Infotyp> den Inhalt „Format" übergeben haben, zeigt „-" am Ende des gelieferten Formats an, dass die Zelle für negative Werte farbig formatiert ist. Mit "()" am Ende des gelieferten Formats wird angezeigt, dass die Zelle für positive oder alle Werte mit Klammern formatiert ist.

Wenn Sie dem Parameter <Infotyp> den Inhalt „Format" übergeben und die Zelle nach dem Eintragen der Funktion mit einem benutzerdefinierten Format neu formatiert wird, müssen Sie auch das Tabellenblatt neu berechnen, um das gelieferte Ergebnis zu aktualisieren.

Logik: Alle Funktionen

Mit den Tabellenfunktionen der Kategorie „Logik" führen Sie logische Berechnungen bzw. Tests durch.

Die Beispieldatei aus diesem Kapitel können Sie im Internet abrufen, wenn Sie die Beispiele direkt in Ihrem Excel nachvollziehen möchten. Wählen Sie die folgende Internet-Adresse:

www.computerwissen.de/downloads/excel-lexikon

Rufen Sie dann die folgende Datei ab: Logik.xls.

Beschreibung der Logikfunktionen

FALSCH und WAHR

Die Funktionen FALSCH und WAHR liefern als Ergebnis die Wahrheitswerte FALSCH oder WAHR.

Aufbau

FALSCH()

WAHR()

Parameter

Den Funktionen FALSCH und WAHR übergeben Sie keine Parameter.

Funktions-Assistent
Kategorie: Logik

Englischer Funktionsname
FALSE
TRUE

	A	B	C	D	E	F
1	**FALSCH und WAHR**					
2						
3		*Formel*				
4	FALSCH	=FALSCH()				
5	WAHR	=WAHR()				
6						
7						

FALSCH und WAHR

Besonderheiten

Sie können die Wahrheitswerte FALSCH und WAHR auch direkt in eine Zelle eintragen.

NICHT

Die Funktion NICHT wandelt den übergebenen Wahrheitswert ins Gegenteil um. Wenn Sie der Funktion NICHT den Wahrheitswert WAHR übergeben, liefert sie als Ergebnis FALSCH; wenn Sie FALSCH übergeben, wird WAHR geliefert.

Aufbau

NICHT(<Wahrheitswert>)

Parameter

Mit <Wahrheitswert> übergeben Sie den Wahrheitswert, den Sie ins Gegenteil umkehren möchten.

	A	B	C	D	E
1	**NICHT**				
2					
3		*Formel*			
4	FALSCH	=NICHT(WAHR)			
5	WAHR	=NICHT(FALSCH)			
6	WAHR	=NICHT(1=2)			
7	FALSCH	=NICHT(1/2=0,5)			
8	WAHR	=NICHT(0)			
9	FALSCH	=NICHT(1)			
10	FALSCH	=NICHT(125)			
11	#WERT!	=NICHT("Peter")			
12					

NICHT

Funktions-
Assistent
Kategorie:
Logik

Englischer
Funktionsname
NOT

Besonderheiten

Anstelle eines Wahrheitswertes können Sie der Funktion auch einen Ausdruck übergeben, der als Ergebnis einen Wahrheitswert liefert.

Die Zahlen 1 (WAHR) und 0 (FALSCH) werden von NICHT wie die entsprechenden Wahrheitswerte behandelt.

Wenn Sie der Funktion eine beliebige andere Zahl übergeben, wird als Ergebnis FALSCH geliefert.

Wenn Sie der Funktion einen Text übergeben, liefert sie den Fehlerwert #WERT!.

ODER

Mit der Funktion ODER prüfen Sie, ob einer von bis zu 30 übergebenen Parametern WAHR ist. Ist das der Fall, liefert die Funktion als Ergebnis WAHR. Wenn alle übergebenen Parameter FALSCH sind, liefert die Funktion als Ergebnis FALSCH.

Aufbau

ODER(<Wahrheitswert1>...
<Wahrheitswert30>)

Parameter

Mit <Wahrheitswert1> bis <Wahrheitswert30> übergeben Sie bis zu 30 zu prüfende Parameter oder Bezüge.

Funktions-Assistent
Kategorie:
Logik

Englischer Funktionsname
OR

	A	B	C	D	E
1	**ODER**				
2					
3		*Formel*			
4	WAHR	=ODER(WAHR;FALSCH)			
5	FALSCH	=ODER(FALSCH;FALSCH)			
6	WAHR	=ODER(WAHR;WAHR)			
7	FALSCH	=ODER(1=2;1=3)			
8	WAHR	=ODER(1=2;1=3;1=1)			
9	WAHR	=ODER(1;2)			
10	WAHR	=ODER(0;2)			
11	WAHR	=ODER(123;255)		WAHR	WAHR
12	#WERT!	=ODER("Peter";1)		FALSCH	FALSCH
13	WAHR	=ODER(D11:E12)			

ODER

Besonderheiten

Anstelle eines Wahrheitswertes können Sie der Funktion auch einen Ausdruck übergeben, der als Ergebnis einen Wahrheitswert liefert.

Sie können der Funktion auch einen oder mehrere Zellbereiche als Parameter übergeben. Alle einzelnen Zellen der übergebenen Bereiche werden dann geprüft, auch wenn die Anzahl der einzelnen Zellen deutlich höher als 30 ist.

Die Zahlen 1 (WAHR) und 0 (FALSCH) werden von ODER wie die entsprechenden Wahrheitswerte behandelt.

Eine beliebige andere Zahl wird als WAHR interpretiert.

Wenn Sie der Funktion einen Text übergeben, liefert sie den Fehlerwert #WERT!.

UND

Mit der Funktion UND prüfen Sie, ob alle von bis zu 30 übergebenen Parametern WAHR sind. Ist das der Fall, liefert die Funktion als Ergebnis WAHR. Wenn nur einer der übergebenen Parameter FALSCH ist, liefert die Funktion als Ergebnis FALSCH.

Aufbau

UND(<Wahrheitswert1>...
<Wahrheitswert30>)

Parameter

Mit <Wahrheitswert1> bis <Wahrheitswert30> übergeben Sie bis zu 30 zu prüfende Parameter oder Bezüge.

	A	B	C	D	E	
1	**UND**					
2						
3		*Formel*				
4	FALSCH	=UND(WAHR;FALSCH)				
5	FALSCH	=UND(FALSCH;FALSCH)				
6	WAHR	=UND(WAHR;WAHR)				
7	FALSCH	=UND(1=1;1=2)				
8	FALSCH	=UND(1=1;2=1;3=3)				
9	WAHR	=UND(1;1;1)				
10	WAHR	=UND(1;1;2)				
11	WAHR	=UND(123;255)		WAHR	WAHR	
12	#WERT!	=UND("Peter";1)		FALSCH	FALSCH	
13	FALSCH	=UND(D11:E12)				
14						

UND

Funktions-Assistent

Kategorie:
Logik

Englischer Funktionsname
AND

Besonderheiten

Anstelle eines Wahrheitswertes können Sie der Funktion auch einen Ausdruck übergeben, der als Ergebnis einen Wahrheitswert liefert.

Sie können der Funktion auch einen oder mehrere Zellbereiche als Parameter übergeben. Alle einzelnen Zellen der übergebenen Bereiche werden dann geprüft, auch wenn die Anzahl der einzelnen Zellen deutlich höher als 30 ist.

Die Zahlen 1 (WAHR) und 0 (FALSCH) werden von UND wie die entsprechenden Wahrheitswerte behandelt.

Eine beliebige andere Zahl wird als WAHR interpretiert.

Wenn Sie der Funktion einen Text übergeben, liefert sie den Fehlerwert #WERT!.

WENN

Über die Funktion WENN prüfen Sie einen übergebenen Parameter. Als Ergebnis liefert die Funktion je nach Resultat der Prüfung einen von zwei weiteren Parametern.

Aufbau

```
WENN(<Prüfung>,<Dann_Wert>;
<Sonst_Wert>)
```

Parameter

Mit <Prüfung> übergeben Sie den zu überprüfenden Ausdruck. Dabei können Sie andere Logikfunktionen und/oder Vergleichsoperatoren einsetzen.

Die Vergleichsoperatoren	
Vergleichsoperator	Bedeutung
>	größer als
<	kleiner als
=	gleich
>=	größer oder gleich
<=	kleiner oder gleich

Der Parameter <Dann_Wert> legt fest, was die Funktion im Falle einer positiven Prüfung ausgeben soll.

Mit dem Parameter <Sonst_Wert> legen Sie fest, was die Funktion im Falle einer negativen Prüfung ausgeben soll.

Sie können den beiden Parametern <Dann_Wert> und <Sonst_Wert> z. B. einen Zellbezug, einen Wert, einen Text oder eine andere Tabellenfunktion übergeben.

	A	B	C	D
1	**WENN**			
2				
3	Januar	125		
4	Februar	17		
5	März	100		
6	April	30		
7				
8			*Formel*	
9		Dann	=WENN(B3>100;"Dann";"Sonst")	
10		Sonst	=WENN(B3<100;"Dann";"Sonst")	
11		Dann	=WENN(B5+B4<B3;"Dann";"Sonst")	
12		Dann	=WENN(1;"Dann";"Sonst")	
13		Sonst	=WENN(0;"Dann";"Sonst")	
14		Dann	=WENN(WAHR;"Dann";"Sonst")	
15		Sonst	=WENN(FALSCH;"Dann";"Sonst")	
16		Dann	=WENN(UND(B3>100;B5>B6);"Dann";"Sonst")	
17				

Funktions-Assistent
Kategorie:
Logik

Englischer Funktionsname
IF

WENN

Besonderheiten

Sie können bis zu acht WENN-Funktionen ineinander verschachteln, um komplexe Prüfungen in Ihren Arbeitsmappen durchzuführen.

Wenn Sie dem Parameter <Prüfung> einen Zellbereich übergeben und die Funktion über die Tastenkombination (Strg)(⇧)(↵) als Matrixformel bestätigen, wird jede Zelle des übergebenen Bereichs einzeln geprüft.

Mathematik und Trigonometrie: Alle Funktionen

Mit den Tabellenfunktionen der Kategorie „Mathematik" führen Sie mathematische Berechnungen durch.

Die Beispieldatei aus diesem Kapitel können Sie im Internet abrufen, wenn Sie die Beispiele direkt in Ihrem Excel nachvollziehen möchten. Wählen Sie die folgende Internet-Adresse:

www.computerwissen.de/downloads/excel-lexikon

Rufen Sie dann die folgende Datei ab: Mathematik.xls.

Beschreibung der mathematischen und trigonometrischen Funktionen

Mathematik und Trigonometrie

ABRUNDEN, AUFRUNDEN, KÜRZEN und RUNDEN

Mit den Funktionen ABRUNDEN, AUFRUNDEN, KÜRZEN und RUNDEN runden Sie Zahlen in Ihren Arbeitsmappen.

➡ Mit ABRUNDEN runden Sie Zahlen auf eine bestimmte Dezimalstelle ab.

➡ AUFRUNDEN rundet Zahlen auf eine bestimmte Dezimalstelle auf.

➡ Die Funktion KÜRZEN schneidet Zahlen auf eine bestimmte Anzahl von Dezimalstellen ab.

➡ Über die Funktion RUNDEN können Sie eine Zahl auf eine bestimmte Anzahl von Dezimalstellen auf- oder abrunden.

Aufbau

ABRUNDEN(<Zahl>;<Anzahl_Stellen>)

AUFRUNDEN(<Zahl>;<Anzahl_Stellen>)

KÜRZEN(<Zahl>;<Anzahl_Stellen>)

RUNDEN(<Zahl>;<Anzahl_Stellen>)

Parameter

Mit <Zahl> übergeben Sie die Zahl, die Sie runden möchten.

<Anzahl_Stellen> legt fest, auf welche Dezimalstelle gerundet wird. Ein Wert von 0 bedeutet, es wird auf ganze Zahlen gerundet. Positive Werte bedeuten Dezimalstellen rechts vom Komma und negative Werte runden auf Dezimalstellen links vom Komma.

Für die Funktion KÜRZEN ist der Parameter <Anzahl_Stellen> optional. Wenn Sie ihn nicht angeben, wird ein Wert von null verwendet und die Funktion rundet auf ganze Zahlen ab.

Funktions-Assistent		
Kategorie:		
Math. &		
Trigonom.		

Englischer Funktionsname	
ROUNDDOWN	
ROUNDUP	
TRUNC	
ROUND	

	A	B	C	D	E
1	**ABRUNDEN, AUFRUNDEN, KÜRZEN und RUNDEN**				
2					
3	<Zahl>	<Anzahl_Stellen>	Ergebnis	*Formel*	
4	1,50	0	1,00	=ABRUNDEN(A4;B4)	
5	1,50	0	2,00	=AUFRUNDEN(A5;B5)	
6	1,50	0	1,00	=KÜRZEN(A6;B6)	
7	1,50	0	2	=RUNDEN(A7;B7)	
8	1,49	0	1	=RUNDEN(A8;B8)	
9	-1,23432	3	-1,234	=ABRUNDEN(A9;B9)	
10	-1,23432	3	-1,235	=AUFRUNDEN(A10;B10)	
11	-1,23432	3	-1,234	=KÜRZEN(A11;B11)	
12	-1,23432	3	-1,234	=RUNDEN(A12;B12)	
13	Peter		3	#WERT!	=RUNDEN(A13;B13)

ABRUNDEN, AUFRUNDEN, KÜRZEN und RUNDEN

Besonderheiten

Negative und positive Zahlen werden von den vier Funktionen gleich gerundet. Beim Auf- und Abrunden wird also immer auf den Betrag der übergebenen Zahl gerundet.

Wenn Sie den Funktionen bei einem der Parameter keine Zahl übergeben, liefert die Funktion den Fehlerwert #WERT!.

Wenn Sie dem Parameter <Anzahl_Stellen> eine Zahl mit Dezimalstellen übergeben, werden diese ignoriert.

GERADE und UNGERADE

Mit den beiden Funktionen GERADE und UNGERADE runden Sie die übergebene Zahl auf die nächste ungerade bzw. gerade ganze Zahl auf, die mindestens gleich groß ist.

➡ Mit GERADE runden Sie auf die nächste gerade ganze Zahl.

➡ UNGERADE rundet die übergebene Zahl auf die nächste ungerade ganze Zahl.

Aufbau

GERADE (<Zahl>)

UNGERADE (<Zahl>)

Parameter

Mit <Zahl> übergeben Sie die Zahl, die Sie aufrunden möchten.

	A	B	C	D	E
1	**GERADE und UNGERADE**				
2					
3	<Zahl>	Ergebnis	Formel		
4	1,50	2,00	=GERADE(A4)		
5	1,50	3,00	=UNGERADE(A5)		
6	2,00	2,00	=GERADE(A6)		
7	3,00	3,00	=UNGERADE(A7)		
8	-1,50	-2,00	=GERADE(A8)		
9	-1,50	-3,00	=UNGERADE(A9)		
10	Victor	#WERT!	=UNGERADE(A10)		

GERADE und UNGERADE

Funktions-Assistent
Kategorie: Math. & Trigonom.

Englischer Funktionsname
EVEN ODD

Besonderheiten

Negative und positive Zahlen werden von den beiden Funktionen gleich gerundet. Beim Aufrunden wird also immer auf den Betrag der übergebenen Zahl gerundet.

Wenn Sie den Funktionen als Parameter keine Zahl übergeben, liefert die Funktion den Fehlerwert #WERT!.

OBERGRENZE und UNTERGRENZE

Mit den Funktionen OBERGRENZE und UNTER-GRENZE runden Sie Zahlen auf ein beliebiges Vielfaches auf bzw. ab.

➡ Mit OBERGRENZE runden Sie auf ein Vielfaches auf.

➡ UNTERGRENZE rundet auf ein Vielfaches ab.

Aufbau

OBERGRENZE(<Zahl>;<Schritt>)

UNTERGRENZE(<Zahl>;<Schritt>)

Parameter

Mit <Zahl> übergeben Sie die Zahl, die Sie runden möchten.

<Schritt> legt fest, auf welches Vielfache Sie runden möchten. Sie können <Schritt> sowohl Werte überge-ben, die größer als 1 sind, als auch Dezimalzahlen.

Funktions-Assistent
Kategorie: Math. & Trigonom.
Englischer Funktionsname
CEILING FLOOR

	A	B	C	D	E
1	**OBERGRENZE und UNTERGRENZE**				
2					
3	<Zahl>	<Schritt>	Ergebnis	Formel	
4	1,50	1	2,00	=OBERGRENZE(A4;B4)	
5	1,50	1	1,00	=UNTERGRENZE(A5;B5)	
6	1230	25	1250,00	=OBERGRENZE(A6;B6)	
7	1230	25	1225,00	=UNTERGRENZE(A7;B7)	
8	1230	-25	#ZAHL!	=OBERGRENZE(A8;B8)	
9	1230	-25	#ZAHL!	=UNTERGRENZE(A9;B9)	
10	1,23432	0,25	1,25	=OBERGRENZE(A10;B10)	
11	1,23432	0,25	1,00	=UNTERGRENZE(A11;B11)	
12	martin	0,25	#WERT!	=UNTERGRENZE(A12;B12)	

OBERGRENZE und UNTERGRENZE

Besonderheiten

Negative und positive Zahlen werden von den beiden Funktionen gleich gerundet. Beim Auf- und Abrunden wird also immer auf den Betrag der übergebenen Zahl gerundet.

Wenn Sie den Funktionen bei einem der Parameter keine Zahl übergeben, liefert die Funktion den Fehlerwert #WERT!.

Wenn die beiden übergebenen Parameter unterschiedliche Vorzeichen besitzen, liefert die Funktion den Fehlwert #ZAHL!.

ABS

Mit der Funktion ABS ermitteln Sie den absoluten Betrag der übergebenen Zahl. Der Absolutwert einer Zahl ist die Zahl ohne ihr Vorzeichen.

Aufbau

ABS(<Zahl>)

Parameter

Mit <Zahl> übergeben Sie die Zahl, deren absoluten Betrag Sie ermitteln möchten.

	A	B	C	D	E
1	**ABS**				
2					
3	<Zahl>	ABS	*Formel*		
4	1,50	1,50	=ABS(A4)		
5	-1,50	1,50	=ABS(A5)		
6	Peter	#WERT!	=ABS(A6)		
7	WAHR	1,00	=ABS(A7)		
8	FALSCH	0,00	=ABS(A8)		
9	100	100,00	=ABS(A9)		
10	-100	100,00	=ABS(A10)		

ABS

Funktions-Assistent
Kategorie:
Math. &
Trigonom.

Englischer Funktionsname
ABS

Besonderheiten

Wenn Sie der Funktion mit dem Parameter keine Zahl übergeben, liefert die Funktion den Fehlerwert #WERT!.

ARCCOS, ARCCOSHYP, ARCSIN, ARCSINHYP, ARCTAN und ARCTANHYP

Mit den Funktionen ARCCOS, ARCCOSHYP, ARC-SIN, ARCSINHYP, ARCTAN und ARCTANHYP führen Sie trigonometrische Berechnungen durch.

➡ ARCCOS berechnet den Arcuskosinus. Sie können der Funktion Werte zwischen 1 und -1 übergeben.

➡ ARCCOSHYP berechnet den hyperbolischen Arcuskosinus. Sie können der Funktion Werte größer oder gleich 1 übergeben.

➡ ARCSIN berechnet den Arcussinus. Sie können der Funktion Werte zwischen 1 und -1 übergeben.

➡ ARCSINHYP berechnet den hyperbolischen Sinus. Sie können der Funktion einen beliebigen Wert übergeben.

➡ ARCTAN berechnet den Arcustangens. Sie können der Funktion einen beliebigen Wert übergeben.

➡ ARCTANHYP berechnet den hyperbolischen Tangens. Sie können der Funktion Werte zwischen 1 (ausschließlich) und -1 (ausschließlich) übergeben.

Aufbau

ARCCOS(<Zahl>)

ARCCOSHYP(<Zahl>)

ARCSIN(<Zahl>)

ARCSINHYP(<Zahl>)

ARCTAN(<Zahl>)

ARCTANHYP(<Zahl>)

Parameter

Mit <Zahl> übergeben Sie den Wert, zu dem Sie die trigonometrische Berechnung durchführen möchten.

	A	B	C	D	E
1	**ARCCOS, ARCCOSHYP, ARCSIN,**				
2	**ARCSINHYP, ARCTAN und ARCTANHYP**				
3					
4	<Zahl>	Ergebnis	*Formel*		
5	1,00	0,00	=ARCCOS(A4)		
6	-1,00	3,14	=ARCCOS(A5)		
7	2,00	#ZAHL!	=ARCCOS(A6)		
8	Peter	#WERT!	=ARCCOS(A7)		
9	1,00	0,00	=ARCCOSHYP(A8)		
10	0,50	#ZAHL!	=ARCCOSHYP(A9)		
11	-0,60	#ZAHL!	=ARCCOSHYP(A10)		
12	1,00	1,57	=ARCSIN(A11)		
13	-1,00	-1,57	=ARCSIN(A12)		
14	100,00	5,30	=ARCSINHYP(A13)		
15	-100,00	-5,30	=ARCSINHYP(A14)		
16	0	0,00	=ARCSINHYP(A15)		
17	100,00	1,56	=ARCTAN(A16)		
18	-100,00	-1,56	=ARCTAN(A17)		
19	0	0,00	=ARCTAN(A18)		
20	0,99	2,65	=ARCTANHYP(A19)		
21	1,00	#ZAHL!	=ARCTANHYP(A20)		
22	-0,99	-2,65	=ARCTANHYP(A21)		
23	-1,00	#ZAHL!	=ARCTANHYP(A22)		

Funktions-Assistent
Funktions-Assistent
Kategorie: Math. & Trigonom.
Englischer Funktionsname
ACOS
ACOSH
ASIN
ASINH
ATAN
ATANH

ARCCOS, ARCCOSHYP, ARCSIN, ARCSINHYP, ARCTAN und ARCTANHYP

Besonderheiten

Wenn Sie den Funktionen keine Zahl übergeben, wird der Fehlerwert #WERT! geliefert.

Wenn Sie den Funktionen eine Zahl außerhalb des gültigen Bereichs übergeben, wird der Fehlerwert #ZAHL! geliefert.

ARCTAN2

Mit ARCTAN2 berechnen Sie den Arcustangens anhand einer x- und y-Koordinate.

Aufbau

ARCTAN(<X_Koordinate>;<Y_Koordinate>)

Parameter

Mit <X_Koordinate> und <Y_Koordinate> übergeben Sie die Koordinaten, anhand derer Sie den Arcustangens berechnen möchten.

Funktions-Assistent
Kategorie: Math. & Trigonom.

Englischer Funktionsname
ATAN2

	A	B	C	D	E
1	**ARCTAN2**				
2					
3	<X_Koordinate>	<Y_Koordinate>	ARCTAN2	Formel	
4	1	1	0,785398163	=ARCTAN2(A4;B4)	
5	-1	-1	-2,35619449	=ARCTAN2(A5;B5)	
6	-10	10	2,35619449	=ARCTAN2(A6;B6)	
7	10	-10	-0,785398163	=ARCTAN2(A7;B7)	
8	-1000	1000	2,35619449	=ARCTAN2(A8;B8)	
9	0	0	#DIV/0!	=ARCTAN2(A9;B9)	
10	0	1	1,570796327	=ARCTAN2(A10;B10)	
11	0	-1	-1,570796327	=ARCTAN2(A11;B11)	
12	1	0	0	=ARCTAN2(A12;B12)	
13	-1	0	3,141592654	=ARCTAN2(A13;B13)	
14	Peter	0	#WERT!	=ARCTAN2(A14;B14)	
15					

ARCTAN2

Besonderheiten

Wenn Sie der Funktion mit einem der beiden Parameter keine Zahl übergeben, wird der Fehlerwert #WERT! geliefert.

Wenn Sie der Funktion mit beiden Parameter einen Nullwert übergeben, wird der Fehlerwert #DIV/0! geliefert.

Ein positives Ergebnis entspricht einem Winkel, der, bezogen auf die x-Achse, gegen den Uhrzeigersinn abgemessen wird; ein negatives Ergebnis entspricht einem im Uhrzeigersinn abgemessenen Winkel.

BOGENMASS und GRAD

Mit BOGENMASS und GRAD wandeln Sie Grad in Bogenmaß um und umgekehrt.

➡ BOGENMASS wandelt einen in Grad angegebenen Wert in Bogenmaß um.

➡ Mit GRAD wandeln Sie einen in Bogenmaß angegebenen Wert in Grad um.

Aufbau

```
BOGENMASS(<Winkel>)
GRAD(<Winkel>)
```

Parameter

Mit <Winkel> übergeben Sie den Winkel in Grad bzw. Bogenmaß, den Sie umwandeln möchten.

	A	B	C	D	E
1	**BOGENMASS und GRAD**				
2					
3	<Winkel>	Ergebnis	*Formel*		
4	1	0,017453293	=BOGENMASS(A4)		
5	90	1,570796327	=BOGENMASS(A5)		
6	180	3,141592654	=BOGENMASS(A6)		
7	360	6,283185307	=BOGENMASS(A7)		
8	-180	-3,141592654	=BOGENMASS(A8)		
9	0	0	=BOGENMASS(A9)		
10	0,017453293	1	=GRAD(A10)		
11	1,570796327	90	=GRAD(A11)		
12	3,141592654	180	=GRAD(A12)		
13	6,283185307	360	=GRAD(A13)		
14	-3,141592654	-180	=GRAD(A14)		
15	0	0	=GRAD(A15)		
16	Peter	#WERT!	=GRAD(A16)		
17					

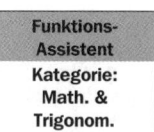

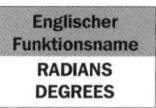

BOGENMASS und GRAD

Besonderheiten

Wenn Sie den Funktionen keine Zahl übergeben, wird der Fehlerwert #WERT! geliefert.

COS, COSHYP, SIN und SINHYP

Mit den Funktionen COS, COSHYP, SIN und SINHYP führen Sie trigonometrische Berechnungen durch.

➡ COS berechnet den Kosinus.

➡ COSHYP berechnet den hyperbolischen Kosinus.

➡ SIN berechnet den Sinus.

➡ SINHYP berechnet den hyperbolischen Sinus.

Aufbau

COS(<Zahl>)
COSHYP(<Zahl>)
SIN(<Zahl>)
SINHYP(<Zahl>)

Parameter

Mit <Zahl> übergeben Sie den Wert, zu dem Sie die trigonometrische Berechnung durchführen möchten.

Funktions-Assistent
Kategorie: Math. & Trigonom.
Englischer Funktionsname COS COSH SIN SINH

	A	B	C	D	E
1	COS, COSHYP, SIN und SINHYP				
2					
3	<Zahl>	Ergebnis	Formel		
4	1	0,540302306	=COS(A4)		
5	-1	0,540302306	=COS(A5)		
6	0	1	=COS(A6)		
7	Peter	#WERT!	=COS(A7)		
8	3,141592654	-1	=COS(A8)		
9	1,570796327	0	=COS(A9)		
10	6,283185307	1	=COS(A10)		
11	12,56637061	1	=COS(A11)		
12	0	1	=COSHYP(A12)		
13	1	1,543080635	=COSHYP(A13)		
14	-1	1,543080635	=COSHYP(A14)		
15	10	11013,23292	=COSHYP(A15)		
16	1	0,841470985	=SIN(A16)		
17	-1	-0,841470985	=SIN(A17)		
18	0	0	=SIN(A18)		
19	3,141592654	0	=SIN(A19)		
20	1,570796327	1	=SIN(A20)		
21	-1,570796327	-1	=SIN(A21)		
22	6,283185307	0	=SIN(A22)		
23	0	0	=SINHYP(A23)		
24	1	1,175201194	=SINHYP(A24)		
25	-1	-1,175201194	=SINHYP(A25)		
26	10	11013,23287	=SINHYP(A26)		

COS, COSHYP, SIN, SINHYP

Besonderheiten

Wenn Sie den Funktionen keine Zahl übergeben, wird der Fehlerwert #WERT! geliefert.

EXP

Mit EXP bilden Sie eine Potenz zur Basis e.

Aufbau

EXP(<Zahl>)

Parameter

Mit <Zahl> übergeben Sie den Wert, mit dem Sie e potenzieren möchten.

	A	B	C	D	E
1	**EXP**				
2					
3	<Zahl>	EXP	*Formel*		
4		1	2,718281828	=EXP(A4)	
5		2	7,389056099	=EXP(A5)	
6	Peter		#WERT!	=EXP(A6)	
7	WAHR		2,718281828	=EXP(A7)	
8	FALSCH		1	=EXP(A8)	
9		10	22026,46579	=EXP(A9)	
10		-3	0,049787068	=EXP(A10)	
11		0	1	=EXP(A11)	

EXP

Funktions-Assistent
Kategorie: Math. & Trigonom.
Englischer Funktionsname EXP

Besonderheiten

Wenn Sie der Funktion keine Zahl übergeben, wird der Fehlerwert #WERT! geliefert.

FAKULTÄT

Mit FAKULTÄT berechnen Sie die Fakultät einer Zahl.

Aufbau

FAKULTÄT(<Zahl>)

Parameter

Mit <Zahl> übergeben Sie die Zahl, deren Fakultät Sie berechnen möchten.

Funktions-Assistent
Kategorie: Math. & Trigonom.

Englischer Funktionsname
FACT

	A	B	C	D	E
1	**FAKULTÄT**				
2					
3	<Zahl>	FAKULTÄT	*Formel*		
4	1	1	=FAKULTÄT(A4)		
5	2	2	=FAKULTÄT(A5)		
6	3	6	=FAKULTÄT(A6)		
7	5	120	=FAKULTÄT(A7)		
8	10	3628800	=FAKULTÄT(A8)		
9	100	9,3326E+157	=FAKULTÄT(A9)		
10	0	1	=FAKULTÄT(A10)		
11	-1	#ZAHL!	=FAKULTÄT(A11)		
12	Heinz	#WERT!	=FAKULTÄT(A12)		

FAKULTÄT

Besonderheiten

Wenn Sie der Funktion keine Zahl übergeben, wird der Fehlerwert #WERT! geliefert.

Der Fehlerwert #ZAHL! wird ausgegeben, wenn Sie der Funktion einen negativen Wert übergeben.

GANZZAHL

GANZZAHL rundet eine Zahl auf die nächstkleinere ganze Zahl ab.

Aufbau

GANZZAHL(<Zahl>)

Parameter

Mit <Zahl> übergeben Sie die Zahl, deren ganzzahligen Anteil Sie ermitteln möchten.

	A	B	C	D
1	**GANZZAHL**			
2				
3	<Zahl>	GANZZAHL	*Formel*	
4	1	1	=GANZZAHL(A4)	
5	2,7	2	=GANZZAHL(A5)	
6	112,1234	112	=GANZZAHL(A6)	
7	-112,34	-113	=GANZZAHL(A7)	
8	Werner	#WERT!	=GANZZAHL(A8)	
9	0	0	=GANZZAHL(A9)	
10				

Funktions-Assistent
Kategorie:
Math. &
Trigonom.

Englischer Funktionsname
INT

GANZZAHL

Besonderheiten

Wenn Sie der Funktion keine Zahl übergeben, wird der Fehlerwert #WERT! geliefert.

Im Gegensatz zur Funktion KÜRZEN liefert GANZ-ZAHL für eine negative Zahl vom Betrag her einen größeren Wert.

KOMBINATIONEN

Mit KOMBINATIONEN berechnen Sie die Anzahl der Kombinationen mehrerer Elemente aus einer angegebenen Gesamtmenge von Elementen. Wiederholungen werden dabei nicht gezählt, das heißt, die Reihenfolge der Elemente wird nicht berücksichtigt.

Aufbau

KOMBINATIONEN(<n>;<k>)

Parameter

Mit <n> übergeben Sie die Gesamtzahl der Elemente.

Der Parameter <k> legt fest, wie viele Elemente aus der Gesamtzahl <n> kombiniert werden sollen.

Funktions-Assistent		A	B	C	D
Kategorie: Math. & Trigonom.	1	**KOMBINATIONEN**			
	2				
	3	<n>	<k>	KOMBINATIONEN	*Formel*
Englischer Funktionsname	4	2	1	2	=KOMBINATIONEN(A4;B4)
	5	3	2	3	=KOMBINATIONEN(A5;B5)
COMBIN	6	10	9	10	=KOMBINATIONEN(A6;B6)
	7	1000	200	6,6172E+215	=KOMBINATIONEN(A7;B7)
	8	10000	1000	#ZAHL!	=KOMBINATIONEN(A8;B8)
	9	2	10	#ZAHL!	=KOMBINATIONEN(A9;B9)
	10	Heinz	10	#WERT!	=KOMBINATIONEN(A10;B10)
	11				

KOMBINATIONEN

Besonderheiten

Wenn Sie der Funktion mit einem der beiden Parameter keine Zahl übergeben, wird der Fehlerwert #WERT! geliefert.

Wenn der übergebene Parameter <k> größer als <n> ist, liefert die Funktion den Fehlerwert #ZAHL!.

Bei zu hohen Werten für <n> und/oder <k> kann es sein, dass die Funktion kein Ergebnis mehr berechnen kann. In solchen Fällen wird ebenfalls der Fehlerwert #ZAHL! ausgegeben.

LN, LOG und LOG10

Mit LN, LOG und LOG10 berechnen Sie Logarithmen.

➡ LN berechnet den natürlichen Logarithmus zur Basis e.

➡ LOG berechnet einen Logarithmus zu einer beliebigen Basis.

➡ LOG10 berechnet den dekadischen Logarithmus zur Basis 10.

Aufbau

```
LN(<Zahl>)
LOG(<Zahl>;<Basis>)
LOG10(<Zahl>)
```

Parameter

Mit <Zahl> übergeben Sie die Zahl, zu der Sie einen Logarithmus berechnen möchten.

<Basis> ist ein optionaler Parameter, mit dem Sie bei der Funktion LOG die Basis festlegen, zu der der Logarithmus berechnet werden soll. Wenn Sie <Basis> nicht angeben, rechnet LOG mit der Basis 10.

	A	B	C	D	E	F
1	**LN, LOG und LOG10**					
2						
3	<Zahl>	<Basis>	Ergebnis	Formel		
4	1		0	=LN(A4)		
5	10		2,302585	=LN(A5)		
6	2,718282		1	=LN(A6)		
7	0		#ZAHL!	=LN(A7)		
8	-2		#ZAHL!	=LN(A8)		
9	16	2	4	=LOG(A9;B9)		
10	27	3	3	=LOG(A10;B10)		
11	100		2	=LOG(A11)		
12	-10		#ZAHL!	=LOG(A12;B12)		
13	10		1	=LOG10(A13)		
14	1000		3	=LOG10(A14)		
15	-5		#ZAHL!	=LOG10(A15)		
16	Ulrich		#WERT!	=LOG10(A16)		

Funktions-Assistent
Kategorie: Math. & Trigonom.

Englischer Funktionsname
LN
LOG
LOG10

LN, LOG und LOG10

Besonderheiten

Wenn Sie einer der Funktionen keine Zahl übergeben, wird der Fehlerwert #WERT! geliefert.

Wenn Sie einer der Funktionen einen negativen Wert oder null übergeben, wird der Fehlerwert #ZAHL! geliefert.

MDET

Mit MDET berechnen Sie die Determinante einer Matrix.

Aufbau

MDET(<Matrix>)

Parameter

Mit <Matrix> übergeben Sie die Matrix, deren Determinante Sie berechnen möchten.

Funktions- Assistent
Kategorie: Math. & Trigonom.

Englischer Funktionsname
MDETERM

	A	B	C	D	E	F
1	**MDET**					
2						
3						
4	Matrix					
5		1	5	3		
6		8	6	9		
7		5	7	-12		
8						
9			*Formel*			
10		648	=MDET(B5:D7)			
11		648	=MDET({1.5.3;8.6.9;5.7.-12})			
12						

MDET

Besonderheiten

Wenn die übergebene Matrix Leerzellen, Fehlerwerte oder Text enthält oder die Matrix nicht quadratisch ist, liefert MDET den Fehlerwert #WERT!.

Anstelle eines Bezuges auf einen Zellbereich können Sie die Matrix auch in geschweiften Klammern übergeben. Dabei trennen Sie die einzelnen Elemente über Punkte und die einzelnen Zeilen über Semikolons.

MINV

Die Funktion MINV liefert Ihnen die Inverse einer Matrix.

Aufbau

`MINV(<Matrix>)`

Parameter

Mit <Matrix> übergeben Sie die Matrix, deren Inverse
Sie bilden möchten.

	A	B	C	D	E
1	**MINV**				
2					
3					
4	Matrix				
5		1	5	3	
6		8	6	9	
7		5	7	-12	
8					
9					
10	**MINV**				
11	-0,208333333	0,125	0,041666667		
12	0,217592593	-0,041666667	0,023148148		
13	0,040123457	0,027777778	-0,052469136		
14					

MINV

Funktions-Assistent
Kategorie: Math. & Trigonom.
Englischer Funktionsname
MINVERSE

Besonderheiten

Markieren Sie vor der Eingabe der Funktion einen Bereich, der dieselbe Größe wie die Matrix besitzt, die Sie
invertieren möchten. Nach der Eingabe der Funktion
verwenden Sie die Tastenkombination $\boxed{\text{Strg}}\boxed{\Uparrow}\boxed{\leftarrow}$, um
den kompletten markierten Bereich als Matrix mit der
eingegebenen Funktion zu füllen.

Wenn die übergebene Matrix Leerzellen, Fehlerwerte
oder Text enthält oder die Matrix nicht quadratisch ist,
liefert MINV den Fehlerwert #WERT!.

Anstelle eines Bezuges auf einen Zellbereich können
Sie die Matrix auch in geschweiften Klammern überge-
ben. Dabei trennen Sie die einzelnen Elemente über
Punkte und die einzelnen Zeilen über Semikolons.

Wenn die Inverse der übergebenen Matrix nicht berechenbar ist, liefert die Funktion den Fehlerwert #ZAHL!.

Der Wert null wird ausgegeben, wenn die übergebene Matrix nicht invertierbar ist.

MMULT

Die Funktion MMULT liefert Ihnen das Produkt zweier Matrizen. Die gelieferte Matrix besitzt die Zeilenzahl der ersten übergebenen Matrix und die Spaltenzahl der zweiten übergebenen Matrix.

Aufbau

MMULT(<Matrix1>,<Matrix2>)

Parameter

Mit <Matrix1> und <Matrix2> übergeben Sie die beiden Matrizen, die Sie multiplizieren möchten.

Funktions-Assistent		
Kategorie: Math. & Trigonom.		
Englischer Funktionsname		
MMULT		

B15 ▾ *fx* {=MMULT(B5:D6;B10:C12)}

	A	B	C	D	E	F
1	**MMULT**					
2						
3						
4	Matrix 1					
5		1	5	3		
6		8	6	9		
7						
8						
9	Matrix 2					
10		3	2			
11		-3	4			
12		1	5			
13						
14	MMULT					
15		-9	37			
16		15	85			

MMULT

Besonderheiten

Markieren Sie vor der Eingabe der Funktion einen Bereich, der die Zeilenzahl von <Matrix1> und die Spaltenzahl von <Matrix2> besitzt. Nach der Eingabe der Funktion betätigen Sie die Tastenkombination ⌈Strg⌉⌈⇧⌉⌈←⌉, um den kompletten markierten Bereich als Matrix mit der eingegebenen Funktion zu füllen.

Wenn die übergebene Matrix Leerzellen, Fehlerwerte oder Text enthält, liefert MMULT den Fehlerwert #WERT!.

Anstelle eines Bezuges auf einen Zellbereich können Sie die Matrix auch in geschweiften Klammern übergeben. Dabei trennen Sie die einzelnen Elemente über Punkte und die einzelnen Zeilen über Semikolons.

Wenn der markierte Bereich, in dem Sie die Funktion eintragen, zu groß ist, zeigen alle „überschüssigen" Zellen den Fehlerwert #NV an.

Der Wert null wird geliefert, wenn die übergebene Matrix nicht invertierbar ist.

PI

Mit PI erzeugen Sie die Zahl Pi.

Aufbau

PI()

Parameter

Der Funktion PI übergeben Sie keine Parameter.

Besonderheiten

Keine.

Funktions-Assistent
Kategorie: Math. & Trigonom.
Englischer Funktionsname
PI

	A	B	C	D
1	**PI**			
2				
3		*Formel*		
4	3,141592654	=PI()		

PI

POTENZ

Die Funktion POTENZ verwenden Sie, um die Potenz aus einer Basis und einem Exponenten zu bilden.

Aufbau

POTENZ(<Zahl>;<Potenz>)

Parameter

Mit <Zahl> übergeben Sie die Basis, die Sie potenzieren möchten.

<Potenz> legt den Exponenten fest, mit dem <Basis> potenziert wird.

Funktions-Assistent
Kategorie: Math. & Trigonom.
Englischer Funktionsname
POWER

	A	B	C	D	E
1	**POTENZ**				
2					
3	<Zahl>	<Potenz>	POTENZ	*Formel*	
4	2	3	8	=POTENZ(A4;B4)	
5	4	2	16	=POTENZ(A5;B5)	
6	2	0,5	1,414214	=POTENZ(A6;B6)	
7	5	2	25	=POTENZ(A7;B7)	
8		3	Stefan	#WERT!	=POTENZ(A8;B8)
9	2	-2	0,25	=POTENZ(A9;B9)	
10	Martin	2	#WERT!	=POTENZ(A10;B10)	
11					

POTENZ

Besonderheiten

Wenn Sie der Funktion für einen der beiden Parameter Text übergeben, liefert POTENZ den Fehlerwert #WERT!.

Statt über die Funktion POTENZ können Sie Potenzen in Ihren Formeln auch direkt über das Zeichen „^" erzeugen.

PRODUKT

Mit der Funktion PRODUKT bilden Sie das Produkt aus bis zu 30 übergebenen Argumenten.

Aufbau

PRODUKT(<Zahl1>;<Zahl2>...<Zahl30>)

Parameter

Mit <Zahl1> bis <Zahl30> übergeben Sie die Faktoren, die Sie zu einem Produkt multiplizieren möchten.

	A	B	C	D	E	F
1	**PRODUKT**					
2						
3	<Zahl1>	<Zahl2>	<Zahl3>	PRODUKT	*Formel*	
4	2	3	2	12	=PRODUKT(A4;B4;C4)	
5	2	3	2	12	=PRODUKT(A5:C5)	
6	5	1		10	=PRODUKT(A6;B6;"2")	
7	5	1	"2"	5	=PRODUKT(A7;B7;C7)	
8	3	Stefan	1	3	=PRODUKT(A8;B8;C8)	
9	3	Stefan	1	3	=PRODUKT(A9:C9)	
10	Martin	Peter	Karl	0	=PRODUKT(A10;B10;C10)	
11	Martin	Peter	Karl	0	=PRODUKT(A11:C11)	

PRODUKT

Funktions-Assistent

Kategorie:
Math. & Trigonom.

Englischer Funktionsname
PRODUCT

Besonderheiten

Wenn Sie der Funktion als einen der Parameter Text übergeben, wird dieser ignoriert.

Statt über die Funktion PRODUKT können Sie Produkte in Ihren Formeln auch direkt über das Zeichen „*" erzeugen.

Sie können der Funktion auch Zahlen in Textform übergeben, die dann automatisch umgewandelt werden. Allerdings nur dann, wenn Sie die Zahlen in Textform direkt und nicht als Bezug übergeben.

QUADRATSUMME

Mit der Funktion QUADRATSUMME bilden Sie die Quadratsumme aus bis zu 30 übergebenen Argumenten.

Aufbau

QUADRATSUMME(<Zahl1>;<Zahl2>
...<Zahl30>)

Parameter

Mit <Zahl1> bis <Zahl30> übergeben Sie die Argumente, aus denen Sie die Quadratsumme berechnen möchten.

Funktions-Assistent				
Kategorie: Math. & Trigonom.				
Englischer Funktionsname SUMSQ				

	A	B	C	D	E
1	**QUADRATSUMME**				
2					
3	<Zahl1>	<Zahl2>	<Zahl3>	QUADRATSUMME	*Formel*
4	2	3	2	17	=QUADRATESUMME(A4;B4;C4)
5	2	3	2	17	=QUADRATESUMME(A5:C5)
6	5	1		30	=QUADRATESUMME(A6;B6;"2")
7	5	1	"2"	26	=QUADRATESUMME(A7;B7;C7)
8	3	Stefan	1	10	=QUADRATESUMME(A8;B8;C8)
9	3	Stefan	1	10	=QUADRATESUMME(A9:C9)
10	Martin	Peter	Karl	0	=QUADRATESUMME(A10;B10;C10)
11	Martin	Peter	Karl	0	=QUADRATESUMME(A11:C11)
12					

QUADRATSUMME

Besonderheiten

Wenn Sie der Funktion als einen der Parameter Text übergeben, wird dieser ignoriert.

Sie können der Funktion auch Zahlen in Textform übergeben, die dann automatisch umgewandelt werden. Allerdings nur dann, wenn Sie die Zahlen in Textform direkt und nicht als Bezug übergeben.

REST

Mit der Funktion REST ermitteln Sie den Rest einer Division.

Aufbau

REST(<Zahl>,<Divisor>)

Parameter

Mit <Zahl> legen Sie den Dividenden fest, den Sie teilen möchten.

<Divisor> definiert den Divisor, durch den der Dividend <Zahl> geteilt wird.

	A	B	C	D	E	F
1	**REST**					
2						
3	<Zahl>	<Divisor>	REST	*Formel*		
4	2	2	0	=REST(A4;B4)		
5	5	1,5	0,5	=REST(A5;B5)		
6	-5	2	1	=REST(A6;B6)		
7	5	-2	-1	=REST(A7;B7)		
8	-5	-2	-1	=REST(A8;B8)		
9	3	Stefan	#WERT!	=REST(A9;B9)		
10	Peter	2	#WERT!	=REST(A10;B10)		
11	Martin	Peter	#WERT!	=REST(A11;B11)		

REST

Funktions-Assistent
Kategorie: Math. & Trigonom.

Englischer Funktionsname
MOD

Besonderheiten

Wenn Sie der Funktion als einen der Parameter Text übergeben, wird der Fehlerwert #WERT! geliefert.

Der Parameter <Divisor> legt das Vorzeichen des Ergebnisses fest. Wenn Sie mit <Divisor> eine negative

Zahl übergeben, ist das Ergebnis kleiner oder gleich null. Bei der Übergabe eines positiven Divisors wird das Ergebnis größer oder gleich null.

RÖMISCH

Mit der Funktion RÖMISCH wandeln Sie „normale" (arabische) Zahlen in römische Zahlen um.

Aufbau

```
RÖMISCH(<Zahl>;<Typ>)
```

Parameter

Mit <Zahl> legen Sie die Zahl fest, die Sie in eine römische Zahl umwandeln möchten.

<Typ> definiert, wie die römische Zahl dargestellt werden soll. Die folgenden Darstellungstypen für römische Zahlen sind möglich (siehe Abbildung auf der nächsten Seite).

Mögliche Werte für <Typ>	
<Typ>	**Bedeutung**
0, WAHR oder nicht übergeben	klassisch
1	etwas kürzer
2	kürzer
3	viel kürzer
4 oder FALSCH	kürzeste Schreibweise

Besonderheiten

Bei dem gelieferten Ergebnis der Funktion handelt es sich um Text.

Wenn Sie der Funktion mit <Zahl> einen Text, eine negative Zahl oder einen Wert größer als 3.999 übergeben, wird der Fehlerwert #WERT! geliefert.

	A	B	C	D	E	F
1	**RÖMISCH**					
2						
3	<Zahl>	<Typ>	RÖMISCH	*Formel*		
4	999		CMXCIX	=RÖMISCH(A4)		
5	999		CMXCIX	=RÖMISCH(A5;B5)		
6	999	0	CMXCIX	=RÖMISCH(A6;B6)		
7	999	WAHR	CMXCIX	=RÖMISCH(A7;B7)		
8	999	1	LMVLIV	=RÖMISCH(A8;B8)		
9	999	2	XMIX	=RÖMISCH(A9;B9)		
10	999	3	VMIV	=RÖMISCH(A10;B10)		
11	999	4	IM	=RÖMISCH(A11;B11)		
12	999	FALSCH	IM	=RÖMISCH(A12;B12)		
13	3999		MMMCMXCIX	=RÖMISCH(A13;B13)		
14	4000		#WERT!	=RÖMISCH(A14;B14)		
15	-300		#WERT!	=RÖMISCH(A15;B15)		

Funktions-Assistent

Kategorie:
Math. &
Trigonom.

Englischer Funktionsname

ROMAN

RÖMISCH

Wenn Sie der Funktion als Parameter <Typ> einen nicht in der Tabelle auf der vorherigen Seite aufgeführten Inhalt übergeben, wird der Fehlerwert #WERT! geliefert.

Bei der Übergabe von Dezimalzahlen an den Parameter <Typ> werden die Nachkommastellen abgeschnitten.

SUMME

Mit der Funktion SUMME bilden Sie die Summe aus bis zu 30 übergebenen Argumenten.

Aufbau

SUMME(<Zahl1>;<Zahl2>...<Zahl30>)

Parameter

Mit <Zahl1> bis <Zahl30> übergeben Sie die Argumente, aus denen Sie die Summe berechnen möchten.

Besonderheiten

Wenn Sie der Funktion als einen der Parameter Text übergeben, wird dieser ignoriert.

Statt mit der Funktion SUMME können Sie Summen in Ihren Formeln auch direkt über das Zeichen „+" erzeugen.

Sie können der Funktion auch Zahlen in Textform übergeben, die dann automatisch umgewandelt werden. Allerdings nur dann, wenn Sie die Zahlen in Textform direkt und nicht als Bezug übergeben.

Funktions-Assistent

Kategorie:
Math. & Trigonom.

Englischer Funktionsname
SUM

	A	B	C	D	E
1	**SUMME**				
2					
3	<Zahl1>	<Zahl2>	<Zahl3>	SUMME	*Formel*
4	2	3	2	7	=SUMME(A4;B4;C4)
5	2	-3	2	1	=SUMME(A5:C5)
6	5	1		8	=SUMME(A6;B6;"2")
7	5	1	"2"	6	=SUMME(A7;B7;C7)
8	3	Stefan	1	4	=SUMME(A8;B8;C8)
9	3	Stefan	1	4	=SUMME(A9:C9)
10	Martin	Peter	Karl	0	=SUMME(A10;B10;C10)
11	Martin	Peter	Karl	0	=SUMME(A11:C11)
12					

SUMME

SUMMENPRODUKT

Über die Funktion SUMMENPRODUKT bilden Sie die Summe der einzelnen Produkte zweier Matrizen. Das heißt, die entsprechenden Elemente der beiden Matrizen werden multipliziert und anschließend wird die Summe der einzelnen Multiplikationen gebildet.

Aufbau

```
SUMMENPRODUKT(<Matrix1>;<Matrix2>
...<Matrix30>)
```

Parameter

Mit <Matrix1> und <Matrix2> übergeben Sie die beiden Matrizen, deren Summenprodukt Sie berechnen möchten.

	A	B	C	D	E	F	G	H
1	**SUMMENPRODUKT**							
2								
3								
4		Matrix				Matrix		
5		1	5			1	5	
6		8	-3			8	6	
7								
8								
9			Formel					
10		72	=SUMMENPRODUKT(B5:C6;F5:G6)					
11		72	=SUMMENPRODUKT({1.5;8.-3};{1.5;8.6})					

Funktions-Assistent
Kategorie:
Math. &
Trigonom.

Englischer Funktionsname
SUMPRODUCT

SUMMENPRODUKT

Besonderheiten

Die beiden übergebenen Matrizen müssen exakt dieselbe Zeilen- und Spaltenzahl besitzen, sonst liefert SUMMENPRODUKT den Fehlerwert #WERT!.

Matrixelemente, die keine Zahlen, sondern Leerzellen, Fehlerwerte oder Text enthalten, werden als Nullwerte behandelt.

Anstelle eines Bezuges auf einen Zellbereich können Sie die Matrix auch in geschweiften Klammern übergeben. Dabei trennen Sie die einzelnen Elemente über Punkte und die einzelnen Zeilen über Semikolons.

SUMMEWENN

Über die Funktion SUMMEWENN bilden Sie die Summe einzelner Zellen, die bestimmten Suchkriterien entsprechen.

Aufbau

=SUMMEWENN(<Bereich>;<Suchkriterium>;
<Summe_Bereich>)

Parameter

Mit <Bereich> geben Sie den Bereich an, dessen Zellen geprüft werden sollen.

Über <Suchkriterium> legen Sie das Suchkriterium fest, auf das die Zellen in <Bereich> geprüft werden sollen. Dabei können Sie neben absoluten Werten oder Texten auch Logikfunktionen und/oder Vergleichsoperatoren einsetzen.

Die Vergleichsoperatoren	
Vergleichsoperator	**Bedeutung**
>	größer als
<	kleiner als
=	gleich
>=	größer oder gleich
<=	kleiner oder gleich

<Summe_Bereich> ist ein optionaler Parameter, mit dem Sie die zu summierenden Zellen angeben können. Es werden diejenigen Zellen addiert, bei denen in <Bereich> eine positive Prüfung erfolgt ist. Wenn Sie <Summe_Bereich> nicht angeben, werden die Zellen aus <Bereich> addiert.

Besonderheiten

Wenn Sie mit <Bereich> einen kleineren Bereich als mit <Summe_Bereich> übergeben, werden nicht alle Zellen von <Summe_Bereich> berücksichtigt. Wenn Sie aber mit <Summe_Bereich> einen kleineren Bereich als mit <Bereich> übergeben, werden die entsprechenden Zellen unterhalb bzw. rechts neben <Summe_Bereich> in die Berechnung einbezogen.

	A	B	C	D	E	F
1	**SUMMEWENN**					
2						
3	Obst	Lager		Laden		
4	Äpfel	120		5		
5	Birnen	10		3		
6	Möhren	50		7		
7						
8						
9						
10		SUMMEWENN	*Formel*			
11		60	=SUMMEWENN(B4:B6;"<100";B4:B6)			
12		60	=SUMMEWENN(B4:B6;"<100")			
13		10	=SUMMEWENN(B4:B6;"<100";C4:C6)			
14		120	=SUMMEWENN(A4:A6;"Äpfel";B4:B6)			
15		0	=SUMMEWENN(A4:A6;"Äpfel")			
16						

Funktions-Assistent
Kategorie: Math. & Trigonom.

Englischer Funktionsname
SUMIF

SUMMEWENN

SUMMEX2MY2

Über die Funktion SUMMEX2MY2 summieren Sie die Differenzen der Quadrate der einzelnen zusammengehörenden Elemente zweier Matrizen. Das heißt, die einzelnen Elemente der beiden Matrizen werden quadriert und anschließend werden die Differenzen der entsprechenden Quadrate summiert.

Aufbau

= SUMMEX2MY2(<Matrix_x>;<Matrix_y>)

Parameter

Mit <Matrix_x> und <Matrix_y> übergeben Sie die beiden Matrizen, mit denen Sie die Berechnung durchführen möchten.

Besonderheiten

Die beiden übergebenen Matrizen müssen exakt dieselbe Anzahl von Elementen enthalten, sonst liefert SUMMEX2MY2 den Fehlerwert #NV.

Matrixelemente, die keine Zahlen, sondern Leerzellen, Fehlerwerte oder Text enthalten, werden ignoriert.

Anstelle eines Bezuges auf einen Zellbereich können Sie die Matrix auch in geschweiften Klammern übergeben. Dabei trennen Sie die einzelnen Elemente über Punkte und die einzelnen Zeilen über Semikolons.

Funktions-Assistent
Kategorie:
Math. &
Trigonom.

Englischer Funktionsname
SUMX2MY2

	A	B	C	D	E	F	G	H
1	**SUMMEX2MY2**							
2								
3								
4	Matrix_x					Matrix_y		
5		1	2				2	3
6		3	4				4	5
7								
8								
9			Formel					
10		-24	=SUMMEX2MY2(B5:C6;F5:G6)					
11		-24	=SUMMEX2MY2({1.2;3.4};{2.3;4.5})					

SUMMEX2MY2

SUMMEX2PY2

Über die Funktion SUMMEX2PY2 summieren Sie die Quadrate der einzelnen, zusammengehörenden Elemente zweier Matrizen. Das heißt, die einzelnen Elemente der beiden Matrizen werden quadriert und anschließend werden die entsprechenden Quadrate summiert.

Aufbau

= SUMMEX2PY2(<Matrix_x>;<Matrix_y>)

Parameter

Mit <Matrix_x> und <Matrix_y> übergeben Sie die beiden Matrizen, mit denen Sie die Berechnung durchführen möchten.

	A	B	C	D	E	F	G
1	**SUMMEX2PY2**						
2							
3							
4		Matrix_x				Matrix_y	
5			1	2		2	3
6			3	4		4	5
7							
8							
9			Formel				
10		84	=SUMMEX2PY2(B5:C6;F5:G6)				
11		84	=SUMMEX2PY2({1.2;3.4};{2.3;4.5})				
12							

Funktions-Assistent
Kategorie: Math. & Trigonom.

Englischer Funktionsname
SUMX2PY2

SUMMEX2PY2

Besonderheiten

Die beiden übergebenen Matrizen müssen exakt dieselbe Anzahl von Elementen enthalten, sonst liefert SUMMEX2PY2 den Fehlerwert #NV.

Matrixelemente, die keine Zahlen, sondern Leerzellen, Fehlerwerte oder Text enthalten, werden ignoriert.

Anstelle eines Bezuges auf einen Zellbereich können Sie die Matrix auch in geschweiften Klammern übergeben. Dabei trennen Sie die einzelnen Elemente über Punkte und die einzelnen Zeilen über Semikolons.

SUMMEXMY2

Über die Funktion SUMMEXMY2 summieren Sie die quadrierten Differenzen der einzelnen zusammengehörenden Elemente zweier Matrizen. Das heißt, die zusammengehörenden Elemente der beiden Matrizen werden voneinander abgezogen, aus den Differenzen werden die Quadrate gebildet und summiert.

Aufbau

```
=SUMMEXMY2(<Matrix_x>;<Matrix_y>)
```

Parameter

Mit <Matrix_x> und <Matrix_y> übergeben Sie die beiden Matrizen, mit denen Sie die Berechnung durchführen möchten.

	Funktions-Assistent
	Assistent
	Kategorie:
	Math. &
	Trigonom.

	Englischer
	Funktionsname
	SUMXMY2

	A	B	C	D	E	F	G	H
1	**SUMMEXMY2**							
2								
3								
4		Matrix_x				Matrix_y		
5		1	2			2	3	
6		3	4			4	5	
7								
8								
9			Formel					
10		4	=SUMMEXMY2(B5:C6;F5:G6)					
11		4	=SUMMEXMY2({1.2;3.4};{2.3;4.5})					
12								

SUMMEXMY2

Besonderheiten

Die beiden übergebenen Matrizen müssen exakt dieselbe Anzahl von Elementen enthalten, sonst liefert SUMMEXMY2 den Fehlerwert #NV.

Matrixelemente, die keine Zahlen, sondern Leerzellen, Fehlerwerte oder Text enthalten, werden ignoriert.

Anstelle eines Bezuges auf einen Zellbereich können Sie die Matrix auch in geschweiften Klammern übergeben. Dabei trennen Sie die einzelnen Elemente über Punkte und die einzelnen Zeilen über Semikolons.

TAN und TANHYP

Mit den Funktionen TAN und TANHYP bilden Sie den Tangens und den hyperbolischen Tangens eines Winkels.

Aufbau

```
=TAN(<Zahl>)
=TANHYP(<Zahl>)
```

Parameter

Mit <Zahl> übergeben Sie den Winkel, zu dem Sie den Tangens mit der Funktion TAN berechnen möchten. Bei der Berechnung des hyperbolischen Tangens über die Funktion TANHYP übergeben Sie eine reelle Zahl.

	A	B	C	D	E	F
1	**TAN und TANHYP**					
2						
3	<Zahl>	Ergebnis	*Formel*			
4	1	1,56	=TAN(A4)			
5	-1	-1,56	=TAN(A5)			
6	0	0,00	=TAN(A6)			
7	Peter	#WERT!	=TAN(A7)			
8	3,141592654	0,00	=TAN(A8)			
9	1,570796327	1,63246E+16	=TAN(A9)			
10	6,283185307	0,00	=TAN(A10)			
11	12,56637061	0,00	=TAN(A11)			
12	1	0,76	=TANHYP(A12)			
13	-1	-0,76	=TANHYP(A13)			
14	0	0,00	=TANHYP(A14)			
15	Peter	#WERT!	=TANHYP(A15)			
16	3,141592654	1,00	=TANHYP(A16)			
17	1,570796327	0,92	=TANHYP(A17)			
18	6,283185307	1,00	=TANHYP(A18)			
19	12,56637061	1,00	=TANHYP(A19)			

Funktions-Assistent
Kategorie: Math. & Trigonom.

Englischer Funktionsname
TAN
TANH

TAN und TANHYP

Besonderheiten

Wenn Sie den Funktionen keine Zahl übergeben, wird der Fehlerwert #WERT! geliefert.

TEILERGEBNIS

Mit der Funktion TEILERGEBNIS führen Sie statistische Berechnungen in gefilterten Listen durch. Der Unterschied zu den „normalen" Statistikfunktionen liegt darin, dass TEILERGEBNIS nur die eingeblendeten Zellen des übergebenen Bereichs in die Berechnung einbezieht.

Aufbau

TEILERGEBNIS(<Funktion>;<Bereich>)

Parameter

Mit <Funktion> legen Sie fest, welche Berechnung Sie durchführen möchten. Die folgenden Berechnungen sind möglich:

Die möglichen Werte für <Funktion>	
<Funktion>	**eingesetzte Funktion**
1	MITTELWERT
2	ANZAHL
3	ANZAHL2
4	MAX
5	MIN
6	PRODUKT
7	STABW
8	STABWN
9	SUMME
10	VARIANZ
11	VARIANZEN

<Bereich> legt den Bereich fest, auf dessen eingeblendete Zellen sich die Berechnung beziehen soll.

Besonderheiten

Wenn Sie den Menübefehl „Daten – Teilergebnis" einsetzen, bindet Excel die Funktion TEILERGEBNIS automatisch in Ihre Arbeitsblätter ein.

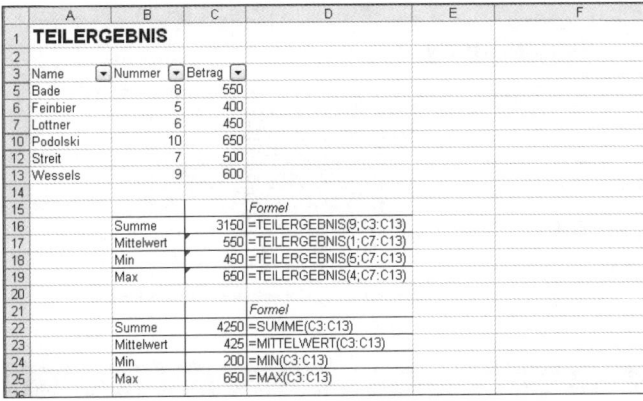

TEILERGEBNIS

VORZEICHEN

Mit der Funktion VORZEICHEN ermitteln Sie das Vorzeichen einer Zahl. Für positive Zahlen liefert VORZEICHEN als Ergebnis den Wert 1, für negative Zahlen den Wert -1 und für null den Wert null.

Aufbau

VORZEICHEN(<Zahl>)

Parameter

Mit <Zahl> legen Sie die Zahl fest, deren Vorzeichen Sie ermitteln möchten.

Besonderheiten

Wenn Sie der Funktion als einen der Parameter Text übergeben, wird der Fehlerwert #WERT! geliefert.

<table>
<tr><td>Funktions-
Assistent</td></tr>
</table>

	A	B	C	D	E
1	**VORZEICHEN**				
2					
3	<Zahl>	VORZEICHEN	*Formel*		
4	2	1	=VORZEICHEN(A4)		
5	4	1	=VORZEICHEN(A5)		
6	-5	-1	=VORZEICHEN(A6)		
7	5	1	=VORZEICHEN(A7)		
8	Peter	#WERT!	=VORZEICHEN(A8)		
9	0	0	=VORZEICHEN(A9)		
10					

Funktions-Assistent
Kategorie: Math. & Trigonom.

Englischer Funktionsname
SIGN

VORZEICHEN

WURZEL

Mit der Funktion WURZEL berechnen Sie die Quadratwurzel einer Zahl.

Aufbau

WURZEL(<Zahl>)

Parameter

Mit <Zahl> legen Sie die Zahl fest, deren Quadratwurzel Sie ermitteln möchten.

Funktions-Assistent
Kategorie: Math. & Trigonom.

Englischer Funktionsname
SQRT

	A	B	C	D	E	F
1	**WURZEL**					
2						
3	<Zahl>	WURZEL	*Formel*			
4	2	1,414213562	=WURZEL(A4)			
5	4	2	=WURZEL(A5)			
6	9	3	=WURZEL(A6)			
7	-4	#ZAHL!	=WURZEL(A7)			
8	Peter	#WERT!	=WURZEL(A8)			
9	0	0	=WURZEL(A9)			
10						

WURZEL

Besonderheiten

Wenn Sie der Funktion als einen der Parameter Text übergeben, wird der Fehlerwert #WERT! geliefert.

Bei der Übergabe einer negativen Zahl wird der Fehlerwert #ZAHL! geliefert.

ZÄHLENWENN

Über die Funktion ZÄHLENWENN zählen Sie die Zellen, die bestimmten Suchkriterien entsprechen.

Aufbau

=ZÄHLENWENN(<Bereich>;
<Suchkriterium>;<Summe_Bereich>)

Parameter

Mit <Bereich> geben Sie den Bereich an, dessen Zellen
geprüft und gezählt werden sollen.

Über <Suchkriterium> legen Sie das Suchkriterium fest,
auf das die Zellen in <Bereich> geprüft werden sollen.
Dabei können Sie neben absoluten Werten oder Texten
auch Logikfunktionen und/oder Vergleichsoperatoren
einsetzen.

Die Vergleichsoperatoren	
Vergleichsoperator	Bedeutung
>	größer als
<	kleiner als
=	gleich
>=	größer oder gleich
<=	kleiner oder gleich

Besonderheiten

Leere Zellen werden von der Funktion ignoriert.

Sie finden die Funktion im Funktions-Assistenten nicht
in der Kategorie „Math. & Trigonom.", sondern in „Statistik".

Funktions-Assistent

Kategorie:
Statistik

Englischer Funktionsname
COUNTIF

	A	B	C	D	E	F	G	H
1	ZÄHLENWENN							
2								
3	Obst	Lager						
4	Äpfel	120						
5	Birnen							
6	Möhren	50						
7	Kiwi	120						
8	Kirschen	10						
9	Blumen							
10	Melonen	120						
11	Pfirsiche	10						
12	Orangen	50						
13								
14								
15								
16		ZÄHLENWENN	Formel					
17		4	=ZÄHLENWENN(B4:B12;"<100")					
18		1	=ZÄHLENWENN(A4:A12;"Kiwi")					

ZÄHLENWENN

ZUFALLSZAHL

Mit der Funktion ZUFALLSZAHL ermitteln Sie eine zufällige Zahl zwischen 0 und 1.

Aufbau

=ZUFALLSZAHL()

Parameter

Der Funktion ZUFALLSZAHL übergeben Sie keine Parameter.

Funktions-Assistent

Kategorie:
Math. & Trigonom.

Englischer Funktionsname
RAND

	A	B	C	D	E
1	ZUFALLSZAHL				
2					
3		Formel			
4	0,870380949	=ZUFALLSZAHL()			
5					

ZUFALLSZAHL

Besonderheiten

Bei jeder Neuberechnung einer Arbeitsmappe liefert die Funktion ZUFALLSZAHL einen neuen Wert.

Matrix: Alle Funktionen

Mit den Tabellenfunktionen der Kategorie „Matrix" führen Sie vielfältige Berechnungen im Bereich von Matrizen und Bezügen durch.

Die Beispieldatei aus diesem Kapitel können Sie im Internet abrufen, wenn Sie die Beispiele direkt in Ihrem Excel nachvollziehen möchten. Wählen Sie die folgende Internet-Adresse:

www.computerwissen.de/downloads/excel-lexikon

Rufen Sie dann die folgende Datei ab: Matrix.xls.

Beschreibung der Matrixfunktionen

ADRESSE

Mit der Funktion ADRESSE erzeugen Sie einen Bezug in Textform.

Aufbau

`=Adresse(<Zeile>,<Spalte>;<Abs>;` `<A1>;<Tabellenname>)`

Parameter

<Zeile> legt die Zeilennummer des Bezugs fest.

Mit <Spalte> definieren Sie die Spaltennummer des Bezuges.

Über den optionalen Parameter <Abs> bestimmen Sie, ob ein absoluter oder ein relativer Bezug geliefert werden soll.

Mögliche Werte für <Abs>	
<Abs>	**Bedeutung**
1 oder nicht angegeben	Zeile und Spalte absolut
2	Zeile absolut; Spalte relativ
3	Zeile relativ; Spalte absolut
4	Zeile und Spalte relativ

<A1> ist ein optionaler Parameter, mit dem Sie die Schreibweise des gelieferten Bezugs festlegen.

➡ Wenn <A1> mit WAHR, einer beliebigen Zahl außer null oder gar nicht angegeben wird, liefert die Funktion einen Bezug in der A1-Schreibweise.

➡ Wenn Sie <A1> den Wahrheitswert FALSCH oder null übergeben, wird der Bezug in der Z1S1-Schreibweise erzeugt.

Über den optionalen Parameter <Tabellenname> legen Sie den Namen eines Tabellenblattes inklusive Dateinamen und Pfad fest. Wenn Sie <Tabellenname> nicht übergeben, wird der Bezug ohne Blattnamen und Pfad erzeugt.

	A	B	C	D	E	F	G
1	ADRESSE						
2							
3	<Zeile>	<Spalte>	<Abs>	<A1>	<Tabellenname>	ADRESSE	Formel
4	2	4				$D$2	=ADRESSE(A4;B4)
5	2	4	1			$D$2	=ADRESSE(A5;B5;C5)
6	2	4	2			D$2	=ADRESSE(A6;B6;C6)
7	2	4	3			$D2	=ADRESSE(A7;B7;C7)
8	2	4	6			D$2	=ADRESSE(A8;B8;C8)
9	2	4				#WERT!	=ADRESSE(A9;B9;C9)
10	2	4	FALSCH			Z2S4	=ADRESSE(A10;B10;.D10)
11	2	4	4	FALSCH		Z(2)S(4)	=ADRESSE(A11;B11;C11;D11)
12	2	4	1			IZ2S4	=ADRESSE(A12;B12;C12;D12;E12)
13	2	4	1		Januar, Umsätze	'Januar, Umsätze'!Z2S4	=ADRESSE(A13;B13;C13;D13;E13)
14	2	4	1	1	[Umsätze 2005]Januar, Umsätze	'[Umsätze 2005]Januar, Umsätze'!$D$2	=ADRESSE(A14;B14;C14;D14;E14)
15	2	4	1	1	[Umsätze.xls]Januar	[Umsätze.xls]Januar!$D$2	

ADRESSE

Funktions-Assistent
Kategorie:
Matrix

Englischer Funktionsname
ADDRESS

Besonderheiten

Wenn Sie <Abs> eine Leerzelle oder einen negativen Wert übergeben, liefert die Funktion den Fehlerwert #WERT!.

Wenn Sie <Abs> eine Zahl übergeben, die größer als 4 ist, wird der Rest aus einer Division mit 4 übergeben.

Nachkommastellen werden bei <Abs> abgeschnitten.

Wen Sie dem Parameter <Tabellenname> eine Leerzelle übergeben, wird als Tabellenname nur ein Ausrufezeichen angegeben.

Die erforderlichen einfachen Anführungszeichen werden dem gelieferten Bezug automatisch hinzugefügt, falls der Text in <Tabellenname> Freizeichen enthält.

Die Dateierweiterung „.xls" können Sie bei der Übergabe des Dateinamens an <Tabellenname> weglassen.

BEREICH.VERSCHIEBEN

Mit der Funktion BEREICH.VERSCHIEBEN erzeugen Sie in Abhängigkeit zu einem angegebenen Bezug einen neuen, verschobenen Bezug. Dabei geben Sie an, um wie viele Zeilen und Spalten der neue Bezug verschoben sein soll. Die Funktion gibt also einen Bezug zurück, der gegenüber dem angegebenen Bezug versetzt ist. Der zurückgegebene Bezug kann eine einzelne Zelle oder ein Zellbereich sein. Sie können die Anzahl der zurückzugebenden Zeilen und Spalten festlegen.

Aufbau

```
=BEREICH.VERSCHIEBEN(<Bezug>;
  <Zeilen>;<Spalten>;<Höhe>;<Breite>)
```

Parameter

<Bezug> legt den Bezug fest, der die Grundlage für den zu erzeugenden verschobenen Bezug bilden soll.

Mit <Zeilen> definieren Sie, um wie viele Zeilen der zu erzeugende Bezug verschoben werden soll. Positive Werte für <Zeilen> führen zu einer Verschiebung nach unten bzw. einer höheren Zeilennummer als in <Bezug>. Bei negativen Werten für <Zeilen> wird der Bezug nach oben verschoben, hat also eine geringere Zeilennummer als <Bezug>.

Über den Parameter <Spalten> definieren Sie, um wie viele Spalten der zu erzeugende Bezug verschoben werden soll. Positive Werte für <Spalten> führen zu einer Verschiebung nach rechts bzw. einer höheren Spaltennummer als in <Bezug>. Bei negativen Werten für <Spalten> wird der Bezug nach links verschoben, die Spaltennummer ist also eine geringere als in <Bezug>.

<Höhe> ist die Höhe des neuen Bezugs in Zeilen. Für <Höhe> muss ein positiver Wert angegeben werden.

<Breite> ist die Breite des neuen Bezugs in Spalten. Für <Breite> muss ein positiver Wert angegeben werden.

Wenn Sie <Höhe> und <Breite> nicht angeben, besitzt der erzeugte Bezug dieselben Ausmaße wie <Bezug>.

	A	B	C	D
1	**BEREICH.VERSCHIEBEN**			
2				
3		Filiale 1	Filiale 2	
4	Januar	2.500 €	250 €	
5	Februar	1.000 €	100 €	
6	März	500 €	50 €	
7	April	2.000 €	200 €	
8	Mai	1.500 €	150 €	
9				
10				
11				*Formel*
12			2500	=BEREICH.VERSCHIEBEN(B4;0;0)
13			1000	=BEREICH.VERSCHIEBEN(B4;1;0)
14			1000	=BEREICH.VERSCHIEBEN(A4;1;1)
15			2500	=BEREICH.VERSCHIEBEN(C8;-4;-1)
16			#BEZUG!	=BEREICH.VERSCHIEBEN(B4;-5;0)
17			4000	=SUMME(BEREICH.VERSCHIEBEN(B4;0;0;3;1))
18			250	=SUMME(BEREICH.VERSCHIEBEN(B4:B6;2;1;2;1))
19			#WERT!	=BEREICH.VERSCHIEBEN(B4;0;0;3;1)

Funktions-
Assistent
Kategorie:
Matrix

Englischer
Funktionsname
OFFSET

BEREICH.VERSCHIEBEN

Besonderheiten

Wenn durch die Parameter <Zeilen> und <Spalten> ein ungültiger Bezug erzeugt wird, liefert die Funktion den Fehlerwert #BEZUG!.

Wenn Sie mit BEREICH.VERSCHIEBEN einen mehrzelligen Bezug erzeugen und die Funktion alleine in einer Zelle auftritt, liefert die Funktion den Fehlerwert #WERT!.

BEREICHE

Mit der Funktion BEREICHE ermitteln Sie, aus wie vielen Teilbereichen ein Bezug besteht.

Aufbau

=BEREICHE(<Bezug>)

Parameter

<Bezug> legt den Bezug fest, dessen Anzahl von Teilbereichen Sie ermitteln möchten. Wenn Sie mit <Bezug> mehrere Bezüge übergeben, müssen Sie diese innerhalb eines zusätzlichen Klammerpaares übergeben und durch Semikola trennen.

	Funktions-Assistent
	Kategorie:
	Matrix

	Englischer Funktionsname
	AREAS

	A	B	C
1	**BEREICHE**		
2			
3		*Formel*	
4	1	=BEREICHE(A1:B2)	
5	2	=BEREICHE((A1:A2;A10:B12))	
6			
7			

BEREICHE

Besonderheiten

Wenn Sie der Funktion einen Text übergeben, bei dem es sich nicht um einen definierten Namen handelt, wird der Fehlerwert #NAME? geliefert.

HYPERLINK

Mit der Funktion HYPERLINK erzeugen Sie einen Hyperlink bzw. eine Sprungmarke auf eine beliebige Zelle in einer beliebigen Excel-Mappe.

Aufbau

`=HYPERLINK(<Hyperlink_Adresse>;` *`<Freundlicher_Name>`*`)`

Parameter

Mit <Hyperlink_Adresse> geben Sie das Ziel bzw. die Zelle für den Hyperlink an. Wenn Sie als Ziel eine andere Datei angeben, müssen Sie den kompletten Pfad inklusive der Dateinamen angeben.

Über den optionalen Parameter <Freundlicher_Name> legen Sie fest, welcher Text in der Zelle mit dem Hyperlink erscheinen soll. Wenn Sie <Freundlicher_Name> nicht angeben, erscheint als Text der Inhalt der mit <Hyperlink_Adresse> angegebenen Zelle.

	A	B	C
1	**HYPERLINK**		
2			
3		Formel	
4		Link zu Zelle A10	=HYPERLINK(A10;"Link zu Zelle A10")
5		Umsätze	=HYPERLINK('C:\[Umsätze 2005.xls]Januar'!$B$12;"Umsätze")
6		Ziel	=HYPERLINK(B8)
7			
8		Ziel	
9			
10			

HYPERLINK

Funktions-Assistent
Kategorie: Matrix

Englischer Funktionsname
HYPERLINK

Besonderheiten

Wenn Sie mit <Hyperlink_Adresse> eine Zelle in einem anderen Arbeitsblatt oder einer anderen Arbeitsmappe angeben möchten, empfiehlt es sich, den Funktions-Assistenten zu verwenden. Dann können Sie das Ziel einfach anklicken und es besteht keine Gefahr, dass Ihnen ein Fehler bei der Schreibweise unterläuft.

INDEX

Mit der Funktion INDEX ermitteln Sie einen bestimmten Wert aus einer Matrix bzw. mehreren Matrizen. Für die Funktion INDEX gibt es zwei Syntax-Versionen: mit drei Parametern, wenn Sie eine Matrix bzw. einen zusammenhängenden Zellbereich übergeben, und mit vier Parametern, wenn Sie mehrere Matrizen bzw. Zellbereiche übergeben.

Aufbau

=INDEX(<Matrix>;<Zeile>;<Spalte>)

=INDEX(<Bezug>;<Zeile>;<Spalte>;
<Bereich>)

Parameter

Mit <Matrix> übergeben Sie die Matrix, aus der Sie einen Zellinhalt ermitteln möchten.

Mit <Bezug> übergeben Sie die Bereiche, die den zu ermittelnden Zellinhalt enthalten. Wenn Sie mehrere Zellbereiche übergeben, müssen Sie diese in einem zusätzlichen Klammerpaar einbinden.

<Zeile> legt die Zeile innerhalb des übergebenen Bezugs fest, aus der Sie einen Inhalt ermitteln möchten.

<Spalte> definiert die Spalte innerhalb des übergebenen Bezugs, aus der Sie einen Inhalt ermitteln möchten.

Falls Sie als Bezug mehrere Bereiche übergeben haben, legen Sie mit dem optionalen Parameter <Bereich> fest, aus welchem der übergebenen Bereiche der Inhalt geliefert werden soll. Wenn Sie <Bereich> nicht übergeben, wird der Wert 1 angenommen.

Funktions-Assistent		
Kategorie: Matrix		
Englischer Funktionsname INDEX		

	A	B	C	D
1	**INDEX**			
2				
3		Filiale 1	Filiale 2	
4	Januar	2.500 €	250 €	
5	Februar	1.000 €	100 €	
6	März	500 €	50 €	
7	April	2.000 €	200 €	
8	Mai	1.500 €	150 €	
9				
10				
11				*Formel*
12			100	=INDEX(B4:C8;2;2)
13			#WERT!	=INDEX(B4:C8;-2;2)
14			#BEZUG!	=INDEX(B4:C8;2)
15			150	=INDEX((B4:C5;B7:C8);2;2;2)
16			8	=ZEILE(INDEX((B4:C5;B7:C8);2;2;2))
17			5	=ZEILE(INDEX(B4:C8;2;2))
18				

INDEX

Besonderheiten

Sie können Index auch dazu verwenden, eine komplette Spalte oder Zeile eines Bereichs zu liefern. Markieren Sie zuvor einen einzeiligen bzw. einspaltigen Bereich. Geben Sie die Funktion ein und bestätigen Sie die Eingabe über die Tastenkombination (Strg)(⇧)(↵). Wenn Sie einen vertikalen Bereich markiert haben, lassen Sie den Parameter <Zeile> aus. Haben Sie einen horizontalen Bereich markiert, lassen Sie den Parameter <Spalte> aus. Als Ergebnis liefert Ihnen die Funktion nun eine komplette Zeile bzw. Spalte des übergebenen Bereichs. Wenn der markierte Bereich kleiner als die zu liefernde Zeile bzw. Spalte ist, werden nicht alle Inhalte ausgegeben.

Wenn Sie für <Zeile> oder <Spalte> negative Werte übergeben, wird der Fehlerwert #WERT! geliefert.

Wenn Sie zu wenige Parameter übergeben, gibt die Funktion den Fehlerwert #BEZUG! aus.

Wenn Sie nur einen eindimensionalen Bereich übergeben, ist einer der beiden Parameter <Zeile> oder <Spalte> optional.

INDIREKT

Die Funktion INDIREKT liefert den Inhalt eines in Textform übergebenen Bezugs. Sie setzen die Funktion INDIREKT z. B. ein, um innerhalb von Formeln aus übergebenen Textinhalten Bezüge zu erstellen.

Aufbau

INDIREKT(<Bezug>;<A1>)

Parameter

Mit <Bezug> übergeben Sie den Text, der in einen Bezug umgewandelt werden soll.

<A1> ist ein optionaler Parameter, mit dem Sie die Schreibweise des mit <Bezug> übergebenen Bezugs festlegen.

➡ Wenn <A1> mit WAHR, einer beliebigen Zahl außer null oder gar nicht angegeben wird, wird der Text in der A1-Schreibweise übergeben.

➡ Wenn Sie <A1> den Wahrheitswert FALSCH oder null übergeben, wird der Text in der Z1S1-Schreibweise übergeben.

Funktions-Assistent	**Kategorie:**	**Matrix**	
Englischer Funktionsname	**INDIRECT**		

	A	B	C	D
1	**INDIREKT**			
2				
3	<Bezug>	INDIREKT	*Formel*	
4	A10	Banane	=INDIREKT(A4)	
5	Z10S1	Banane	=INDIREKT(A5;FALSCH)	
6	Müller	#BEZUG!	=INDIREKT(A6)	
7				
8				
9				
10	Banane			
11				

INDIREKT

Besonderheiten

Wenn Sie mit <Bezug> einen Text übergeben, der sich nicht in einen Bezug umwandeln lässt, liefert die Funktion den Fehlerwert #BEZUG!.

Wenn Sie mit <Bezug> einen Text übergeben, der zu einem Bezug auf eine nicht geöffnete Arbeitsmappe führt, liefert die Funktion ebenfalls den Fehlerwert #BE-ZUG!.

MTRANS

Mit der Funktion MTRANS erzeugen Sie die transponierte Matrix einer Matrix.

Aufbau

`MTRANS (<Matrix>)`

Parameter

Mit <Matrix> übergeben Sie die Matrix, die Sie transponieren möchten.

B11	▼		f_x {=MTRANS(B5:C7)}		
	A	B	C	D	E
1	**MTRANS**				
2					
3					
4	Matrix				
5		1	5		
6		8	6		
7		5	7		
8					
9					
10	MTRANS				
11		1	8	5	
12		5	6	7	

Funktions-Assistent
Kategorie: Matrix

Englischer Funktionsname
TRANSPOSE

MTRANS

Besonderheiten

Um die übergebene Matrix komplett zu transponieren, markieren Sie vor der Eingabe der Funktion einen Bereich, der die erforderliche Größe für die transponierte Matrix besitzt. Das heißt, die Zeilenzahl des markierten Bereichs muss mit der Spaltenzahl der übergebenen Matrix übereinstimmen. Entsprechend muss auch die Spaltenzahl des markierten Bereichs mit der Zeilenzahl der übergebenen Matrix übereinstimmen. Nach der Eingabe der Funktion bestätigen Sie diese über die Tastenkombination (Strg)(⇧)(↵), um den kompletten markierten Bereich als Matrix mit der eingegebenen Funktion zu füllen.

Wenn der markierte Bereich zu klein ist, wird nur ein Teil der übergebenen Matrix transponiert.

Statt durch einen Bezug auf einen Zellbereich können Sie die Matrix auch in geschweiften Klammern übergeben. Dabei trennen Sie die einzelnen Elemente über Punkte und die einzelnen Zeilen über Semikolons.

SPALTE und SPALTEN

Mit der Funktion SPALTE ermitteln Sie die Nummer der Spalte eines übergebenen Bezugs.

SPALTEN gibt die Anzahl der Spalten einer Matrix oder eines Bezugs zurück.

Aufbau

=SPALTE(*<Bezug>*)

=SPALTEN(<Matrix>)

Parameter

Mit dem optionalen Parameter <Bezug> übergeben Sie der Funktion SPALTE den Bezug, dessen Spaltennummer Sie ermitteln möchten. Wenn Sie <Bezug> nicht übergeben, wird die Spaltennummer der Zelle ermittelt, in der sich die Funktion befindet.

Über den Parameter <Matrix> legen Sie den Bereich fest, von dem die Funktion SPALTEN die Anzahl der Spalten liefern soll.

Besonderheiten

Wenn Sie der Funktion SPALTE einen mehrspaltigen Bereich übergeben, wird die Spaltennummer der linken oberen Zelle des übergebenen Bereichs ermittelt.

Sie können die Funktion SPALTE auch als Matrixfunktion einsetzen, um in einer Matrix mehrere Spaltennummern eines Bereichs zu ermitteln. Markieren Sie dazu vor der Eingabe einen Bereich, der in der Größe dem übergebenen Bereich entspricht. Nach der Eingabe der Funktion bestätigen Sie diese über die Tastenkombination (Strg)(⇧)(↵), um den kompletten markierten Bereich als Matrix mit der eingegebenen Funktion zu füllen. Es erscheinen dann an der jeweiligen Position die Spaltennummern der einzelnen Zellen des übergebenen Bereichs. Wenn der markierte Bereich zu klein ist, wird nur ein Teil der Spaltennummern des übergebenen Bereichs geliefert.

Anstelle eines Bezuges auf einen Zellbereich können Sie der Funktion SPALTEN den Bereich auch in geschweiften Klammern übergeben. Dabei trennen Sie die einzelnen Elemente über Punkte und die einzelnen Zeilen über Semikolons.

	A	B	C	D
1	**SPALTE und SPALTEN**			
2				
3			*Formel*	
4			1	=SPALTE(A1)
5			1	=SPALTE(A1:B2)
6			2	=SPALTE()
7			5	=SPALTEN(B3:F3)
8			3	=SPALTEN({1.2.3;1.2.3})
9				

SPALTE und SPALTEN

Funktions-Assistent
Kategorie:
Matrix

Englischer Funktionsname
COLUMN
COLUMNS

SVERWEIS

Mit der Funktion SVERWEIS durchsuchen Sie die linke Spalte eines übergebenen Bereichs anhand eines bestimmten Suchkriteriums. Als Ergebnis wird der dazugehörige Inhalt einer bestimmten Spalte des übergebenen Bereichs geliefert.

Aufbau

```
=SVWERWEIS(<Suchkriterium>;
<Matrix>;<Spaltenindex>;
<Bereich_Verweis>)
```

Parameter

Mit <Suchkriterium> legen Sie das Suchkriterium fest, nach dem in der ersten Spalte des übergebenen Bereichs gesucht werden soll.

<Matrix> definiert den Bereich, dessen linke Spalte Sie nach <Suchkriterium> durchsuchen möchten.

<Spaltenindex> legt die Spalte in <Matrix> fest, aus der das Ergebnis geliefert werden soll.

Der optionale Parameter <Bereich_Verweis> legt fest, wie die Suche nach <Suchkriterium> durchgeführt werden soll.

➡ Wenn Sie <Bereich_Verweis> einen Nullwert oder den Wert FALSCH übergeben, wird in der ersten Spalte von <Matrix> nach einer exakten Übereinstimmung mit <Suchkriterium> gesucht.

➡ Sie können <Bereich_Verweis> auch den Wert 1 oder den Wahrheitswert WAHR übergeben oder den Parameter auslassen. In diesem Fall wird nicht nach einer exakten Übereinstimmung mit <Suchkriterium> gesucht. Die Arbeitsweise der Funktion ist dann wie folgt: Falls <Suchkriterium> in der ersten Spalte von <Matrix> nicht gefunden wird, wird der nächstkleinere Wert gefunden. Voraussetzung für ein korrektes Ergebnis ist in diesem Fall, dass die Liste in der ersten Spalte aufsteigend sortiert ist.

Besonderheiten

Wenn der mit <Suchkriterium> gesuchte Inhalt mehrfach auftritt, wird das erste Auftreten angezeigt.

Wenn Sie <Spaltenindex> einen Wert kleiner als 1 übergeben, wird der Fehlerwert #WERT! geliefert.

Wenn Sie <Spaltenindex> einen Wert größer als die Spaltenzahl von <Matrix> übergeben, wird der Fehlerwert #BEZUG! ausgegeben.

Wenn der mit <Suchkriterium> übergebene Inhalt bei einer exakten Suche (<Bereich_Verweis> = 0) nicht gefunden wird, liefert die Funktion den Fehlerwert #NV.

Der Fehlerwert #NV wird auch dann geliefert, wenn Sie <Bereich_Verweis> den Wert 1 übergeben und <Suchkriterium> kleiner ist als der kleinste Wert der ersten Spalte von <Matrix>.

	A	B	C	D	E
1	SVERWEIS				
2					
3		Filiale 1	Filiale 2	Filiale 3	Filiale 4
4	Januar	500 €	50 €	550 €	450 €
5	Februar	1.000 €	100 €	1.100 €	900 €
6	März	1.500 €	150 €	1.650 €	1.350 €
7	April	2.000 €	200 €	2.200 €	1.800 €
8	Mai	2.500 €	250 €	2.750 €	2.250 €
9				Falscher Wert, weil Matrix nicht aufsteigend	
10				sortiert	
11					
12	<Suchkriterium>	<Spaltenindex>	<Bereich_Verweis>	SVERWEIS	Formel
13	Mai	2	0	2500	=SVERWEIS(A13;A4:E8;B13;C13)
14	Mai	2		1000	=SVERWEIS(A14;A4:E8;B14)
15	1500	2	0	150	=SVERWEIS(A15;B4:E8;B15;C15)
16	1500	2		150	=SVERWEIS(A16;B4:E8;B16;C16)
17	1250	2		100	=SVERWEIS(A17;B4:E8;B17)
18	1250	2	0	#NV	=SVERWEIS(A18;B4:E8;B18;C18)
19	1500	-1		#WERT!	=SVERWEIS(A19;B4:E8;B19;C19)
20	1500	8		#BEZUG!	=SVERWEIS(A20;B4:E8;B20;C20)
21					
22				Korrekter Wert, weil Matrix aufsteigend sortiert	
23					

Funktions-Assistent
Kategorie: Matrix
Englischer Funktionsname
VLOOKUP

SVERWEIS

VERGLEICH

Die Funktion VERGLEICH sucht Werte innerhalb eines Bezugs oder einer Matrix. Mit der Funktion durchsuchen Sie einen Vektor, also einen einzeiligen oder einspaltigen Bereich, nach einem bestimmten Suchkriteriums. Als Ergebnis wird die Position der gefundenen Zelle innerhalb des Vektors geliefert.

Aufbau

=VERGLEICH(<Suchkriterium>;
<Suchmatrix>;<Vergleichstyp>)

Parameter

Mit <Suchkriterium> legen Sie das Suchkriterium fest, nach dem gesucht werden soll.

<Suchmatrix> definiert den einzeiligen oder einspaltigen Bereich, den Sie nach <Suchkriterium> durchsuchen möchten.

Der optionale Parameter <Vergleichstyp> legt fest, wie die Suche nach <Suchkriterium> durchgeführt werden soll.

➡ Wenn Sie <Vergleichstyp> einen Nullwert übergeben, wird nach einer exakten Übereinstimmung mit <Suchkriterium> gesucht.

➡ Wenn Sie <Vergleichstyp> den Wert 1 oder den Wahrheitswert WAHR übergeben bzw. den Parameter auslassen, wird nicht nach einer exakten Übereinstimmung mit <Suchkriterium> gesucht. Falls <Suchkriterium> nicht gefunden wird, wird der nächstkleinere Wert gefunden. Voraussetzung für ein korrektes Ergebnis ist dann aber, dass der übergebene Vektor aufsteigend sortiert ist.

➡ Wenn Sie <Vergleichstyp> den Wert -1 übergeben, wird ebenfalls nicht nach einer exakten Übereinstimmung mit <Suchkriterium> gesucht. In diesem Fall wird der nächstgrößere Wert gefunden, falls <Suchkriterium> nicht gefunden wird. Voraussetzung für ein korrektes Ergebnis ist dann aber, dass der übergebene Vektor absteigend sortiert ist.

	A	B	C	D	E
1	**VERGLEICH**				
2					
3		Nord	Ost	Süd	West
4	500	2.500 €	150 €	2.650 €	2.350 €
5	1000	2.000 €	100 €	2.100 €	1.900 €
6	1500	1.500 €	50 €	1.550 €	1.450 €
7	2000	1.000 €	250 €	1.250 €	750 €
8	2500	500 €	200 €	700 €	300 €
9					
10					
11					
12	<Suchkriterium>	<Vergleichstyp>	VERGLEICH	*Formel*	
13	500	0	1	=VERGLEICH(A13;A4:A8;B13)	
14	750	1	1	=VERGLEICH(A14;A4:A8;B14)	
15	1250	1	2	=VERGLEICH(A15;A4:A8;B15)	
16	1250	-1	3	=VERGLEICH(A16;B4:B8;B16)	
17	250	0	4	=VERGLEICH(A17;C4:C8;B17)	
18	55	0	#NV	=VERGLEICH(A18;C4:C8;B18)	
19	150	0	3	=VERGLEICH(A19;A4:E4;B19)	

Funktions-Assistent

Kategorie:
Matrix

Englischer Funktionsname

MATCH

VERGLEICH

Besonderheiten

Wenn der mit <Suchkriterium> gesuchte Inhalt mehrfach auftritt, wird das erste Auftreten angezeigt.

Wenn der mit <Suchkriterium> übergebene Inhalt bei einer exakten Suche (<Vergleichstyp> = 0) nicht gefunden wird, liefert die Funktion den Fehlerwert #NV.

Wenn Sie <Vergleichstyp> den Wert 1 übergeben und <Suchkriterium> kleiner ist als der kleinste Wert des Vektors, wird der Fehlerwert #NV geliefert.

Wenn Sie <Vergleichstyp> den Wert -1 übergeben und <Suchkriterium> größer ist als der größte Wert des Vektors, wird auch der Fehlerwert #NV ausgegeben.

VERGLEICH unterscheidet nicht nach Klein- und Großbuchstaben.

Wenn Sie <Vergleichstyp> den Wert 0 für eine exakte Suche übergeben, können Sie in <Suchkriterium> auch Joker (*) und Wildcards (?) einsetzen.

Wenn der mit <Suchmatrix> übergebene Bereich kein Vektor, also nicht einzeilig oder einspaltig ist, wird der Fehlerwert #NV geliefert.

VERWEIS

Mit der Funktion VERWEIS ermitteln Sie einen bestimmten Wert aus einer Matrix oder einem Vektor. Für die Funktion VERWEIS bestehen zwei Syntax-Versionen:

➡ Die Matrixversion mit zwei Parametern: Es wird die erste Spalte bzw. Zeile des übergebenen Bereichs durchsucht. Das Ergebnis wird aus der letzten Spalte geliefert. Wenn der übergebene Bereich aus mehr Spalten als Zeilen besteht, wird in der ersten Zeile gesucht. Besteht der übergebene Bereich aus mehr Zeilen als Spalten, wird die erste Spalte durchsucht.

➡ Die Vektorversion mit drei Parametern: Sie geben jeweils einen Vektor zum Durchsuchen und einen zum Liefern des Ergebnisses an.

Die Funktion VERWEIS ist aus Gründen der Kompatibilität mit anderen Tabellenkalkulationsprogrammen in Excel enthalten.

Aufbau

=VERWEIS(<Suchkriterium>;<Matrix>)

=VERWEIS(<Suchkriterium>;
 <Suchvektor>;<Ergebnisvektor>)

Parameter

Mit <Suchkriterium> legen Sie das Suchkriterium fest, nach dem gesucht werden soll.

<Matrix> definiert den Bereich, dessen erste Spalte bzw. Zeile Sie nach <Suchkriterium> durchsuchen möchten.

<Suchvektor> legt den Vektor fest, in dem nach <Such-kriterium> gesucht werden soll. <Suchvektor> ist ein Bereich, der nur eine Zeile oder Spalte enthält. Zulässige Elemente von <Suchvektor> sind Zeichenfolgen (Texte), Zahlen oder Wahrheitswerte.

<Ergebnisvektor> legt den Vektor fest, aus dem das Ergebnis geliefert werden soll. Dieser Vektor muss genauso viele Elemente umfassen wie <Suchvektor>.

	A	B	C	D	E
1	**VERWEIS**				
2					
3		Filiale 1	Filiale 2	Filiale 3	
4	500	500 €		50 €	450 €
5	1000	1.000 €		100 €	900 €
6	1500	1.500 €		150 €	1.350 €
7	2000	2.000 €		200 €	1.800 €
8	2500	2.500 €		250 €	2.250 €
9					
10					
11	Matrixversion				
12	<Suchkriterium>	VERWEIS	Formel		
13	500	450	=VERWEIS(A13;A4:D8)		
14	1250	900	=VERWEIS(A14;A4:D8)		
15	1250	100	=VERWEIS(A15;A4:C8)		
16	300	#NV	=VERWEIS(A16;A4:D8)		
17					
18	Vektorversion				
19	<Suchkriterium>	VERWEIS	Formel		
20	500	50	=VERWEIS(A20;A4:A8;C4:C8)		
21	1250	100	=VERWEIS(A21;A4:A8;C4:C8)		
22	1250	900	=VERWEIS(A22;A4:A8;D4:D8)		
23	300	#NV	=VERWEIS(A23;A4:A8;C4:C8)		
24					

Funktions-Assistent

Kategorie:
Matrix

Englischer Funktionsname
LOOKUP

VERWEIS

Besonderheiten

Die zu durchsuchenden Zeilen bzw. Spalten in <Matrix> und <Suchvektor> müssen aufsteigend sortiert sein.

Wenn der mit <Suchkriterium> gesuchte Inhalt mehrfach auftritt, wird das letzte Auftreten angezeigt.

VERWEIS unterscheidet nicht nach Klein- und Großbuchstaben.

Falls <Suchkriterium> nicht gefunden wird, wird der nächstkleinere Wert gefunden.

Der Fehlerwert #NV wird geliefert, wenn <Suchkriterium> kleiner ist, als der kleinste Wert der ersten Zeile bzw. Spalte von <Matrix> oder kleiner ist als der kleinste Wert in <Suchvektor>.

WAHL

Die Funktion WAHL liefert ein bestimmtes Element von bis zu 29 übergebenen Elementen.

Aufbau

=WAHL(<Index>;<Wert1>...<Wert29>)

Parameter

<Index> legt fest, das wievielte Element der übergebenen Elemente geliefert werden soll. <Index> muss eine Zahl zwischen 1 und 29 sein oder ein Bezug auf einen solchen Wert.

Mit <Wert1> bis <Wert29> übergeben Sie bis zu 29 Elemente, aus denen Sie eines geliefert bekommen möchten. Sie müssen der Funktion mindestens ein Element übergeben, <Wert2> bis <Wert29> sind also optional.

Besonderheiten

Mit <Wert1> bis <Wert29> können Sie beliebige Inhalte oder Bezüge übergeben.

Sie können WAHL nicht dazu nutzen, aus einem übergebenen Bereich den Inhalt einer bestimmten Zelle zu ermitteln. In einem solchen Fall liefert die Funktion den Fehlerwert #WERT!.

Sie können WAHL in Funktionen auch innerhalb eines Bezuges einsetzen, um einen Teil des Bezuges zu liefern.

	A	B	C	D
1	**WAHL**		2	
2				
3	Nord	Ost	Süd	West
4	2.500 €	150 €	2.650 €	2.350 €
5	2.000 €	100 €	2.100 €	1.900 €
6	1.500 €	50 €	1.550 €	1.450 €
7	1.000 €	250 €	1.250 €	750 €
8	500 €	200 €	700 €	300 €
9				
10				
11		Formel		
12	Henning	=WAHL(3;"Victor";"Martin";"Henning")		
13	50	=WAHL(3;"Victor";B5;B6;"Martin";"Henning")		
14	#WERT!	=WAHL(3;A4:A8)		
15	750	=SUMME(WAHL(2;A4:A8;B4:B8))		
16	6000	=SUMME(A4:WAHL(2;A5;A6;A7;A8))		
17	Martin	=WAHL(B1;"Victor";"Martin";"Henning")		
18				

WAHL

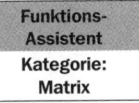

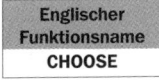

WVERWEIS

Mit der Funktion WVERWEIS durchsuchen Sie die oberste Zeile eines übergebenen Bereichs nach einem bestimmten Suchkriterium. Als Ergebnis wird der dazugehörige Inhalt einer bestimmten Zeile des übergebenen Bereichs geliefert.

Aufbau

```
=WVWERWEIS(<Suchkriterium>;
  <Matrix>;<Zeilenindex>;
  <Bereich_Verweis>)
```

Parameter

Mit <Suchkriterium> legen Sie das Suchkriterium fest, nach dem in der ersten Zeile des übergebenen Bereichs gesucht werden soll.

<Matrix> definiert den Bereich, dessen erste Zeile Sie nach <Suchkriterium> durchsuchen möchten.

<Zeilenindex> legt die Zeile in <Matrix> fest, aus der das Ergebnis geliefert werden soll.

Der optionale Parameter <Bereich_Verweis> legt fest, wie die Suche nach <Suchkriterium> durchgeführt werden soll.

➡ Wenn Sie <Bereich_Verweis> einen Nullwert übergeben, wird in der ersten Zeile von <Matrix> nach einer exakten Übereinstimmung mit <Suchkriterium> gesucht.

➡ Sie können <Bereich_Verweis> auch den Wert 1 oder den Wahrheitswert WAHR übergeben bzw. den Parameter auslassen. In diesem Fall wird nicht nach einer exakten Übereinstimmung mit <Suchkriterium> gesucht. Falls <Suchkriterium> in der ersten Zeile von <Matrix> nicht gefunden wird, wird der nächstkleinere Wert gefunden. Voraussetzung für ein korrektes Ergebnis ist dann aber, dass die Liste in der ersten Zeile aufsteigend sortiert ist.

Funktions-Assistent	
Kategorie:	Matrix
Englischer Funktionsname	
HLOOKUP	

	A	B	C	D	E	F
1	WVERWEIS					
2						
3		Januar	Februar	März	April	Mai
4	Filiale 1	500 €	1.000 €	1.500 €	2.000 €	2.500 €
5	Filiale 2	50 €	100 €	150 €	200 €	250 €
6	Filiale 3	550 €	1.100 €	1.660 €	2.200 €	2.750 €
7	Filiale 4	450 €	900 €	1.350 €	1.800 €	2.250 €
8						
9						
10						
11						
12						
13				Falscher Wert, weil Matrix nicht aufsteigend sortiert		
14						
15						
16	<Suchkriterium>	<Zeilenindex>	<Bereich_Verweis>	WVERWEIS	Formel	
17	Mai	2	0	2500	=WVERWEIS(A17;B3:F7;B17;C17)	
18	Mai	2		1000	=WVERWEIS(A18;B3:F7;B18)	
19	1500	2	0	150	=WVERWEIS(A19;B4:F7;B19;C19)	
20	1500	2		150	=WVERWEIS(A20;B4:F7;B20;C20)	
21	1250	2		100	=WVERWEIS(A21;B4:F7;B21)	
22	1250	2	0	#NV	=WVERWEIS(A22;B4:F7;B22;C22)	
23	1500	-1		#WERT!	=WVERWEIS(A23;B4:F7;B23;C23)	
24	1500	8		#BEZUG!	=WVERWEIS(A24;B4:F7;B24;C24)	
25						
26				Korrekter Wert, weil Matrix aufsteigend sortiert		
27						
28						

WVERWEIS

Besonderheiten

Wenn der mit <Suchkriterium> gesuchte Inhalt mehrfach auftritt, wird die erste Fundstelle angezeigt.

Wenn Sie <Zeilenindex> einen Wert kleiner als 1 übergeben, wird der Fehlerwert #WERT! geliefert.

Wenn Sie <Zeilenindex> einen Wert größer als die Zeilenzahl von <Matrix> übergeben, wird der Fehlerwert #BEZUG! ausgegeben.

Wenn der mit <Suchkriterium> übergebene Inhalt bei einer exakten Suche (<Bereich_Verweis> = 0) nicht gefunden wird, liefert die Funktion den Fehlerwert #NV.

Der Fehlerwert #NV wird auch geliefert, wenn Sie <Bereich_Verweis> den Wert 1 übergeben und <Suchkriterium> kleiner ist als der kleinste Wert der ersten Zeile von <Matrix>.

ZEILE und ZEILEN

Mit der Funktion ZEILE ermitteln Sie die Nummer der Zeile eines übergebenen Bezugs. Die Funktion ZEILEN liefert die Anzahl der Zeilen des übergebenen Bezugs.

Aufbau

```
=ZEILE(<Bezug>)

=ZEILEN(<Matrix>)
```

Parameter

Mit dem optionalen Parameter <Bezug> übergeben Sie der Funktion ZEILE den Bezug, dessen Zeilennummer Sie ermitteln möchten. Wenn Sie <Bezug> nicht übergeben, wird die Zeilennummer der Zelle ermittelt, in der sich die Funktion befindet.

Über den Parameter <Matrix> legen Sie den Bereich fest, von dem die Funktion ZEILEN die Anzahl der Zeilen liefern soll.

	Funktions-Assistent
	Kategorie:
	Matrix

	Englischer Funktionsname
	ROW
	ROWS

	A	B	C	D
1	**ZEILE und ZEILEN**			
2				
3			*Formel*	
4			1	=ZEILE(A1)
5			5	=ZEILE()
6			5	=ZEILEN(B3:F3)
7			2	=ZEILEN({1.2.3;1.2.3})
8				

ZEILE und ZEILEN

Besonderheiten

Wenn Sie der Funktion ZEILE einen mehrzeiligen Bereich übergeben, wird die Zeilennummer der linken oberen Zelle des übergebenen Bereichs ermittelt.

Sie können die Funktion ZEILE auch als Matrixfunktion einsetzen, um in einer Matrix mehrere Zeilennummern eines Bereichs zu ermitteln. Markieren Sie dazu vor der Eingabe einen Bereich, der in der Größe dem übergebenen Bereich entspricht. Nach der Eingabe der Funktion bestätigen Sie diese über die Tastenkombination (Strg)(⇧)(↵), um den kompletten markierten Bereich als Matrix mit der eingegebenen Funktion zu füllen. Es erscheinen dann an der jeweiligen Position die Zeilennummern der einzelnen Zellen des übergebenen Bereichs. Wenn der markierte Bereich zu klein ist, wird nur ein Teil der Zeilennummern des übergebenen Bereichs geliefert.

Statt durch einen Bezug auf einen Zellbereich können Sie der Funktion ZEILEN den Bereich auch in geschweiften Klammern übergeben. Dabei trennen Sie die einzelnen Elemente über Punkte und die einzelnen Zeilen über Semikolons.

Statistik: Alle Funktionen

Mit den Tabellenfunktionen der Kategorie „Statistik" führen Sie vielfältige Berechnungen im Bereich der Statistik durch.

Die Beispieldatei aus diesem Kapitel können Sie im Internet abrufen, wenn Sie die Beispiele direkt in Ihrem Excel nachvollziehen möchten. Wählen Sie die folgende Internet-Adresse:

www.computerwissen.de/downloads/excel-lexikon

Rufen Sie dann die folgende Datei ab: Statistik.xls.

Beschreibung der Statistikfunktionen

ACHSENABSCHNITT

Mit der Funktion ACHSENABSCHNITT berechnen Sie den Schnittpunkt der Regressionsgeraden mit der Y-Achse. Die Regressionsgerade wird anhand der übergebenen x- und y-Werte berechnet.

Aufbau

`=ACHSENABSCHNITT(<Y_Werte>;<X_Werte>)`

Parameter

Mit <Y_Werte> übergeben Sie den Bereich mit den dazugehörigen y-Werten.

<X_Werte> ist der Bereich, in dem sich die x-Werte der zu berechnenden Regressionsgeraden befinden.

Funktions-Assistent	
Kategorie:	
Statistik	
Englischer Funktionsname	
INTERCEPT	

	A	B	C	D
1	**ACHSENABSCHNITT**			
2				
3	<X_Werte>	<Y_Werte>		
4	4	3		
5	7	6		
6	5	2		
7	6	7		
8	11	9		
9				
10			Formel	
11		2,24096386	=ACHSENABSCHNITT(A4:A8;B4:B8)	
12		2,24096386	=ACHSENABSCHNITT({4.7.5.6.11};{3.6.2.7.9})	
13				

ACHSENABSCHNITT

Besonderheiten

Befinden sich in den übergebenen Bereichen Zellen, in denen keine Zahlen enthalten sind, werden diese ignoriert.

Wenn Sie mit <X_Werte> und <Y_Werte> Bereiche mit einer unterschiedlichen Größe übergeben, liefert die Funktion den Fehlerwert #NV.

Anstelle eines Bezuges auf einen Zellbereich können Sie der Funktion ACHSENABSCHNITT die Bereiche auch in geschweiften Klammern übergeben. Dabei trennen Sie die einzelnen Elemente über Punkte und die einzelnen Zeilen über Semikolons.

ANZAHL, ANZAHL2, ANZAHLLEEREZELLEN

Mit den Funktionen ANZAHL, ANZAHL2 und ANZAHLLEEREZELLEN ermitteln Sie die Anzahl der Zellen eines übergebenen Bereichs, die bestimmten Kriterien entsprechen.

➡ ANZAHL zählt alle Zellen, die eine Zahl aufweisen.

➡ ANZAHL2 zählt alle Zellen, die nicht leer sind.

➡ ANZAHLLEEREZELLEN zählt alle Leerzellen.

Aufbau

```
=ANZAHL(<Wert1>...<Wert30>)

=ANZAHL2(<Wert1>...<Wert30>)

=ANZAHLLEEREZELLEN(<Bereich>)
```

Parameter

Mit <Wert1> bis <Wert30> übergeben Sie bis zu 30 Elemente, Zellen oder Zellbereiche, in denen Sie Zellen zählen möchten. Sie müssen der Funktion mindestens ein Element übergeben, <Wert2> bis <Wert30> sind also optional.

Mit <Bereich> übergeben Sie den Bereich, in dem Sie die Leerzellen zählen möchten.

Besonderheiten

ANZAHL wertet alle Zahlen, Wahrheitswerte und Datumsangaben als Zahlen. Auch Zahlen in Textform werden gezählt, allerdings nur, wenn sie der Funktion direkt übergeben werden.

	A	B	C	D	E	F	G	H
1	**ANZAHL, ANZAHL2 und ANZAHLLEEREZELEN**							
2								
3	Mario	5. Mai. 1974	299 €					
4	123	25. Nov. 1954	784 €					
5	Sabine		993 €					
6	WAHR		#DIV/0!					
7	Michael		1.727 €					
8	Jörg	14. Jan. 1961	1.864 €					
9	"255"	5. Feb. 1960	2.111 €					
10								
11								
12			*Formel*					
13		4	=ANZAHL(A3:A9)					
14		3	=ANZAHL("Mario";123;"Sabine";WAHR;"Michael";"Jörg";"255")					
15		4	=ANZAHL(B3:B9)					
16		6	=ANZAHL(C3:C9)					
17								
18			*Formel*					
19		7	=anzahl2(A3:A9)					
20		7	=anzahl2("Mario";123;"Sabine";WAHR;"Michael";"Jörg";"255")					
21		4	=anzahl2(B3:B9)					
22		7	=anzahl2(C3:C9)					
23								
24			*Formel*					
25		3	=ANZAHLLEEREZELLEN(B3:B9)					
26		0	=ANZAHLLEEREZELLEN(A3:A9)					

Sidebar:
- **Funktions-Assistent**
- **Kategorie: Statistik**
- **Englischer Funktionsname**
  - COUNT
  - COUNTA
  - COUNTBLANK

ANZAHL, ANZAHL2 und ANZAHLLEEREZELLEN

BESTIMMTHEITSMASS

Mit der Funktion BESTIMMTHEITSMASS berechnen Sie das Quadrat des Pearsonschen Korrelationskoeffizienten.

Aufbau

=BESTIMMTHEITSMASS(<Y_Werte>; <X_Werte>)

Parameter

<Y_Werte> ist der Bereich, in dem sich die y-Werte des zu berechnenden Pearsonschen Korrelationskoeffizienten befinden.

Mit <X_Werte> übergeben Sie den Bereich mit den dazugehörigen x-Werten.

	A	B	C	D
1	**BESTIMMTHEITSMASS**			
2				
3	<X_Werte>	<Y_Werte>		
4	4	3		
5	7	6		
6	5	2		
7	6	7		
8	11	9		
9				
10			Formel	
11		0,7408813	=BESTIMMTHEITSMASS(A4:A8;B4:B8)	
12		0,7408813	=BESTIMMTHEITSMASS({4.7.5.6.11};{3.6.2.7.9})	
13				

Funktions-Assistent
Kategorie: Statistik

Englischer Funktionsname
RSQ

BESTIMMTHEITSMASS

Besonderheiten

Befinden sich in den übergebenen Bereichen Zellen, in denen keine Zahlen enthalten sind, werden diese ignoriert.

Wenn Sie mit <X_Werte> und <Y_Werte> Bereiche mit einer unterschiedlichen Größe übergeben, liefert die Funktion den Fehlerwert #NV.

Anstelle eines Bezuges auf einen Zellbereich können Sie der Funktion die Bereiche auch in geschweiften Klammern übergeben. Dabei trennen Sie die einzelnen Elemente über Punkte und die einzelnen Zeilen über Semikolons.

BETAINV

Mit der Funktion BETAINV berechnen Sie die Quantile einer Betaverteilung.

Aufbau

```
=BETAINV(<Wahrscheinlichkeit>;
<Alpha>;<Beta>;<A>;<B>)
```

Parameter

<Wahrscheinlichkeit> legt die Wahrscheinlichkeit der Betaverteilung fest.

Mit <Alpha> übergeben Sie den Alpha-Parameter der Betaverteilung.

Mit <Beta> übergeben Sie den Beta-Parameter der Betaverteilung.

Mit dem optionalen Parameter <A> legen Sie die Untergrenze für die Berechnung fest. Wenn Sie <A> nicht angeben, wird der Wert 0 angenommen.

Der optionale Parameter <B> definiert die Obergrenze für die Berechnung. Wenn Sie <B> nicht angeben, wird der Wert 1 angenommen.

Funktions-Assistent
Kategorie: Statistik

Englischer Funktionsname
BETAINV

	A	B	C	D	E	F	G
1	BETAINV						
2							
3	<Wahrscheinlichkeit>	<Alpha>	<Beta>	<A>	<B>	BETAINV	*Formel*
4	0,5	7	12	1,5	2,2	1,7546	=BETAINV(A4;B4;C4;D4;E4)
5	0,5	7	12	0	1	0,363714	=BETAINV(A5;B5;C5;D5;E5)
6	0,5	7	12			0,363714	=BETAINV(A6;B6;C6)
7	1,1	7	12	0	1	#ZAHL!	=BETAINV(A7;B7;C7;D7;E7)
8	0,75	werner	12	0	1	#WERT!	=BETAINV(A8;B8;C8;D8;E8)
9							
10							

BETAINV

Besonderheiten

Wenn Sie für einen der Parameter einen nicht numerischen Wert übergeben, wird der Fehlerwert #WERT! geliefert.

Wenn Sie für <Wahrscheinlichkeit> einen Wert größer als 1 oder kleiner als 0 übergeben, liefert die Funktion den Fehlerwert #ZAHL!.

Ist <Alpha> oder <Beta> kleiner oder gleich 0, gibt BETAINV den Fehlerwert #ZAHL! zurück.

Wenn die Funktion nach 100 Iterationen (Rechendurch-läufen) kein Ergebnis gefunden hat, wird der Fehlerwert #NV geliefert.

Wenn Sie für <B> eine Leerzelle übergeben, wird der Fehlerwert #ZAHL! ausgegeben.

Sind <Alpha> oder <Beta> kleiner oder gleich 0, gibt BETAINV den Fehlerwert #ZAHL! zurück. Ist <Wahr-scheinlichkeit> kleiner oder gleich 0 bzw. größer als 1, gibt BETAINV den Fehlerwert #ZAHL! zurück. Wird für <A> und <B> kein Wert angegeben, verwendet BE-TAINV die Standardverteilung, d. h. <A> = 0 und <B> = 1.

BETAVERT

Mit der Funktion BETAVERT berechnen Sie die Wahr-scheinlichkeit eines bestimmten Wertes der kumulierten Verteilungsfunktion einer betaverteilten Zufallsvariab-len.

Aufbau

=BETAVERT(<X>;<Alpha>;<Beta>;<A>;<B>)

Parameter

<X> ist der Wert, für den Sie die Wahrscheinlichkeit berechnen möchten.

Mit <Alpha> übergeben Sie den Alpha-Parameter der Betaverteilung.

Mit <Beta> übergeben Sie den Beta-Parameter der Be-taverteilung.

Mit dem optionalen Parameter <A> legen Sie die Un-tergrenze für die Berechnung fest. Wenn Sie <A> nicht angeben, wird der Wert 0 angenommen.

Der optionale Parameter <B> definiert die Obergrenze für die Berechnung. Wenn Sie <B> nicht angeben, wird der Wert 1 angenommen.

<table>
<tr><td></td><td>A</td><td>B</td><td>C</td><td>D</td><td>E</td><td>F</td><td>G</td></tr>
<tr><td>1</td><td colspan="7">**BETAVERT**</td></tr>
<tr><td>2</td><td></td><td></td><td></td><td></td><td></td><td></td><td></td></tr>
<tr><td>3</td><td><x></td><td><Alpha></td><td><Beta></td><td><A></td><td><B></td><td>BETAVERT</td><td>*Formel*</td></tr>
<tr><td>4</td><td>1,8</td><td>7</td><td>12</td><td>1,5</td><td>2,2</td><td>0,715138315</td><td>=BETAVERT(A4;B4;C4;D4;E4)</td></tr>
<tr><td>5</td><td>0,5</td><td>7</td><td>12</td><td>0</td><td>1</td><td>0,881057739</td><td>=BETAVERT(A5;B5;C5;D5;E5)</td></tr>
<tr><td>6</td><td>0,5</td><td>7</td><td>12</td><td></td><td></td><td>0,881057739</td><td>=BETAVERT(A6;B6;C6)</td></tr>
<tr><td>7</td><td>1,1</td><td>7</td><td>12</td><td>0</td><td>1</td><td>#ZAHL!</td><td>=BETAVERT(A7;B7;C7;D7;E7)</td></tr>
<tr><td>8</td><td>0,75</td><td>werner</td><td>12</td><td>0</td><td>1</td><td>#WERT!</td><td>=BETAVERT(A8;B8;C8;D8;E8)</td></tr>
<tr><td>9</td><td></td><td></td><td></td><td></td><td></td><td></td><td></td></tr>
</table>

BETAVERT

Funktions-Assistent

Kategorie:
Statistik

Englischer Funktionsname
BETADIST

Besonderheiten

Wenn Sie für einen der Parameter einen nicht numerischen Wert übergeben, wird der Fehlerwert #WERT! geliefert.

Wenn Sie für <X> einen Wert größer als <B> oder kleiner als <A> übergeben, liefert die Funktion den Fehlerwert #ZAHL!.

Wenn die Funktion nach 100 Iterationen (Rechendurchläufen) kein Ergebnis gefunden hat, wird der Fehlerwert #NV ausgegeben.

Wenn Sie für <B> eine Leerzelle oder einen negativen Wert übergeben, wird der Fehlerwert #ZAHL! geliefert.

Ist <Alpha> oder <Beta> kleiner oder gleich 0, gibt BETAVERT den Fehlerwert #ZAHL! zurück. Ist <X> kleiner als <A>, größer als <B> oder <A> genau gleich <B>, gibt BETAVERT den Fehlerwert #ZAHL! zurück.

BINOMVERT

Mit der Funktion BINOMVERT berechnen Sie die Wahrscheinlichkeit eines bestimmten Wertes der Verteilungsfunktion einer binomial verteilten Zufallsvariablen.

Aufbau

BINOMVERT(<Anzahl_Erfolge>;
<Versuche>;
<ErfolgsWahrscheinlichkeit>;
<Kumuliert>)

Parameter

<Anzahl_Erfolge> legt die Anzahl der Erfolge in der binomialen Versuchsreihe fest.

<Versuche> definiert die Anzahl der Versuche in der binomialen Versuchsreihe.

Mit <ErfolgsWahrscheinlichkeit> übergeben Sie die Wahrscheinlichkeit für einen Erfolg bei den Versuchen.

Wenn Sie dem optionalen Parameter <Kumuliert> den Wert 1 oder WAHR übergeben, wird die kumulierte Wahrscheinlichkeit berechnet, also die Wahrscheinlichkeit für die mit <Anzahl_Erfolge> übergebenen Anzahl von Erfolgen. Wenn Sie <Kumuliert> den Wert null übergeben oder den Parameter auslassen, wird die exakte Wahrscheinlichkeit für die mit <Anzahl_Erfolge> übergebene Anzahl von Erfolgen berechnet.

	A	B	C	D	E	F
1	**BINOMVERT**					
2						
3	<Anzahl_Erfolge>	<Versuche>	<ErfolgsWahrscheinlichkeit>	<Kumuliert>	BINOMVERT	Formel
4	4	10	0,35	WAHR	0,751495509	=BINOMVERT(A4;B4;C4;D4)
5	4	10	0,35	FALSCH	0,237668493	=BINOMVERT(A5;B5;C5;D5)
6	4,6	10,9	0,35		0,237668493	=BINOMVERT(A6;B6;C6;D6)
7	6	1	0,35		#ZAHL!	=BINOMVERT(A7;B7;C7;D7)
8	4	10	1,2		#ZAHL!	=BINOMVERT(A8;B8;C8;D8)
9	Peter		0,5		#WERT!	=BINOMVERT(A9;B9;C9;D9)
10						
11						

BINOMVERT

Funktions-Assistent

**Kategorie:
Statistik**

Englischer Funktionsname

BINOMDIST

Besonderheiten

Bei den beiden Parametern <Anzahl_Erfolge> und <Versuche> werden die Dezimalstellen abgeschnitten.

Wenn Sie mit <Anzahl_Erfolge> einen größeren Wert übergeben als mit <Versuche>, wird der Fehlerwert #ZAHL! geliefert.

Wenn Sie <Anzahl_Erfolge> oder <Versuche> einen Wert kleiner als null übergeben, wird der Fehlerwert #ZAHL! ausgegeben.

Wenn Sie für <ErfolgsWahrscheinlichkeit> einen Wert größer als 1 oder kleiner als 0 übergeben, liefert die Funktion den Fehlerwert #ZAHL!.

Jede Zahl außer null, die Sie <Kumuliert> übergeben, wird wie eine 1 behandelt, führt also zur Berechnung der kumulierten Wahrscheinlichkeit.

CHIINV

Mit der Funktion CHIINV berechnen Sie die Quantile einer Chi-Quadrat-Verteilung.

Aufbau

```
=CHIINV(<Wahrscheinlichkeit>;
  <Freiheitsgrade>)
```

Parameter

<Wahrscheinlichkeit> legt die Wahrscheinlichkeit der Chi-Quadrat-Verteilung fest.

Mit <Freiheitsgrade> übergeben Sie die Freiheitsgrade der Chi-Quadrat-Verteilung.

	A	B	C	D	E	
1	**CHIINV**					
2						
3	<Wahrscheinlichkeit>	<Freiheitsgrade>	CHIINV	Formel		
4		0,5	7	6,34581	=CHIINV(A4;B4)	
5		0,5	7	6,34581	=CHIINV(A5;B5)	
6		0,5	7	6,34581	=CHIINV(A6;B6)	
7		1,1	7	#ZAHL!	=CHIINV(A7;B7)	
8		0,9	werner	#WERT!	=CHIINV(A8;B8)	
9						

Funktions-Assistent
Kategorie: Statistik

Englischer Funktionsname
CHIINV

CHIINV

Besonderheiten

Wenn Sie für einen der Parameter einen nicht numerischen Wert übergeben, wird der Fehlerwert #WERT! geliefert.

Wenn Sie für <Wahrscheinlichkeit> einen Wert größer als 1 oder kleiner als 0 übergeben, liefert die Funktion den Fehlerwert #ZAHL!.

Wenn die Funktion nach 100 Iterationen (Rechendurchläufen) kein Ergebnis gefunden hat, wird der Fehlerwert #NV geliefert.

Beim Parameter <Freiheitsgrade> werden die Dezimalstellen abgeschnitten.

Wenn Sie für <Freiheitsgrade> einen Wert größer als 10 hoch 10 oder kleiner als 1 übergeben, liefert die Funktion den Fehlerwert #ZAHL!.

CHITEST

Mit der Funktion CHITEST berechnen Sie die Teststatistik eines $Y2$-Unabhängigkeitstests.

Aufbau

```
=CHITEST(<Beob_Meßwerte>;
  <Erwart_Werte>)
```

Parameter

Mit dem Parameter <Beob_Meßwerte> übergeben Sie den Bereich mit den beobachteten Testergebnissen.

<Erwart_Werte> legt den Bereich mit den erwarteten Testergebnissen fest.

	Funktions-Assistent
	Funktions-Assistent
	Kategorie: **Statistik**
	Englischer Funktionsname
	CHITEST

	A	B	C	D	E
1	**CHITEST**				
2					
3		<Beob_Meßwerte>			
4		3	3	4	
5		5	6	7	
6		8	9	10	
7					
8		<Erwart_Werte>			
9		3	2	5	
10		5	7	8	
11		7	6	9	
12					
13			*Formel*		
14		0,605400889	=CHITEST(B4:D6;B9:D11)		
15		0,605400889	=CHITEST({3.3.4;5.6.7;8.9.10};{3.2.5;5.7.8;7.6.9})		
16					

CHITEST

Besonderheiten

Enthalten <Beob_Meßwerte> und <Erwart_Werte> nicht dieselbe Anzahl von Datenpunkten, gibt CHITEST den Fehlerwert #NV zurück.

Leerzellen, Zellen mit Text und Wahrheitswerte werden von der Funktion ignoriert.

Die Funktion liefert den Fehlerwert #DIV/0!, wenn einer der beiden übergebenen Bereiche keine einzige Zahl enthält.

Anstelle mit einem Bezug auf einen Zellbereich können Sie der Funktion den Zahlenbereich <Beob_Meßwerte> auch in geschweiften Klammern übergeben. Dabei trennen Sie die einzelnen Elemente über Punkte und die einzelnen Zeilen über Semikolons.

CHIVERT

Mit der Funktion CHIVERT berechnen Sie die Wahrscheinlichkeit eines bestimmten Wertes der Verteilungsfunktion einer Chi-Quadrat-verteilten Zufallsvariablen.

Aufbau

= CHIVERT(<X>;<Freiheitsgrade>)

Parameter

<X> ist der Wert, für den Sie die Wahrscheinlichkeit berechnen möchten.

Mit <Freiheitsgrade> übergeben Sie die Freiheitsgrade der Chi-Quadrat-Verteilung.

	A	B	C	D	E	F
1	**CHIVERT**					
2						
3	<X>	<Freiheitsgrade>	CHIVERT	*Formel*		
4	12	10	0,285057	=CHIVERT(A4;B4)		
5	12	10,25	0,285057	=CHIVERT(A5;B5)		
6	12	0,5	#ZAHL!	=CHIVERT(A6;B6)		
7	Peter	10	#WERT!	=CHIVERT(A7;B7)		
8	-3	10	#ZAHL!	=CHIVERT(A8;B8)		
9						

CHIVERT

Funktions-Assistent
Kategorie: Statistik

Englischer Funktionsname
CHIDIST

Besonderheiten

Wenn Sie für einen der Parameter einen nicht numerischen Wert übergeben, wird der Fehlerwert #WERT! geliefert.

Ist <X> negativ, gibt CHIVERT den Fehlerwert #ZAHL! zurück.

Beim Parameter <Freiheitsgrade> werden die Nachkommastellen abgeschnitten.

Wenn Sie für <Freiheitsgrade> einen Wert größer als 10 hoch 10 oder kleiner als 1 übergeben, liefert die Funktion den Fehlerwert #ZAHL!.

EXPONVERT

Die Funktion EXPONVERT gibt Wahrscheinlichkeiten einer exponential verteilten Zufallsvariablen zurück. Mithilfe der EXPONVERT-Funktion lassen sich Zeiträume zwischen Ereignissen modellieren, z. B. wie lange ein Geldautomat für die Ausgabe von Geld benötigt. So können Sie mit EXPONVERT beispielsweise berechnen, wie wahrscheinlich es ist, dass dieser Vorgang eine Minute dauert.

Aufbau

=EXPONVERT(<X>;<Lambda>;<Kumuliert>)

Parameter

<X> ist der Wert, für den Sie die Wahrscheinlichkeit berechnen möchten.

<Lambda> legt den an die Funktion übergebenen Wert fest.

Wenn Sie dem optionalen Parameter <Kumuliert> den Wert 1 oder WAHR übergeben, wird die kumulierte Wahrscheinlichkeit berechnet. Wenn Sie <Kumuliert> den Wert null übergeben oder den Parameter auslassen, wird die exakte Wahrscheinlichkeit berechnet.

Besonderheiten

Wenn Sie für einen der Parameter einen nicht numerischen Wert übergeben, wird der Fehlerwert #WERT! geliefert.

Wenn Sie für <X> oder <Lambda> einen negativen Wert übergeben, liefert die Funktion den Fehlerwert #ZAHL!.

Jede Zahl außer null, die Sie <Kumuliert> übergeben, wird wie eine 1 behandelt, führt also zur Berechnung der kumulierten Wahrscheinlichkeit.

	A	B	C	D	E
1	**EXPONVERT**				
2					
3	<x>	<Lambda>	<Kumuliert>	EXPONVERT	*Formel*
4	1,5	0,4	FALSCH	0,219524654	=EXPONVERT(A4;B4;C4)
5	1,5	0,4	WAHR	0,451188364	=EXPONVERT(A5;B5;C5)
6	1,5	0,4	12,34	0,451188364	=EXPONVERT(A6;B6;C6)
7	Peter	0,4	FALSCH	#WERT!	=EXPONVERT(A7;B7;C7)
8	-3	0,4	FALSCH	#ZAHL!	=EXPONVERT(A8;B8;C8)
9					
10					

Funktions-Assistent
Kategorie: Statistik

Englischer Funktionsname
EXPONDIST

EXPONVERT

FINV

Mit der Funktion FINV berechnen Sie die Quantile einer F-Verteilung.

Aufbau

```
=FINV(<Wahrscheinlichkeit>;
  <Freiheitsgrade1>;<Freiheitsgrade2>)
```

Parameter

<Wahrscheinlichkeit> legt die Wahrscheinlichkeit der F-Verteilung fest.

Mit <Freiheitsgrade1> übergeben Sie die Freiheitsgrade des Zählers der F-Verteilung.

Mit <Freiheitsgrade2> übergeben Sie die Freiheitsgrade des Nenners der F-Verteilung.

Funktions-Assistent		A	B	C	D	E	
	1	**FINV**					
Kategorie:	2						
Statistik	3	<Wahrscheinlichkeit>	<Freiheitsgrade1>	<Freiheitsgrade2>	FINV	*Formel*	
	4	0,5	10	12	0,98856	=FINV(A4;B4;C4)	
	5	0,5	3	25	0,8106	=FINV(A5;B5;C5)	
Englischer	6	0,5	10	0,5	#ZAHL!	=FINV(A6;B6;C6)	
Funktionsname	7	0,5	0,5	12	#ZAHL!	=FINV(A7;B7;C7)	
FINV	8	1,3	10	12	#ZAHL!	=FINV(A8;B8;C8)	
	9	Peter	10	12	#WERT!	=FINV(A9;B9;C9)	
	10						
	11						

FINV

Besonderheiten

Wenn Sie für einen der Parameter einen nicht numeri-schen Wert übergeben, wird der Fehlerwert #WERT! geliefert.

Wenn Sie für <Wahrscheinlichkeit> einen Wert größer als 1 oder kleiner als 0 übergeben, liefert die Funktion den Fehlerwert #ZAHL!.

Wenn die Funktion nach 100 Iterationen (Rechendurch-läufen) kein Ergebnis gefunden hat, wird der Fehlerwert #NV geliefert.

Ist <Freiheitsgrade1> oder <Freiheitsgrade2> keine ganze Zahl, wird der Dezimalanteil abgeschnitten.

Wenn Sie für <Freiheitsgrade1> oder <Freiheitsgrade2> einen Wert größer als 10 hoch 10 oder kleiner als 1 übergeben, liefert die Funktion den Fehlerwert #ZAHL!.

FISHER und FISHERINV

Die Funktion FISHER gibt die Fisher-Transformation für einen Wert <X> zurück. Die Funktion FISHERINV liefert die Umkehrung der Fisher-Transformation.

Aufbau

=FISHER(<X>)

`=FISHERINV(<Y>)`

Parameter

<X> legt den Wert fest, für den Sie die Fisher-Transformation berechnen möchten.

<Y> definiert den Wert, dessen Transformation Sie umkehren möchten.

	A	B	C	D	E
1	**FISHER und FISHERINV**				
2					
3	<X>	FISHER	*Formel*		
4		0,5	0,549306144	=FISHER(A4)	
5		-0,5	-0,549306144	=FISHER(A5)	
6		1	#ZAHL!	=FISHER(A6)	
7		0,99	2,646652412	=FISHER(A7)	
8		0	0	=FISHER(A8)	
9	Peter		#WERT!	=FISHER(A9)	
10					
11	<Y>	FISHERINV	*Formel*		
12	0,549306144		0,5	=FISHERINV(A12)	
13	-0,549306144		-0,5	=FISHERINV(A13)	
14	-11		-0,999999999	=FISHERINV(A14)	
15	-12		-1	=FISHERINV(A15)	
16	8		0,999999775	=FISHERINV(A16)	
17	Peter		#WERT!	=FISHERINV(A17)	
18					

FISHER und FISHERINV

Besonderheiten

Wenn Sie für einen der Parameter einen nicht numerischen Wert übergeben, wird der Fehlerwert #WERT! geliefert.

Wenn Sie für <X> einen Wert größer oder gleich 1 bzw. kleiner oder gleich -1 übergeben, liefert die Funktion den Fehlerwert #ZAHL!.

Funktions-Assistent
Kategorie:
Statistik

Englischer Funktionsname
FISHER
FISHERINV

FTEST

Mit der Funktion FTEST berechnen Sie die Teststatistik eines F-Tests.

Aufbau

`=FTEST(<Matrix1>,<Matrix2>)`

Parameter

Mit <Matrix1> und <Matrix2> übergeben Sie die beiden Wertebereiche für den F-Test.

<table>
<tr><td>Funktions-
Assistent</td></tr>
<tr><td>Kategorie:
Statistik</td></tr>
<tr><td>Englischer
Funktionsname</td></tr>
<tr><td>FTEST</td></tr>
</table>

	A	B	C	D	E
1	**FTEST**				
2					
3					
4	Matrix 1				
5		1	5	3	
6		8	6	9	
7					
8					
9	Matrix 2				
10		3	2	1	
11		-3	4	5	
12					
13			*Formel*		
14		0,894103814	=FTEST(B5:D6;B10:E12)		
15		0,894103814	=FTEST({1.5.3;8.6.9};{3.2.1;-3.4.5})		

FTEST

Besonderheiten

Leerzellen, Zellen mit Text und Wahrheitswerte werden von der Funktion ignoriert. Zellen, die den Wert 0 enthalten, werden dagegen berücksichtigt.

Die Funktion liefert den Fehlerwert #DIV/0!, wenn einer der beiden übergebenen Bereiche weniger als zwei numerische Elemente enthält.

Anstelle eines Bezuges auf einen Zellbereich können Sie der Funktion FTEST den Bereich auch in geschweiften Klammern übergeben. Dabei trennen Sie die einzelnen Elemente über Punkte und die einzelnen Zeilen über Semikolons.

FVERT

Mit der Funktion FVERT berechnen Sie die Wahrscheinlichkeit eines bestimmten Wertes der Verteilungsfunktion einer F-verteilten Zufallsvariablen.

Aufbau

```
=FVERT(<x>;<Freiheitsgrade1>;
<Freiheitsgrade2>)
```

Parameter

<x> ist der Wert, für den Sie die Wahrscheinlichkeit berechnen möchten.

Mit <Freiheitsgrade1> übergeben Sie die Freiheitsgrade des Zählers der F-Verteilung.

Mit <Freiheitsgrade2> übergeben Sie die Freiheitsgrade des Nenners der F-Verteilung.

	A	B	C	D	E
1	**FVERT**				
2					
3	<x>	<Freiheitsgrade1>	<Freiheitsgrade2>	FVERT	*Formel*
4	0,5	10	12	0,859637	=FVERT(A4;B4;C4)
5	0,5	3	25	0,685681	=FVERT(A5;B5;C5)
6	0,5	10	0,5	#ZAHL!	=FVERT(A6;B6;C6)
7	0,5	0,5	12	#ZAHL!	=FVERT(A7;B7;C7)
8	1,3	10	12	0,32882	=FVERT(A8;B8;C8)
9	Peter	10	12	#WERT!	=FVERT(A9;B9;C9)
10					
11					

FVERT

Funktions-Assistent
Kategorie:
Statistik

Englischer Funktionsname
FDIST

Besonderheiten

Wenn Sie für einen der Parameter einen nicht numerischen Wert übergeben, wird der Fehlerwert #WERT! geliefert.

Ist <X> negativ, liefert die Funktion den Fehlerwert #ZAHL!.

Ist <Freiheitsgrade1> oder <Freiheitsgrade2> keine ganze Zahl, wird der Dezimalanteil abgeschnitten.

Wenn Sie für <Freiheitsgrade1> oder <Freiheitsgrade2> einen Wert größer als 10 hoch 10 oder kleiner als 1 übergeben, liefert die Funktion den Fehlerwert #ZAHL!.

Wenn die Funktion nach 100 Iterationen (Rechendurchläufen) kein Ergebnis gefunden hat, wird der Fehlerwert #NV geliefert.

GAMMAINV

Mit der Funktion GAMMAINV berechnen Sie die Quantile einer Gammaverteilung.

Aufbau

```
=GAMMAINV(<Wahrscheinlichkeit>;
<Alpha>;<Beta>)
```

Parameter

<Wahrscheinlichkeit> legt die Wahrscheinlichkeit der Gammaverteilung fest.

Mit <Alpha> übergeben Sie den Alpha-Parameter der Gammaverteilung.

Mit <Beta> übergeben Sie den Beta-Parameter der Gammaverteilung.

Besonderheiten

Wenn Sie für einen der Parameter einen nicht numerischen Wert übergeben, wird der Fehlerwert #WERT! geliefert.

Wenn Sie für <Wahrscheinlichkeit> einen Wert größer als 1 oder kleiner als 0 übergeben, liefert die Funktion den Fehlerwert #ZAHL!.

Wenn die Funktion nach 100 Iterationen (Rechendurch-läufen) kein Ergebnis gefunden hat, wird der Fehlerwert #NV geliefert.

Wenn Sie für <Alpha> oder <Beta> einen Wert kleiner oder gleich null übergeben, wird der Fehlerwert #ZAHL! geliefert.

	A	B	C	D	E	
1	**GAMMAINV**					
2						
3	<Wahrsch>	<Alpha>	<Beta>	GAMMAINV	Formel	
4		0,5	10	12	116,024579	=GAMMAINV(A4;B4;C4)
5		0,5	3	25	66,85151054	=GAMMAINV(A5;B5;C5)
6		0,5	10	0,5	4,834357457	=GAMMAINV(A6;B6;C6)
7		0,5	-0,5	12	#ZAHL!	=GAMMAINV(A7;B7;C7)
8		1,3	10	12	#ZAHL!	=GAMMAINV(A8;B8;C8)
9	Peter		10	12	#WERT!	=GAMMAINV(A9;B9;C9)
10						

GAMMAINV

Funktions-Assistent
Kategorie:
Statistik

Englischer Funktionsname
GAMMAINV

GAMMALN

GAMMALN gibt Wahrscheinlichkeiten einer gamma-verteilten Zufallsvariablen zurück. Mit dieser Funktion können Sie Variablen untersuchen, die eine schiefe Ver-teilung besitzen. Die Gammaverteilung wird häufig bei Warteschlangenanalysen verwendet.

Aufbau

=GAMMALN(<x>)

Parameter

<x> legt den Wert fest, für den Sie die Berechnung durchführen möchten.

Besonderheiten

Wenn Sie der Funktion einen nicht numerischen Wert übergeben, wird der Fehlerwert #WERT! geliefert.

Wenn Sie für <x> einen Wert größer als 1 bzw. kleiner oder gleich 0 übergeben, liefert die Funktion den Fehlerwert #ZAHL!.

	A	B	C	D
1	**GAMMALN**			
2				
3	<x>	GAMMALN	*Formel*	
4	0,5	0,572364943	=GAMMALN(A4)	
5	12	17,50230785	=GAMMALN(A5)	
6	0,01	4,599479878	=GAMMALN(A6)	
7	-0,5	#ZAHL!	=GAMMALN(A7)	
8	Peter	#WERT!	=GAMMALN(A8)	
9				

GAMMALN

GAMMAVERT

Mit der Funktion GAMMAVERT berechnen Sie die Wahrscheinlichkeit eines bestimmten Wertes der Verteilungsfunktion einer gammaverteilten Zufallsvariablen.

Aufbau

```
=GAMMAVERT(<x>;<Alpha>;<Beta>;
<kumuliert>)
```

Parameter

<x> ist der Wert, für den Sie die Wahrscheinlichkeit berechnen möchten.

Mit <Alpha> übergeben Sie den Alpha-Parameter der Gammaverteilung.

Mit <Beta> übergeben Sie den Beta-Parameter der Gammaverteilung.

Wenn Sie dem optionalen Parameter <Kumuliert> den Wert 1 oder WAHR übergeben, wird die kumulierte

Wahrscheinlichkeit berechnet. Wenn Sie <Kumuliert> den Wert null übergeben oder den Parameter auslassen, wird die exakte Wahrscheinlichkeit berechnet.

	A	B	C	D	E	F
1	**GAMMAVERT**					
2						
3	<x>	<Alpha>	<Beta>	<kumuliert>	GAMMAVERT	*Formel*
4	7	2	8	WAHR	0,218383711	=GAMMAVERT(A4;B4;C4;D4)
5	10	11	1	WAHR	0,416960225	=GAMMAVERT(A5;B5;C5;D5)
6	10	11	1	FALSCH	0,125110036	=GAMMAVERT(A6;B6;C6;D6)
7	10	werner	1	WAHR	#WERT!	=GAMMAVERT(A7;B7;C7;D7)
8	-2	10	12	WAHR	#ZAHL!	=GAMMAVERT(A8;B8;C8;D8)
9	Peter	10	12	WAHR	#WERT!	=GAMMAVERT(A9;B9;C9;D9)
10						

GAMMAVERT

Funktions-
Assistent
Kategorie:
Statistik

Englischer
Funktionsname
GAMMADIST

Besonderheiten

Wenn Sie für einen der Parameter einen nicht numerischen Wert übergeben, wird der Fehlerwert #WERT! geliefert.

Wenn Sie für <x> einen Wert kleiner als null übergeben, liefert die Funktion den Fehlerwert #ZAHL!.

Wenn Sie für <Alpha> oder <Beta> einen Wert kleiner oder gleich null übergeben, liefert die Funktion den Fehlerwert #ZAHL!.

Wenn die Funktion nach 100 Iterationen (Rechendurchläufen) kein Ergebnis gefunden hat, wird der Fehlerwert #NV geliefert.

Jede Zahl außer null, die Sie <Kumuliert> übergeben, wird wie eine 1 behandelt, führt also zur Berechnung der kumulierten Wahrscheinlichkeit.

GEOMITTEL, HARMITTEL, MEDIAN, MODALWERT und MITTELWERT

Mit den Funktionen GEOMITTEL, HARMITTEL, MEDIAN, MODALWERT und MITTELWERT führen Sie Mittelwertberechnungen durch.

➡ Mit GEOMITTEL berechnen Sie das geometrische Mittel einer Menge positiver Zahlen.

➡ Mit HARMITTEL berechnen Sie das harmonische Mittel einer Datenmenge.

➡ Mit MEDIAN berechnen Sie den Median einer Datenmenge.

➡ Mit MODALWERT berechnen Sie den häufigsten Wert einer Datengruppe.

➡ Mit MITTELWERT berechnen Sie den „normalen" Mittelwert einer Datenmenge.

Aufbau

```
=GEOMITTEL(<Zahl1>;
 <Zahl2>...<Zahl30>)
```

```
=HARMITTEL(<Zahl1>;
 <Zahl2>...<Zahl30>)
```

```
=MEDIAN(<Zahl1>;<Zahl2>...<Zahl30>)
```

```
=MODALWERT(<Zahl1>;
 <Zahl2>...<Zahl30>)
```

```
=MITTELWERT(<Zahl1>;
 <Zahl2>...<Zahl30>)
```

Parameter

Mit <Zahl1> bis <Zahl30> übergeben Sie bis zu 30 Elemente, Zellen oder Zellbereiche, für die Sie die Mittelwertberechnung durchführen möchten. Sie müssen der Funktion mindestens ein Element übergeben, <Zahl2> bis <Zahl30> sind also optional.

	A	B	C	D	E	F	G	H
1	GEOMITTEL, HARMITTEL, MEDIAN, MODALWERT und MITTELWERT							
2								
3	<Zahl1>	<Zahl2>	<Zahl3>	Mittelwert	Formel			
4	1	2	5	2,154435	=GEOMITTEL(A4;B4;C4)			
5	1	2	5	1,764706	=HARMITTEL(A5;B5;C5)			
6	1	2	5	2	=MEDIAN(A6;B6;C6)			
7	1	2	5	#NV	=MODALWERT(A7;B7;C7)			
8	1	2	5	2,666667	=MITTELWERT(A8;B8;C8)			
9								

Funktions-Assistent
Kategorie: Statistik
Englischer Funktionsname
GEOMEAN HARMEAN MEDIAN MODE AVERAGE

GEOMITTEL, HARMITTEL, MEDIAN, MODALWERT und MITTELWERT

Besonderheiten

Die Funktionen werten alle Zahlen, Wahrheitswerte und Datumsangaben als Zahlen. Auch Zahlen in Textform werden gezählt, allerdings nur, wenn sie der Funktion direkt übergeben werden.

Wenn in der übergebenen Datenmenge kein Wert mehrfach auftritt, liefert MODALWERT den Fehlerwert #NV.

GESTUTZTMITTEL

Mit GESTUTZTMITTEL berechnen Sie den Mittelwert einer gestutzten Datenmenge. Dabei geben Sie den Prozentsatz an, um den gestutzt werden soll. Gestutzt bedeutet, eine bestimmte Anzahl der größten und kleinsten Werte wird aus der Datenmenge entfernt. Die Funktion gibt also den Mittelwert einer Datengruppe zurück, ohne Randwerte zu berücksichtigen.

Aufbau

=GESTUTZTMITTEL(<Matrix>;<Prozent>)

Parameter

Mit <Matrix> übergeben Sie den Bereich, für den Sie den gestutzten Mittelwert berechnen möchten.

<Prozent> ist der Prozentsatz der Datenpunkte, die nicht in die Bewertung eingehen sollen. Besitzt beispielsweise <Prozent> den Wert 0,2, wird eine Datenmenge von 20 Punkten um 4 Punkte (20 x 0,2) verringert, und zwar um die zwei größten sowie die zwei kleinsten Werte der Datenmenge.

	Funktions-
	Assistent
	Kategorie:
	Statistik

	Englischer
	Funktionsname
	TRIMMEAN

	A	B	C	D	E	F	G	H
1	**GESTUTZTMITTEL**							
2								
3								
4		<Matrix>						
5		1	3	5		7	9	
6		5	3	7		2	8	
7		3	6	3		1	6	
8		1234	5	6		5	6	
9								
10								
11		GESTUTZTMITTEL	*Formel*					
12		5	=GESTUTZTMITTEL(A5:E8;0,1)					
13		66,25	=GESTUTZTMITTEL(A5:E8;0,5)					
14		66,25	=GESTUTZTMITTEL({1.3.5.7.9;5.3.7.2.8;3.6.3.1.6;1234.5.6.5.6};0)					
15		#ZAHL!	=GESTUTZTMITTEL(A5:E8;-0,1)					
16								

GESTUTZTMITTEL

Besonderheiten

Leerzellen und Textinhalte werden von der Funktion ignoriert.

Die durch Multiplikation von <Prozent> mit der Anzahl der Elemente ermittelte Zahl an zu stutzenden Elementen wird immer auf ein ganzzahliges Vielfaches von zwei abgerundet. Damit ist sichergestellt, dass die gleiche Anzahl der größten und kleinsten Elemente unberücksichtigt bleiben kann.

Anstelle eines Bezuges auf einen Zellbereich können Sie der Funktion GESTUTZTMITTEL den Bereich auch in geschweiften Klammern übergeben. Dabei tren-

nen Sie die einzelnen Elemente über Punkte und die
einzelnen Zeilen über Semikolons.

HÄUFIGKEIT

HÄUFIGKEIT ist eine Matrixfunktion, mit der Sie die
Häufigkeitsverteilung anhand bestimmter Klassen berechnen. Als Ergebnis liefert die Funktion die Anzahl
der Elemente jeder Klasse, die durch die angegebenen
Klassenobergrenzen definiert sind.

Aufbau
=HÄUFIGKEIT(<Daten>;<Klassen>)

Parameter
Mit <Daten> übergeben Sie den Bereich, in dem sich
die auszuwertenden Daten befinden.

<Klassen> legt den Bereich fest, in dem Sie die Grenzen
der Klassen bestimmt haben.

	B18	▼	fx	{=HÄUFIGKEIT(B4:F10;B13:B16)}			
	A	B	C	D	E	F	G
1	**HÄUFIGKEIT**						
2							
3		<Daten>					
4			73	39	51	53	22
5			45	35	14	15	15
6			64	80	57	17	46
7			25	91	18	29	2
8			26	100	22	8	25
9			26	37	6	120	57
10			53	31	69	67	75
11							
12		<Klassen>					
13			25				
14			50				
15			75				
16			100				
17							
18			12				
19			9				
20			10				
21			3				
22			1				
23							

Funktions-
Assistent

Kategorie:
Statistik

Englischer
Funktionsname
FREQUENCY

HÄUFIGKEIT

Besonderheiten

Sie müssen die Funktion HÄUFIGKEIT als Matrixfunktion einsetzen. Markieren Sie dazu vor der Eingabe einen Bereich, der um eine Zelle größer als der mit <Klassen> übergebene Bereich ist. Nach der Eingabe der Funktion bestätigen Sie diese über die Tastenkombination (Strg)(⇧)(↵), um den kompletten markierten Bereich als Matrix mit der eingegebenen Funktion zu füllen. Es erscheinen dann untereinander bzw. nebeneinander die Häufigkeiten der jeweiligen Klasse.

Achten Sie darauf, dass die Markierung dieselbe „Richtung" aufweist wird der Bereich mit den Klassen. Wenn die Klassen untereinander aufgeführt sind, müssen Sie vor der Eingabe der Funktion auch einen vertikalen Vektor markieren.

Wenn der markierte Bereich zu klein ist, wird nur ein Teil der Zeilennummern des übergebenen Bereichs geliefert.

Als unterste Klasse erscheint die Anzahl derjenigen Werte, die größer als die größte angegebene Klasse sind.

Die Funktion zählt für jede Klasse die Elemente, die kleiner oder gleich der Obergrenze und größer als die Untergrenze sind.

Die angegebenen Klassen müssen nicht sortiert sein.

HYPGEOMVERT

Mit der Funktion HYPGEOMVERT berechnen Sie die Wahrscheinlichkeit eines bestimmten Wertes der Verteilungsfunktion einer hypergeometrisch verteilten Zufallsvariablen.

Aufbau

```
=HYPGEOMVERT(<Erfolge_S>;<Umfang_S>;
<Erfolge_G>;<Umfang_G>)
```

Parameter

Mit <Erfolge_S> legen Sie die Anzahl der in der Stichprobe erzielten Erfolge fest.

<Umfang_S> definiert die Größe der Stichprobe.

Mit <Erfolge_G> übergeben Sie die Anzahl der in der Grundgesamtheit möglichen Erfolge.

<Umfang_G> legt die Größe der Grundgesamtheit fest.

	A	B	C	D	E	F
1	**HYPGEOMVERT**					
2						
3	<Erfolge_S>	<Umfang_S>	<Erfolge_G>	<Umfang_G>	HYPGEOMVERT	*Formel*
4	7	12	80	120	0,198267348	=HYPGEOMVERT(A4;B4;C4;D4)
5	6	12	12	24	0,315727347	=HYPGEOMVERT(A5;B5;C5;D5)
6	7	6	80	120	#ZAHL!	=HYPGEOMVERT(A6;B6;C6;D6)
7	7	12	6	200	#ZAHL!	=HYPGEOMVERT(A7;B7;C7;D7)
8	-2	10	80	120	#ZAHL!	=HYPGEOMVERT(A8;B8;C8;D8)
9	Peter		10	80	120	#WERT! =HYPGEOMVERT(A9;B9;C9;D9)
10						

HYPGEOMVERT

Funktions-Assistent

Kategorie:
Statistik

Englischer Funktionsname
HYPGEOMDIST

Besonderheiten

Alle Argumente werden durch Abschneiden der Nachkommastellen zu ganzen Zahlen gekürzt.

Wenn Sie einen nicht numerischen Wert übergeben, wird der Fehlerwert #WETRT! geliefert.

<Erfolge_S> muss kleiner oder gleich <Umfang_S>, <Erfolge_G> und <Umfang_G> sein, sonst wird der Fehlerwert #ZAHL! geliefert.

<Umfang_S> muss kleiner oder gleich <Umfang_G> sein, sonst wird der Fehlerwert #ZAHL! angegeben.

Alle übergebenen Parameter müssen größer als null sein, sonst wird der Fehlerwert #ZAHL! geliefert.

KGRÖSSTE und KKLEINSTE

Mit den Funktionen KGRÖSSTE und KKLEINSTE ermitteln Sie Werte, die innerhalb einer Datenmenge einen bestimmten Rang besitzen.

➡ Mit KGRÖSSTE ermitteln Sie den Wert mit dem angegebenen Rang, beginnend bei der größten Zahl, z. B. den drittgrößten Wert.

➡ Mit KKLEINSTE ermitteln Sie den Wert mit dem angegebenen Rang, beginnend bei der kleinsten Zahl, z. B. den drittkleinsten Wert.

Aufbau

`=KGRÖSSTE(<Matrix>;<k>)`

`=KKLEINSTE(<Matrix>;<k>)`

Parameter

Mit <Matrix> übergeben Sie die Datenmenge, aus der Sie den Inhalt ermitteln möchten.

<k> legt fest, den wievieltkleinsten bzw. wievieltgrößten Inhalt Sie ermitteln möchten.

Besonderheiten

Wenn <k> kleiner oder gleich 0 bzw. <k> größer als die Anzahl der Zahlen ist, gibt KGRÖSSTE den Fehlerwert #ZAHL! zurück.

Wenn Sie mit <k> einen nicht numerischen Wert übergeben, wird der Fehlerwert #WERT! geliefert.

Wenn Sie mit <k> eine Dezimalzahl übergeben, wird
bei KGRÖSSTE aufgerundet und bei KKLEINSTE
abgerundet.

	A	B	C	D	E	F
1	**KGRÖSSTE und KKLEINSTE**					
2						
3		<Matrix>				
4		73	39			
5		45	35			
6		64	80			
7		25	91			
8						
9		<k>	Ergebnis	Formel		
10		1	91	=KGRÖSSTE(B4:C7;B10)		
11		3	73	=KGRÖSSTE(B4:C7;B11)		
12		3,2	64	=KGRÖSSTE(B4:C7;B12)		
13		1	25	=KKLEINSTE(B4:C7;B13)		
14		3	39	=KKLEINSTE(B4:C7;B14)		
15		3,2	39	=KKLEINSTE(B4:C7;B15)		
16			#ZAHL!	=KKLEINSTE(B4:C7;B16)		
17		Peter	#WERT!	=KKLEINSTE(B4:C7;B17)		
18		-3	#ZAHL!	=KKLEINSTE(B4:C7;B18)		
19		10	#ZAHL!	=KKLEINSTE(B4:C7;B19)		
20						

KGRÖSSTE und KKLEINSTE

KONFIDENZ

Mit der Funktion KONFIDENZ berechnen Sie das 1-
Alpha-Konfidenzintervall für den Erwartungswert einer
Zufallsvariablen.

Aufbau

```
=KONFIDENZ(<Alpha>;
  <StandardAbweichung>;<Umfang>)
```

Parameter

<Alpha> legt die Irrtumswahrscheinlichkeit bei der
Berechnung des Konfidenzintervalls fest.

Mit <StandardAbweichung> übergeben Sie die als be-
kannt angenommene Standardabweichung der Grundgesamtheit.

Über <Umfang> legen Sie den Umfang der Stichprobe fest.

	A	B	C	D	E
1	**KONFIDENZ**				
2					
3	<Alpha>	<StandardAbweichung>	<Umfang>	KONFIDENZ	*Formel*
4	0,5	3	12	0,58412526	=KONFIDENZ(A4;B4;C4)
5	0,5	3	25	0,40469385	=KONFIDENZ(A5;B5;C5)
6	0,5	10	-3	#ZAHL!	=KONFIDENZ(A6;B6;C6)
7	0,5	-0,5	12	#ZAHL!	=KONFIDENZ(A7;B7;C7)
8	1,3	10	12	#ZAHL!	=KONFIDENZ(A8;B8;C8)
9	Peter	10	12	#WERT!	=KONFIDENZ(A9;B9;C9)
10					

Funktions-Assistent
Kategorie: Statistik

Englischer Funktionsname
CONFIDENCE

KONFIDENZ

Besonderheiten

Wenn Sie für einen der Parameter einen nicht numerischen Wert übergeben, wird der Fehlerwert #WERT! geliefert.

Wenn Sie für <Alpha> einen Wert größer als 1 oder kleiner als 0 übergeben, liefert die Funktion den Fehlerwert #ZAHL!.

Wenn Sie für <StandardAbweichung> einen Wert kleiner oder gleich null übergeben, wird der Fehlerwert #ZAHL! geliefert.

Ist <Umfang> keine ganze Zahl, wird der Dezimalanteil abgeschnitten.

Wenn Sie für <Umfang> einen Wert kleiner als eins übergeben, wird der Fehlerwert #ZAHL! geliefert.

KORREL

Mit der Funktion KORREL berechnen Sie den Korrelationskoeffizienten einer zweidimensionalen Zufallsgröße.

Aufbau

`=KORREL(<Matrix1>,<Matrix2>)`

Parameter

Mit <Matrix1> und <Matrix2> übergeben Sie die beiden Wertebereiche für die Berechnung des Korrelationskoeffizienten.

	A	B	C	D
1	**KORREL**			
2				
3				
4		Matrix 1		
5		1	5	3
6		8	6	9
7				
8				
9		Matrix 2		
10		3	2	1
11		-3	4	5
12				
13			*Formel*	
14		-0,07045	=KORREL(B5:D6;B10:D11)	
15		-0,07045	=KORREL({1.5.3;8.6.9};{3.2.1;-3.4.5})	

KORREL

Funktions-Assistent
Kategorie:
Statistik

Englischer Funktionsname
CORREL

Besonderheiten

Leerzellen, Zellen mit Text und Wahrheitswerte werden von der Funktion ignoriert.

Die Funktion liefert den Fehlerwert #DIV/0!, wenn einer der beiden übergebenen Bereiche weniger als zwei numerische Elemente enthält oder die Standardabweichung einer der beide Matrizen null beträgt.

Beide Matrizen müssen dieselbe Anzahl von Elementen besitzen, sonst liefert die Funktion den Fehlerwert #NV.

Anstelle eines Bezuges auf einen Zellbereich können Sie der Funktion KORREL den Bereich auch in geschweiften Klammern übergeben. Dabei trennen Sie die einzelnen Elemente über Punkte und die einzelnen Zeilen über Semikolons.

KOVAR

Mit der Funktion KOVAR berechnen Sie die Kovarianz zweier Datenmengen.

Aufbau

`=KOVAR(<Matrix1>,<Matrix2>)`

Parameter

Mit <Matrix1> und <Matrix2> übergeben Sie die beiden Wertebereiche für die Berechnung der Kovarianz.

Funktions-Assistent					
Kategorie: Statistik					

	A	B	C	D	E
1	**KOVAR**				
2					
3					
4		Matrix 1			
5		1		5	3
6		8		6	9
7					
8					
9		Matrix 2			
10		3		2	1
11		-3		4	5
12					
13		KOVAR	Formel		
14		-0,5	=KOVAR(B5:D6;B10:D11)		
15		-0,5	=KOVAR({1.5.3;8.6.9};{3.2.1;-3.4.5})		

Englischer Funktionsname
COVAR

KOVAR

Besonderheiten

Leerzellen, Zellen mit Text und Wahrheitswerte werden von der Funktion ignoriert.

Die Funktion liefert den Fehlerwert #DIV/0!, wenn einer der beiden übergebenen Bereiche keine numerischen Elemente enthält.

Beide Matrizen müssen dieselbe Anzahl von Elementen besitzen, sonst liefert die Funktion den Fehlerwert #NV.

Anstelle eines Bezuges auf einen Zellbereich können Sie der Funktion KOVAR den Bereich auch in geschweiften Klammern übergeben. Dabei trennen Sie die einzelnen Elemente über Punkte und die einzelnen Zeilen über Semikolons.

KRITBINOM

Mit der Funktion KRITBINOM berechnen Sie den kleinsten Wert, für den die kumulierten Wahrscheinlichkeiten der Binomialverteilung größer oder gleich einer Grenzwahrscheinlichkeit sind.

Aufbau
```
=KRITBINOM(<Versuche>;
  <ErfolgsWahrscheinlichkeit>;<Alpha>)
```

Parameter
<Versuche> definiert die Anzahl der Versuche der Binomialverteilung.

Mit <ErfolgsWahrscheinlichkeit> übergeben Sie die Wahrscheinlichkeit für einen Erfolg bei den Versuchen.

<Alpha> legt die Grenzwahrscheinlichkeit fest, für die Sie die Berechnung durchführen möchten.

Besonderheiten
Ist <Versuche> keine ganze Zahl, werden die Nachkommastellen abgeschnitten.

Wenn Sie <Versuche> einen Wert kleiner als null übergeben, wird der Fehlerwert #ZAHL! geliefert.

Wenn Sie für <ErfolgsWahrscheinlichkeit> einen Wert größer als 1 oder kleiner als 0 übergeben, liefert die Funktion den Fehlerwert #ZAHL!.

Wenn Sie für <Alpha> einen Wert größer oder gleich eins, kleiner oder gleich null bzw. eine Leerzelle übergeben, liefert die Funktion den Fehlerwert #ZAHL!.

Wenn Sie einem der Parameter einen nicht numerischen Inhalt übergeben, liefert die Funktion den Fehlerwert #WERT!.

	Funktions-Assistent
Kategorie:	Statistik
Englischer Funktionsname	CRITBINOM

	A	B	C	D	E
1	**KRITBINOM**				
2					
3	<Versuche>	<ErfolgsWahrscheinlichkeit>	<Alpha>	KRITBINOM	*Formel*
4	6	0,5	0,35	3	=KRITBINOM(A4;B4;C4)
5	6	0,2	0,9	2	=KRITBINOM(A5;B5;C5)
6	6	1,2	0,35	#ZAHL!	=KRITBINOM(A6;B6;C6)
7	6	0,5	0	#ZAHL!	=KRITBINOM(A7;B7;C7)
8	-2	0,5	0,35	#ZAHL!	=KRITBINOM(A8;B8;C8)
9	Peter	0,5	0,35	#WERT!	=KRITBINOM(A9;B9;C9)
10					

KRITBINOM

KURT

Mit der Funktion KURT berechnen Sie die Kurtosis (Wölbung) einer Datengruppe.

Aufbau

= KURT(<Zahl1>;<Zahl2>...<Zahl30>)

Parameter

Mit <Zahl1> bis <Zahl30> übergeben Sie bis zu 30 Elemente, Zellen oder Zellbereiche, für die Sie die Kurtosis berechnen möchten. Sie müssen der Funktion mindestens ein Element übergeben, <Zahl2> bis <Zahl30> sind also optional.

	A	B	C	D	E	F
1	**KURT**					
2						
3	<Zahl1>	<Zahl2>	<Zahl3>	<Zahl4>	KURT	*Formel*
4	8	4	7	8	2,61547	=KURT(A4;B4;C4;D4)
5	8	4	7	8	2,61547	=KURT(A5:D5)
6	12	4	7	8	1,16567	=KURT(A6;B6;C6;D6)
7	-13	5	9	5	3,38782	=KURT(A7;B7;C7;D7)
8	Martin	5	9	5	#DIV/0!	=KURT(A8;B8;C8;D8)
9						

Funktions-Assistent
Kategorie: Statistik

Englischer Funktionsname
KURT

KURT

Besonderheiten

KURT wertet alle Zahlen, Wahrheitswerte und Datumsangaben als Zahlen. Auch Zahlen in Textform werden gezählt, allerdings nur, wenn sie der Funktion direkt übergeben werden.

Wenn in der übergebenen Datenmenge weniger als vier Zahlen enthalten sind oder die Standardabweichung null beträgt, liefert die Funktion den Fehlerwert #DIV/0!.

LOGINV

Mit der Funktion LOGINV berechnen Sie die Quantile einer Lognormalverteilung.

Aufbau

=LOGINV(<Wahrsch>;<Mittelwert>; <Standabwn>)

Parameter

<Wahrsch> legt die Wahrscheinlichkeit der Lognormalverteilung fest.

Mit <Mittelwert> übergeben Sie den Mittelwert der Lognormalverteilung.

Mit <Standabwn> übergeben Sie die Standardabweichung der Lognormalverteilung.

	A	B	C	D	E	F
1	**LOGINV**					
2						
3	<Wahrsch>	<Mittelwert>	<Standabwn>	LOGINV	*Formel*	
4	0,5	10	12	22026,466	=LOGINV(A4;B4;C4)	
5	0,5	3	25	20,085537	=LOGINV(A5;B5;C5)	
6	0,5	10	-3	#ZAHL!	=LOGINV(A6;B6;C6)	
7	0,5	-0,5	12	0,6065307	=LOGINV(A7;B7;C7)	
8	1,3	10	12	#ZAHL!	=LOGINV(A8;B8;C8)	
9	Peter	10	12	#WERT!	=LOGINV(A9;B9;C9)	
10						

LOGINV

Funktions-Assistent
Kategorie:
Statistik

Englischer Funktionsname
LOGINV

Besonderheiten

Wenn Sie für einen der Parameter einen nicht numerischen Wert übergeben, wird der Fehlerwert #WERT! ausgegeben.

Wenn Sie für <Wahrsch> einen Wert größer als eins oder kleiner als null übergeben, liefert die Funktion den Fehlerwert #ZAHL!.

Wenn Sie für <Standabwn> einen Wert kleiner oder gleich null übergeben, liefert die Funktion den Fehlerwert #ZAHL!.

LOGNORMVERT

Mit der Funktion LOGNORMVERT berechnen Sie die Wahrscheinlichkeit eines bestimmten Wertes der Verteilungsfunktion einer lognormal-verteilten Zufallsvariable.

Aufbau

```
=LOGNORMVERT(<x>;<Mittelwert>;
  <Standabwn>)
```

Parameter

Mit <x> übergeben Sie den Wert, für den Sie die Wahrscheinlichkeit berechnen möchten.

Mit <Mittelwert> übergeben Sie den Mittelwert der Lognormalverteilung.

Mit <Standabwn> übergeben Sie die Standardabweichung der Lognormalverteilung.

	A	B	C	D	E
1	**LOGNORMVERT**				
2					
3	<x>	<Mittelwert>	<Standabwn>	LOGNORMVERT	*Formel*
4	12	2	8	0,524166422	=LOGNORMVERT(A4;B4;C4)
5	12	11	6	0,077922948	=LOGNORMVERT(A5;B5;C5)
6	5	0	4	0,656290256	=LOGNORMVERT(A6;B6;C6)
7	5		4	0,656290256	=LOGNORMVERT(A7;B7;C7)
8	1,3	10	-2	#ZAHL!	=LOGNORMVERT(A8;B8;C8)
9	Peter	10	12	#WERT!	=LOGNORMVERT(A9;B9;C9)
10					

LOGNORMVERT

Funktions-Assistent

Kategorie:
Statistik

Englischer Funktionsname
LOGNORMDIST

Besonderheiten

Wenn Sie für einen der Parameter einen nicht numerischen Wert übergeben, wird der Fehlerwert #WERT! geliefert.

Wenn Sie für <x> oder <Standabwn> einen Wert kleiner oder gleich null übergeben, liefert die Funktion den Fehlerwert #ZAHL!.

Wenn Sie für <Mittelwert> eine Leerzelle übergeben, wird der Wert null angenommen.

MAX und MIN

Mit den Funktionen MAX und MIN berechnen Sie die Extremwerte einer Datengruppe.

➡ MAX berechnet das Maximum.

➡ MIN berechnet das Minimum.

Aufbau

```
=MAX(<Zahl1>;<Zahl2>...<Zahl30>)
=MIN(<Zahl1>;<Zahl2>...<Zahl30>)
```

Parameter

Mit <Zahl1> bis <Zahl30> übergeben Sie bis zu 30 Elemente, Zellen oder Zellbereiche, für die Sie die Berechnung durchführen möchten. Sie müssen der Funktion mindestens ein Element übergeben, <Zahl2> bis <Zahl30> sind also optional.

Funktions-Assistent
Kategorie:
Statistik

Englischer Funktionsname
MAX
MIN

	A	B	C	D	E	F
1	**MAX und MIN**					
2						
3	<Zahl1>	<Zahl2>	<Zahl3>	Ergebnis	*Formel*	
4	2	3	2	3	=MAX(A4:C4)	
5	2	3	-4	3	=MAX(A5:C5)	
6	2	3	2	2	=MIN(A6:C6)	
7	2	3	-4	-4	=MIN(A7:C7)	
8	3	7	Karl	3	=MIN(A8:C8)	
9						

MAX und MIN

Besonderheiten

MAX und MIN werten alle Zahlen, Wahrheitswerte und Datumsangaben als Zahlen. Auch Zahlen in Textform werden gezählt, allerdings nur, wenn sie der Funktion direkt übergeben werden.

MAXA, MINA und MITTELWERTA

Mit den Funktionen MAXA, MINA und MITTEL-WERTA berechnen Sie die Extremwerte bzw. den Mittelwert einer Datengruppe. Der Unterschied zu den Funktionen MAX, MIN und MITTELWERT besteht darin, dass die drei Funktionen mit dem angehängten

„A" übergebene Textinhalte als Nullwerte interpretieren.

➡ MAXA berechnet das Maximum.

➡ MINA berechnet das Minimum.

➡ MITTELWERTA berechnet den Mittelwert.

Aufbau

=MAXA(<Zahl1>;<Zahl2>...<Zahl30>)

=MINA(<Zahl1>;<Zahl2>...<Zahl30>)

=MITTELWERTA(<Zahl1>;<Zahl2>... <Zahl30>)

Parameter

Mit <Zahl1> bis <Zahl30> übergeben Sie bis zu 30 Elemente, Zellen oder Zellbereiche, für die Sie die Berechnung durchführen möchten. Sie müssen der Funktion mindestens ein Element übergeben, <Zahl2> bis <Zahl30> sind also optional.

	A	B	C	D	E	F
1	**MAXA, MINA und MITTELWERTA**					
2						
3	<Zahl1>	<Zahl2>	<Zahl3>	Ergebnis	*Formel*	
4	2	3	7	7	=MAXA(A4:C4)	
5	-2	-3	WAHR	1	=MAXA(A5:C5)	
6	2	3	2	2	=MINA(A6:C6)	
7	2	3	Stefan	0	=MINA(A7:C7)	
8	3	7	FALSCH	0	=MINA(A8:C8)	
9	3	1	2	2	=MITTELWERTA(A9:C9)	
10	3	WAHR	2	2	=MITTELWERTA(A10:C10)	
11	-2		-2	FALSCH	-1,33333	=MITTELWERTA(A11:C11)
12						

MAXA, MINA und MITTELWERTA

Funktions-Assistent
Kategorie:
Statistik

Englischer Funktionsname
MAXA
MINA
AVERAGEA

Besonderheiten

Die Funktionen werten alle Zahlen, Wahrheitswerte und Datumsangaben als Zahlen. Textwerte werden als null interpretiert. Auch Zahlen in Textform werden als Zahlen gezählt, allerdings nur, wenn sie der Funktion direkt übergeben werden.

MITTELABW

Mit der Funktion MITTELABW berechnen Sie die durchschnittliche Abweichung einer Datengruppe von ihrem Mittelwert.

Aufbau

```
=MITTELABW(<Zahl1>;
    <Zahl2>...<Zahl30>)
```

Parameter

Mit <Zahl1> bis <Zahl30> übergeben Sie bis zu 30 Elemente, Zellen oder Zellbereiche, für die Sie die Berechnung durchführen möchten. Sie müssen der Funktion mindestens ein Element übergeben, <Zahl2> bis <Zahl30> sind also optional.

Funktions-Assistent
Kategorie:
Statistik

Englischer Funktionsname
AVEDEV

	A	B	C	D	E	F
1	**MITTELABW**					
2						
3	<Zahl1>	<Zahl2>	<Zahl3>	Ergebnis	*Formel*	
4	2	3	2	0,44444	=MITTELABW(A4:C4)	
5	2	3	-4	2,88889	=MITTELABW(A5:C5)	
6				#ZAHL!	=MITTELABW(A6:C6)	
7	2	3	-4	2,88889	=MITTELABW(A7:C7)	
8	3	7	Karl	2	=MITTELABW(A8:C8)	
9						
10						

MITTELABW

Besonderheiten

Die Funktion wertet alle Zahlen, Wahrheitswerte und Datumsangaben als Zahlen. Textwerte werden als null interpretiert. Auch Zahlen in Textform werden als Zahlen gezählt, allerdings nur, wenn sie der Funktion direkt übergeben werden.

NEGBINOMVERT

Mit der Funktion NEGBINOMVERT berechnen Sie die Wahrscheinlichkeit eines bestimmten Wertes der Verteilungsfunktion einer negativ binomial verteilten Zufallsvariablen. Es wird berechnet, wie wahrscheinlich es ist, dass es eine ganz bestimmte Anzahl von Misserfolgen gibt, bevor der erste positive Ausgang eintritt.

Aufbau

=NEGBINOMVERT(<Zahl_Misserfolge>;
<Zahl_Erfolge>;<Erolgswahrsch>)

Parameter

<Zahl_Misserfolge> legt die Anzahl der Misserfolge fest, für die Sie die Berechnung durchführen möchten.

<Zahl_Erfolge> definiert die Anzahl der Erfolge für die Berechnung.

Mit <Erfolgswahrsch> übergeben Sie die Wahrscheinlichkeit für einen Erfolg bei den Versuchen.

	A	B	C	D	E
1	NEGBINOMVERT				
2					
3	<Zahl_Misserfolge>	<Zahl_Erfolge>	<Erolgswahrsch>	NEGBINOMVERT	Formel
4	6	2	0,5	0,02734375	=NEGBINOMVERT(A4;B4;C4)
5	5	18	0,5	0,003139257	=NEGBINOMVERT(A5;B5;C5)
6	1	1	0,5	0,25	=NEGBINOMVERT(A6;B6;C6)
7	0	1	0,5	0,5	=NEGBINOMVERT(A7;B7;C7)
8	-2	10	0,5	#ZAHL!	=NEGBINOMVERT(A8;B8;C8)
9	Peter	10	0,5	#WERT!	=NEGBINOMVERT(A9;B9;C9)
10					
11					

NEGBINOMVERT

Funktions-Assistent
Kategorie: Statistik
Englischer Funktionsname
NEGBINOMDIST

Besonderheiten

<Zahl_Misserfolge> und <Zahl_Erfolge> werden durch Abschneiden ihrer Nachkommastellen in ganze Zahlen überführt. Wenn Sie einen nicht numerischen Wert übergeben, liefert die Funktion den Fehlerwert #WERT!.

Wenn Sie für <Erfolgswahrsch> einen Wert größer als 1 oder kleiner als 0 übergeben, liefert die Funktion den Fehlerwert #ZAHL!.

Wenn Sie mit <Zahl_Misserfolge> einen Wert kleiner als null oder mit <Zahl_Erfolge> einen Wert kleiner als eins übergeben, wird der Fehlerwert #ZAHL! geliefert.

NORMINV

Mit der Funktion NORMINV berechnen Sie die Quantile einer Normalverteilung.

Aufbau

```
=NORMINV(<Wahrsch>;<Mittelwert>;
<Standabwn>)
```

Parameter

<Wahrsch> legt die Wahrscheinlichkeit der Normalverteilung fest.

Mit <Mittelwert> übergeben Sie den Mittelwert der Normalverteilung.

Mit <Standabwn> übergeben Sie die Standardabweichung der Normalverteilung.

Funktions-Assistent	
Kategorie: **Statistik**	
Englischer Funktionsname	
NORMINV	

	A	B	C	D	E
1	**NORMINV**				
2					
3	<Wahrsch>	<Mittelwert>	<Standabwn>	NORMINV	*Formel*
4	0,23	2	8	-3,910775	=NORMINV(A4;B4;C4)
5	0,88	11	6	18,049921	=NORMINV(A5;B5;C5)
6	0,5	0	4	-5,57E-16	=NORMINV(A6;B6;C6)
7	0,5		1	-1,39E-16	=NORMINV(A7;B7;C7)
8	1,3	10	-2	#ZAHL!	=NORMINV(A8;B8;C8)
9	Peter	10	12	#WERT!	=NORMINV(A9;B9;C9)
10					

NORMINV

Besonderheiten

Wenn Sie für einen der Parameter einen nicht numerischen Wert übergeben, wird der Fehlerwert #WERT! geliefert.

Wenn Sie für <Wahrsch> einen Wert größer als eins oder kleiner als null übergeben, liefert die Funktion den Fehlerwert #ZAHL!.

Wenn Sie für <Standabwn> einen Wert kleiner oder gleich null übergeben, liefert die Funktion den Fehlerwert #ZAHL!.

NORMVERT

NORMVERT gibt die Normalverteilung für den angegebenen Mittelwert und die angegebene Standardabweichung zurück. Diese Funktion hat sehr viele Anwendungsgebiete innerhalb der Statistik, so unter anderem auch beim Testen von Hypothesen.

Aufbau

=NORMVERT(<x>;<Mittelwert>;
<Standabwn>;<Kumuliert>)

Parameter

Mit <x> übergeben Sie den Wert, für den Sie die Wahrscheinlichkeit berechnen möchten.

Mit <Mittelwert> übergeben Sie den Mittelwert der Normalverteilung.

Mit <Standabwn> übergeben Sie die Standardabweichung der Normalverteilung.

Wenn Sie dem optionalen Parameter <Kumuliert> den Wert 1 oder WAHR übergeben, wird die kumulierte Wahrscheinlichkeit berechnet. Wenn Sie <Kumuliert>

den Wert null übergeben oder den Parameter auslassen, wird die exakte Wahrscheinlichkeit berechnet.

	Funktions-Assistent
	Kategorie: Statistik
	Englischer Funktionsname NORMDIST

	A	B	C	D	E	F
1	**NORMVERT**					
2						
3	\<x\>	\<Mittelwert\>	\<Standabwn\>	\<Kumuliert\>	NORMVERT	*Formel*
4	7	2	8	WAHR	0,734014471	=NORMVERT(A4;B4;C4;D4)
5	-2	11	6	WAHR	0,01513014	=NORMVERT(A5;B5;C5;D5)
6	10	0	4	FALSCH	0,004382075	=NORMVERT(A6;B6;C6;D6)
7	10		1	WAHR	1	=NORMVERT(A7;;C7;D7)
8	-2	10	-2	WAHR	#ZAHL!	=NORMVERT(A8;B8;C8;D8)
9	Peter	10	12	WAHR	#WERT!	=NORMVERT(A9;B9;C9;D9)
10						

NORMVERT

Besonderheiten

Wenn Sie für einen der Parameter einen nicht numerischen Wert übergeben, wird der Fehlerwert #WERT! geliefert.

Wenn Sie für \<Standabwn\> einen Wert kleiner oder gleich null übergeben, liefert die Funktion den Fehlerwert #ZAHL!.

Wenn Sie für \<Mittelwert\> eine Leerzelle übergeben oder den Mittelwert nicht angeben, liefert die Funktion als Ergebnis den Wert 1.

PEARSON

Mit der Funktion PEARSON berechnen Sie den Pearsonschen Korrelationskoeffizienten zweier Matrizen.

Aufbau

```
=PEARSON(<Matrix1>;<Matrix2>)
```

Parameter

Mit \<Matrix1\> und \<Matrix2\> übergeben Sie die beiden Matrizen für die Berechnung des Pearsonschen Korrelationskoeffizienten.

	A	B	C	D	E
1	**PEARSON**				
2					
3		<Martrix1>			
4			3	3	4
5			5	6	7
6			8	9	10
7					
8		<Martrix2>			
9			3	2	5
10			5	7	8
11			7	6	9
12					
13			*Formel*		
14		0,85796445	=PEARSON(B4:D6;B9:D11)		
15		0,85796445	=PEARSON({3.3.4;5.6.7;8.9.10};{3.2.5;5.7.8;7.6.9})		
16					

Funktions-
Assistent
Kategorie:
Statistik

Englischer
Funktionsname
PEARSON

PEARSON

Besonderheiten

Leerzellen, Zellen mit Text und Wahrheitswerte werden von der Funktion ignoriert.

Die Funktion liefert den Fehlerwert #DIV/0!, wenn einer der beiden übergebenen Bereiche keine numerischen Elemente enthält.

Beide Matrizen müssen dieselbe Anzahl von Elementen besitzen, sonst liefert die Funktion den Fehlerwert #NV.

Anstelle eines Bezuges auf einen Zellbereich können Sie der Funktion PEARSON den Bereich auch in geschweiften Klammern übergeben. Dabei trennen Sie die einzelnen Elemente über Punkte und die einzelnen Zeilen über Semikolons.

POISSON

POISSON gibt die Wahrscheinlichkeit einer poisson-verteilten Zufallsvariablen zurück. Eine übliche Anwendung der Poisson-Verteilung ist die Modellierung einer Anzahl von Ereignissen innerhalb eines bestimmten Zeitraumes, beispielsweise die Anzahl der Bankkunden, die innerhalb einer Stunde an einem Geldautomaten eintreffen.

Aufbau

=POISSON(<x>;<Mittelwert>;
<Kumuliert>)

Parameter

Mit <x> übergeben Sie den Wert, für den Sie die Wahrscheinlichkeit berechnen möchten.

Mit <Mittelwert> übergeben Sie den Mittelwert der Verteilung.

Wenn Sie dem optionalen Parameter <Kumuliert> den Wert 1 oder WAHR übergeben, wird die kumulierte Wahrscheinlichkeit berechnet. Wenn Sie <Kumuliert> den Wert null übergeben oder den Parameter auslassen, wird die exakte Wahrscheinlichkeit berechnet.

Funktions-Assistent

Kategorie:
Statistik

Englischer Funktionsname

POISSON

	A	B	C	D	E
1	**POISSON**				
2					
3	<x>	<Mittelwert>	<Kumuliert>	POISSON	*Formel*
4	7	2	WAHR	0,998903281	=POISSON(A4;B4;C4)
5	7,5	2	WAHR	0,998903281	=POISSON(A5;B5;C5)
6	7	2	FALSCH	0,003437087	=POISSON(A6;B6;C6)
7	10		WAHR	1	=POISSON(A7;;C7)
8	-2	10	WAHR	#ZAHL!	=POISSON(A8;B8;C8)
9	Peter	10	WAHR	#WERT!	=POISSON(A9;B9;C9)
10					

POISSON

Besonderheiten

Ist <x> keine ganze Zahl, werden die Nachkommastellen abgeschnitten.

Ist <x> oder <Mittelwert> kein numerischer Ausdruck, gibt POISSON den Fehlerwert #WERT! zurück.

Wenn Sie für <Mittelwert> einen Wert kleiner oder gleich null übergeben, liefert die Funktion den Fehlerwert #ZAHL!.

Wenn Sie für <Mittelwert> eine Leerzelle übergeben oder den Mittelwert gar nicht angeben, liefert die Funktion als Ergebnis den Wert 1.

QUANTIL

Mit der Funktion QUANTIL berechnen Sie das Alpha-Quantil einer Gruppe von Daten.

Aufbau

=QUANTIL(<Matrix>;<Alpha>)

Parameter

Mit <Matrix> übergeben Sie den Datenbereich, für den Sie die Berechnung durchführen möchten.

Mit <Alpha> übergeben Sie den Prozentsatz des zu berechnenden Quantils.

	A	B	C	D	E
1	**QUANTIL**				
2					
3		<Martrix>			
4		3	3	4	
5		5	6	7	
6		8	9	10	
7					
8					
9		<Alpha>	QUANTIL	Formel	
10		0,35	4,8	=QUANTIL(B4:D6;B10)	
11		0,8	8,4	=QUANTIL(B4:D6;B11)	
12		-2	#ZAHL!	=QUANTIL(B4:D6;B12)	
13		Peter	#WERT!	=QUANTIL(B4:D6;B13)	
14					

Funktions-Assistent

Kategorie:
Statistik

Englischer
Funktionsname
PERCENTILE

QUANTIL

Besonderheiten

Wenn Sie <Matrix> keine Werte oder mehr als 8191 Werte übergeben, liefert die Funktion den Fehlerwert #ZAHL!.

Wenn Sie für <Alpha> einen nicht numerischen Wert übergeben, wird der Fehlerwert #WERT! geliefert.

Wenn Sie für <Alpha> einen Wert größer als eins oder kleiner als null übergeben, liefert die Funktion den Fehlerwert #ZAHL!.

Befinden sich im übergebenen Bereich Zellen, in denen keine Zahlen enthalten sind, werden diese ignoriert.

QUANTILSRANG

Mit der Funktion QUANTILSRANG berechnen Sie den prozentualen Rang eines Wertes innerhalb einer Datenmenge.

Aufbau

```
=QUANTILSRANG(<Matrix>;<x>;
<Genauigkeit>)
```

Parameter

Mit <Matrix> übergeben Sie den Datenbereich, für den Sie die Berechnung durchführen möchten.

Mit <x> übergeben Sie den Wert, für den Sie den prozentualen Rang berechnen möchten.

Über den optionalen Parameter <Genauigkeit> legen Sie die Anzahl der Nachkommastellen des gelieferten Ergebnisses fest. Wenn Sie <Genauigkeit> auslassen, wird das Ergebnis mit drei Nachkommastellen angezeigt.

	A	B	C	D	E
1	**QUANTILSRANG**				
2					
3		\<Martrix\>			
4		3	3	4	
5		5	6	7	
6		8	9	12	
7					
8					
9		\<x\>	\<Genauigkeit\>	QUANTILSRANG	*Formel*
10		11	3	0,958	=QUANTILSRANG(B4:D6;B10;C10)
11		11		0,958	=QUANTILSRANG(B4:D6;B11)
12		11	2	0,95	=QUANTILSRANG(B4:D6;B12;C12)
13		peter	2	#WERT!	=QUANTILSRANG(B4:D6;B13;C13)

QUANTILSRANG

Besonderheiten

Wenn Sie mit \<Matrix\> keine Werte übergeben, liefert die Funktion den Fehlerwert #ZAHL!.

Wenn Sie für einen der Parameter \<x\> oder \<Genauigkeit\> einen nicht numerischen Wert übergeben, wird der Fehlerwert #WERT! geliefert.

Wenn Sie für \<Genauigkeit\> einen Wert kleiner als eins übergeben, liefert die Funktion den Fehlerwert #ZAHL!.

Befinden sich im übergebenen Bereich Zellen, in denen keine Zahlen enthalten sind, werden diese ignoriert.

Wenn \<x\> größer als das Maximum von \<Matrix\> ist, liefert die Funktion den Fehlerwert \<#NV.

QUARTILE

Mit der Funktion QUARTILE berechnen Sie ein Quartil einer Datenmenge. Ein Quartil ist ein Wertebereich, in dem alle Werte kleiner oder gleich groß sind.

Aufbau

=QUARTILE(\<Matrix\>;\<Quartil\>)

Funktions-Assistent
Kategorie:
Statistik

Englischer
Funktionsname
PERCENTRANK

Parameter

Mit <Matrix> übergeben Sie den Datenbereich, für den Sie ein Quartil berechnen möchten.

Über den optionalen Parameter <Quartil> legen Sie fest, welches Quartil Sie berechnen möchten:

Die möglichen Werte für <Quartil>	
<Quartil>	Bedeutung
0 oder nicht angegeben	den kleinsten Wert
1	das untere Quartil (25 %-Quantil)
2	den Median (50 %-Quantil)
3	das obere Quartil (75 %-Quantil)
4	den größten Wert

Jeder andere Wert für <Quartil> führt zum Fehlwert #ZAHL!.

Funktions-Assistent
Kategorie:
Statistik

Englischer Funktionsname
QUARTILE

	A	B	C	D	E
1	QUARTILE				
2					
3	<Martrix>				
4		-2	3	4	
5		5	6	7	
6		8	9	12	
7					
8					
9		<Quartil>	QUARTILE	*Formel*	
10		3	8	=QUARTILE(B4:D6;B10)	
11			-2	=QUARTILE(B4:D6;B11)	
12		3,5	8	=QUARTILE(B4:D6;B12)	
13		5	#ZAHL!	=QUARTILE(B4:D6;B13)	
14		Peter	#WERT!	=QUARTILE(B4:D6;B14)	
15					

QUARTILE

Besonderheiten

Wenn Sie <Matrix> keine Werte oder mehr als 8191 Werte übergeben, liefert die Funktion den Fehlerwert #ZAHL!.

Befinden sich im übergebenen Bereich Zellen, in denen keine Zahlen enthalten sind, werden diese ignoriert.

Nachkommastellen werden bei <Quartil> abgeschnitten.

Wenn Sie <Quartil> einen nicht numerischen Inhalt übergeben, wird der Fehlerwert #WERT! geliefert.

RANG

Mit der Funktion RANG berechnen Sie den Rang eines Wertes innerhalb einer Datenmenge.

Aufbau

`=RANG(<Zahl>;<Bezug>;<Reihenfolge>)`

Parameter

Mit <Zahl> übergeben Sie den Wert, für den Sie den Rang berechnen möchten.

<Bezug> legt den Bereich mit Werten fest, innerhalb dessen Sie den Rang von <Zahl> ermitteln möchten.

Über den optionalen Parameter <Reihenfolge> legen Sie fest, wie der Rang berechnet werden soll.

➡ Wenn Sie mit <Reihenfolge> den Wert null übergeben oder den Parameter auslassen, besitzt die größte Zahl innerhalb von <Bezug> den Rang eins.

➡ Wenn Sie mit <Reihenfolge> den Wert eins übergeben, besitzt die kleinste Zahl innerhalb von <Bezug> den Rang eins.

	A	B	C	D	E	F	G
1	**RANG**						
2							
3	<Bezug>						
4		-2		<Zahl>	<Reihenfolge>	RANG	*Formel*
5		3		3	1	2	=RANG(D5;B4:B12;E5)
6		4		3		8	=RANG(D6;B4:B12)
7		5		3		8	=RANG(D7;B4:B12;E7)
8		6		-4	1	#NV	=RANG(D8;B4:B12;E8)
9		7		Peter		#WERT!	=RANG(D9;B4:B12)
10		8					
11		9					
12		12					
13							

RANG

Besonderheiten

Wenn der mit <Zahl> übergebene Werte nicht in <Bezug> enthalten ist, liefert die Funktion den Fehlerwert #NV.

Wenn Sie einen nicht numerischen Inhalt übergeben, wird der Fehlerwert #WERT! geliefert.

Wenn ein Rang innerhalb von <Bezug> mehrfach auftritt, verschieben sich die folgenden Ränge entsprechend.

SCHÄTZER

Mit der Funktion SCHÄTZER schätzen Sie den y-Wert für einen übergebenen x-Wert innerhalb eines linearen Trends. Dabei geben Sie bekannte x- und y-Werte an.

Aufbau

=SCHÄTZER(<x>;<Y_Werte>;<X_Werte>)

Parameter

Mit <x> übergeben Sie den Wert, für den Sie den x-Wert innerhalb des linearen Trends schätzen möchten.

<Y_Werte> legt den Bereich mit bekannten y-Werten des linearen Trends fest.

Mit <X_Werte> übergeben Sie die bekannten x-Werte des linearen Trends.

	A	B	C	D	E	F	G	H
1	**SCHÄTZER**							
2								
3		<X_Werte>		<Y_Werte>				
4		-2		-1				
5		3		9				
6		4		11				
7		5		13				
8		6		15				
9		7		17				
10		8		19				
11		9		21				
12		12		27				
13								
14								
15		<x>		SCHÄTZER	*Formel*			
16		10		23	=SCHÄTZER(B16;D4:D12;B4:B12)			
17		15		33	=SCHÄTZER(B17;D4:D12;B4:B12)			
18		Peter		#WERT!	=SCHÄTZER(B18;D4:D12;B4:B12)			
19								

Funktions-Assistent
Kategorie: Statistik

Englischer Funktionsname
FORECAST

SCHÄTZER

Besonderheiten

Wenn Sie mit <x> einen nicht numerischen Inhalt übergeben, wird der Fehlerwert #WERT! geliefert.

Wenn die beiden mit <Y_Werte> und <X_Werte> übergebenen Bereiche eine unterschiedliche Anzahl von Elementen besitzen, liefert die Funktion den Fehlerwert #NV.

Wenn alle mit <X_Werte> übergebenen Werte gleich sind, liefert die Funktion den Fehlerwert #DIV/0!.

SCHIEFE

Mit der Funktion SCHIEFE berechnen Sie die Schiefe einer Verteilung.

Aufbau

=SCHIEFE(<Zahl1>;<Zahl2>...<Zahl30>)

Parameter

Mit <Zahl1> bis <Zahl30> übergeben Sie bis zu 30 Elemente, Zellen oder Zellbereiche, für die Sie die Berechnung durchführen möchten. Sie müssen der Funktion mindestens ein Element übergeben, die Parameter <Zahl2> bis <Zahl30> sind also optional.

Funktions-Assistent
Kategorie: Statistik

Englischer Funktionsname
SKEW

	A	B	C	D	E	F
1	**SCHIEFE**					
2						
3	<Zahl1>	<Zahl2>	<Zahl3>	Ergebnis	*Formel*	
4	2	3	2	1,73205	=SCHIEFE(A4;B4;C4)	
5	2	3	-4	-1,5971	=SCHIEFE(A5;B5;C5)	
6	2	3		#DIV/0!	=SCHIEFE(A6;B6;C6)	
7	2	3	-4	-1,5971	=SCHIEFE(A7;B7;C7)	
8	3	7	Karl	#DIV/0!	=SCHIEFE(A8;B8;C8)	

SCHIEFE

Besonderheiten

Die Funktion wertet alle Zahlen, Wahrheitswerte und Datumsangaben als Zahlen. Textwerte werden als Nullwerte interpretiert. Auch Zahlen in Textform werden als Zahlen gezählt – allerdings nur, wenn sie der Funktion direkt übergeben werden.

Wenn alle übergebenen Parameter in der Summe weniger als drei numerische Elemente besitzen, liefert die Funktion den Fehlerwert #DIV/0!.

STABW, STABWN, STABWA und STABWNA

Mit den Funktionen STABW, STABWN, STABWA und STABWNA berechnen Sie die Standardabweichung einer Datengruppe.

➡ STABW berechnet die Standardabweichung ausgehend von einer Stichprobe.

➡ STABWN berechnet die Standardabweichung ausgehend von einer übergebenen Grundgesamtheit.

➡ STABWA berechnet die Standardabweichung ausgehend von einer Stichprobe. Dabei werden übergebene Textinhalte als Nullwerte interpretiert.

➡ STABWNA berechnet die Standardabweichung ausgehend von einer übergebenen Grundgesamtheit. Dabei werden übergebene Textinhalte als Nullwerte interpretiert.

Aufbau

=STABW(<Zahl1>;<Zahl2>...<Zahl30>)

=STABWN(<Zahl1>;<Zahl2>...<Zahl30>)

=STABWA(<Zahl1>;<Zahl2>...<Zahl30>)

=STABWNA(<Zahl1>;<Zahl2>...<Zahl30>)

Parameter

Mit <Zahl1> bis <Zahl30> übergeben Sie bis zu 30 Elemente, Zellen oder Zellbereiche für die Sie die Standardabweichung berechnen möchten. Sie müssen den Funktionen mindestens ein Element übergeben, <Zahl2> bis <Zahl30> sind also optional.

Besonderheiten

Die Funktionen werten alle Zahlen, Wahrheitswerte und Datumsangaben als Zahlen. Textwerte werden von den beiden Funktionen STABWA und STABWNA als null interpretiert. Zahlen in Textform werden von allen vier Funktionen als Zahlen gezählt, allerdings nur, wenn sie der Funktion direkt übergeben werden.

	A	B	C	D	E	F
1	**STABW, STABWN, STABWA und STABWNA**					
2						
3	<Zahl1>	<Zahl2>	<Zahl3>	Ergebnis	*Formel*	
4	2	3	Victor	0,70711	=STABW(A4;B4;C4)	
5	2	3		0,70711	=STABW(A5;B5)	
6	2	3	Victor	0,5	=STABWN(A6;B6;C6)	
7	2	3		0,5	=STABWN(A7;B7)	
8	2	3	Victor	1,52753	=STABWA(A8;B8;C8)	
9	2	3		0,70711	=STABWA(A9;B9)	
10	2	3	Victor	1,24722	=STABWNA(A10;B10;C10)	
11	2	3		0,5	=STABWNA(A11;B11)	
12						

Funktions-Assistent
Kategorie:
Statistik

Englischer Funktionsname
STDEV
STDEVP
STDEVA
STDEVPA

STABW, STABWN, STABWA und STABWNA

STANDARDISIERUNG

Mit der Funktion STANDARDISIERUNG berechnen Sie den standardisierten Wert eines übergebenen Wertes einer Verteilung. Sie charakterisieren die Verteilung durch die Angabe von Mittelwert und Standardabweichung

Aufbau

=STANDARDISIERUNG(<x>;<Mittelwert>;
<Standabwn>)

Parameter

Mit <x> übergeben Sie den Wert, für den Sie den standardisierten Wert berechnen möchten.

Mit dem optionalen Parameter <Mittelwert> übergeben Sie den Mittelwert der Verteilung. Wenn Sie Mittelwert nicht oder mit einer Leerzelle übergeben, rechnet die Funktion mit einem Mittelwert von null.

Mit <Standabwn> übergeben Sie die Standardabweichung der Verteilung.

	A	B	C	D	E
1	STANDARDISIERUNG				
2					
3	<x>	<Mittelwert>	<Standabwn>	STANDARSISIERUNG	Formel
4	7	2	1,5	3,333333333	=STANDARDISIERUNG(A4;B4;C4)
5	7,5	2	1	5,5	=STANDARDISIERUNG(A5;B5;C5)
6	7	2	2	2,5	=STANDARDISIERUNG(A6;B6;C6)
7	-2	2		-1	=STANDARDISIERUNG(A7;B7;C7)
8	-2	10	-2	#ZAHL!	=STANDARDISIERUNG(A8;B8;C8)
9	Peter	10		#WERT!	=STANDARDISIERUNG(A9;B9;C9)
10					

Funktions-Assistent

Kategorie:
Statistik

Englischer Funktionsname

STANDARDIZE

STANDARDISIERUNG

Besonderheiten

Wenn Sie für einen der Parameter einen nicht numerischen Wert übergeben, wird der Fehlerwert #WERT! geliefert.

Wenn Sie für <Standabwn> einen Wert kleiner oder gleich null übergeben, liefert die Funktion den Fehlerwert #ZAHL!.

STANDNORMINV

Mit der Funktion STANDNORMINV berechnen Sie die Quantile einer Standardnormalverteilung.

Aufbau

=STANDNORMINV(<Wahrsch>)

Parameter

<Wahrsch> legt die Wahrscheinlichkeit der Standardnormalverteilung fest.

Besonderheiten

Wenn Sie für einen der Parameter einen nicht numerischen Wert übergeben, wird der Fehlerwert #WERT! geliefert.

Wenn Sie für <Wahrsch> einen Wert größer als eins oder kleiner als null übergeben, liefert die Funktion den Fehlerwert #ZAHL!.

Funktions-Assistent
Kategorie:
Statistik

Englischer Funktionsname
NORMSINV

	A	B	C	D
1	**STANDNORMINV**			
2				
3	<Wahrsch>	STANDNORMINV	*Formel*	
4	0,23	-0,738846849	=STANDNORMINV(A4)	
5	0,88	1,174986792	=STANDNORMINV(A5)	
6	0,5	-1,39214E-16	=STANDNORMINV(A6)	
7	0,5	-1,39214E-16	=STANDNORMINV(A7)	
8	1,3	#ZAHL!	=STANDNORMINV(A8)	
9	Peter	#WERT!	=STANDNORMINV(A9)	
10				
11				

STANDNORMINV

STANDNORMVERT

Mit der Funktion STANDNORMVERT berechnen Sie die Wahrscheinlichkeit eines bestimmten Wertes der Verteilungsfunktion einer standardnormal verteilten Zufallsvariablen.

Aufbau

=STANDNORMVERT(<z>)

Parameter

Mit <z> übergeben Sie den Wert, für den Sie die Wahrscheinlichkeit berechnen möchten.

Besonderheiten

Wenn Sie für <z> einen nicht numerischen Wert übergeben, wird der Fehlerwert #WERT! geliefert.

	A	B	C	D
1	**STANDNORMVERT**			
2				
3	<z>	STANDNORMVERT	*Formel*	
4	7	1	=STANDNORMVERT(A4)	
5	-2	0,022750132	=STANDNORMVERT(A5)	
6	0,65	0,742153889	=STANDNORMVERT(A6)	
7	Peter	#WERT!	=STANDNORMVERT(A7)	
8				

Funktions-Assistent
Kategorie:
Statistik

Englischer
Funktionsname
NORMSDIST

STANDNORMVERT

STEIGUNG und STFEHLERYX

Mit den Funktionen STEIGUNG und STFEHLERYX berechnen Sie die Steigung und den Standardfehler einer Regressionsgeraden. Die Regressionsgerade wird anhand der übergebenen x- und y-Werte berechnet.

Aufbau

=STEIGUNG(<Y_Werte>;<X_Werte>)

=STFELERXY(<Y_Werte>;<X_Werte>)

Parameter

<X_Werte> ist der Bereich, in dem sich die x-Werte der zu berechnenden Regressionsgeraden befinden.

Mit <Y_Werte> übergeben Sie den Bereich mit den dazugehörigen y-Werten.

Besonderheiten

Befinden sich in den übergebenen Bereichen Zellen, in denen keine Zahlen enthalten sind, werden diese ignoriert.

Wenn Sie mit <X_Werte> und <Y_Werte> Bereiche mit einer unterschiedlichen Größe übergeben, liefern die Funktionen den Fehlerwert #NV.

Anstelle eines Bezuges auf einen Zellbereich können Sie den Funktionen die Bereiche auch in geschweiften Klammern übergeben. Dabei trennen Sie die einzelnen Elemente über Punkte und die einzelnen Zeilen über Semikolons.

Funktions-Assistent		
Kategorie: **Statistik**		
Englischer Funktionsname		
SLOPE STEYX		

	A	B	C	D	E	F	G
1	**STEIGUNG und STFEHLERYX**						
2							
3		<X_Werte>		<Y_Werte>			
4		-2		4			
5		3		7			
6		4		11			
7		5		17			
8		6		22			
9		7		34			
10		8		47			
11		9		59			
12		12		80			
13							
14			Formel				
15		5,922473868	=STEIGUNG(D4:D12;B4:B12)				
16		1,792247043	=STFEHLERYX(B4:B12;D4:D12)				

STEIGUNG und STFEHLERYX

SUMQUADABW

Mit der Funktion SUMQUADABW berechnen Sie die Summe der quadrierten Abweichungen vom Mittelwert einer Datenmenge.

Aufbau

```
=SUMQUADABW(<Zahl1>;
  <Zahl2>...<Zahl30>)
```

Parameter

Mit <Zahl1> bis <Zahl30> übergeben Sie bis zu 30 Elemente, Zellen oder Zellbereiche, für die Sie die Berechnung durchführen möchten. Sie müssen der Funktion mindestens ein Element übergeben, <Zahl2> bis <Zahl30> sind also optional.

	A	B	C	D	E	F
1	**SUMQUADABW**					
2						
3	<Zahl1>	<Zahl2>	<Zahl3>	SUMQUADABW	*Formel*	
4	2	3	4	2	=SUMQUADABW(A4;B4;C4)	
5	2,8	7	6,2	9,946666667	=SUMQUADABW(A5;B5;C5)	
6	2	3		0,5	=SUMQUADABW(A6;B6;C6)	
7	2	2	0	2,666666667	=SUMQUADABW(A7;B7;C7)	
8	2	3	Victor	0,5	=SUMQUADABW(A8;B8;C8)	
9						
10						

Funktions-Assistent
Kategorie: Statistik
Englischer Funktionsname
DEVSQ

SUMQUADABW

Besonderheiten

Die Funktion wertet alle Zahlen, Wahrheitswerte und Datumsangaben als Zahlen. Auch Zahlen in Textform werden als Zahlen gezählt, allerdings nur, wenn sie der Funktion direkt übergeben werden.

TINV

Mit der Funktion TINV berechnen Sie den T-Wert einer T-Verteilung.

Aufbau

`=TINV(<Wahrsch>;<Freiheitsgrade>)`

Parameter

<Wahrsch> legt die Wahrscheinlichkeit der T-Verteilung fest.

Mit <Freiheitsgrade> übergeben Sie die Anzahl der Freiheitsgrade der T-Verteilung.

Besonderheiten

Wenn Sie für einen der Parameter einen nicht numerischen Wert übergeben, wird der Fehlerwert #WERT! geliefert.

Wenn Sie für <Wahrsch> einen Wert größer als eins oder kleiner als null übergeben, liefert die Funktion den Fehlerwert #ZAHL!.

Dezimalstellen werden beim Parameter <Freiheitsgrade> abgeschnitten.

Wenn Sie für < Freiheitsgrade> einen Wert kleiner als eins übergeben, liefert die Funktion den Fehlerwert #ZAHL!.

Funktions-Assistent
Kategorie:
Statistik

Englischer Funktionsname
TINV

	A	B	C	D	E
1	**TINV**				
2					
3	<Wahrsch>	<Freiheitsgrade>	TINV	Formel	
4	0,23	1	2,6464232	=TINV(A4;B4)	
5	0,23	3	1,5024358	=TINV(A5;B5)	
6	0,23	0	#ZAHL!	=TINV(A6;B6)	
7	0,5		#ZAHL!	=TINV(A7;B7)	
8	1,3	3	#ZAHL!	=TINV(A8;B8)	
9	Peter		#WERT!	=TINV(A9;B9)	
10					

TINV

TREND und VARIATION

➡ TREND und VARIATION sind Matrixfunktionen, mit denen Werte für einen linearen oder exponentiellen Trend berechnet werden. Sie übergeben die bekannten x-Werte und y-Werte und die neuen x-Werte. Als Ergebnis liefert die Funktion eine Matrix mit den zu den neuen x-Werten gehörenden y-Werten.

➡ TREND liefert die Werte für einen linearen Trend.

➡ VARIATIONEN liefert die Werte für einen exponentiellen Trend.

Aufbau

=TREND(<Y_Werte>;<X_Werte>;
  <Neue_x_Werte>;<Konstante>)

```
=VARIATION(<Y_Werte>;<X_Werte>;
<Neue_x_Werte>;<Konstante>)
```

Parameter

Mit <Y_Werte> übergeben Sie den Bereich, in dem sich die bekannten y-Werte befinden.

Mit dem optionalen Parameter <X_Werte> übergeben Sie den Bereich, in dem sich die bekannten x-Werte befinden. Wenn Sie <X_Werte> nicht angeben, wird mit der Zahlenreihe 1,2,3 usw. gerechnet.

Dem optionalen Parameter <Neue_x_Werte> übergeben Sie den Bereich, in dem sich die neuen x-Werte befinden, für die Sie die dazugehörigen y-Werte berechnen möchten. Wenn Sie <Neue_x_Werte> nicht angeben, wird mit den Zahlen aus <X_Werte> gerechnet.

Mit dem optionalen Parameter <Konstante> legen Sie durch einen FALSCH-Wert fest, dass die mathematische Konstante „b" für die Berechnung gleich null ist. Ein WAHR-Wert für <Konstante> oder ein Weglassen führen zu einer normalen Berechnung der mathematischen Konstante „b".

Besonderheiten

Sie müssen die Funktionen TREND und VARIATION als Matrixfunktion einsetzen. Markieren Sie dazu vor der Eingabe einen Bereich, der exakt der Größe von <Neue_x_Werte> entspricht. Nach der Eingabe der Funktion bestätigen Sie diese über die Tastenkombination [Strg][⇧][↵], um den kompletten markierten Bereich als Matrix mit der eingegebenen Funktion zu füllen. Es erscheinen dann untereinander bzw. nebeneinander die neuen y-Werte.

Achten Sie darauf, dass die Markierung dieselbe „Richtung" aufweist wie der Bereich mit den neuen x-Werten.

Wenn die neuen x-Werte untereinander aufgeführt sind, müssen Sie vor der Eingabe der Funktion auch einen vertikalen Vektor markieren.

Wenn der markierte Bereich zu klein ist, wird nur ein Teil der neuen y-Werte geliefert.

Funktions-Assistent
Kategorie: Statistik

Englischer Funktionsname
TREND
GROWTH

	A	B	C	D	E	F	G	H
1	**TREND und VARIATION**							
2								
3		<X_Werte>		<Y_Werte>		<Neue-X-Werte>		
4		-2		4		14		
5		3		7		17		
6		4		11		19		
7		5		17		22		
8		6		22				
9		7		34				
10		8		47				
11		9		59				
12		12		80				
13								
14			*Formel*					
15		79,91811847						
16		97,68554007	=TREND(D4:D12;B4:B12;F4:F7)					
17		109,5304878						
18		127,2979094						
19								
20		159,5411638						
21		333,1290457	=VARIATION(D4:D12;B4:B12;F4:F7)					
22		544,2172842						
23		1136,349894						

TREND und VARIATION

TTEST

Mit der Funktion TTEST berechnen Sie die Teststatistik eines T-Tests für zwei Matrizen.

Aufbau

```
=TTEST(<Matrix1>;<Matrix2>;
  <Seiten>;<Typ>)
```

Parameter

Mit <Matrix1> und <Matrix2> übergeben Sie die beiden Matrizen für den T-Test.

Über den Parameter <Seiten> legen Sie mit dem Wert eins fest, dass es ein einseitiger Test ist. Ein Wert von zwei definiert einen zweiseitigen Test.

<Typ> legt fest, um was für einen Typ des T-Tests es sich handelt:

Mögliche Werte für <Typ>	
<Typ>	Bedeutung
1	Gepaart
2	Zwei Stichproben, gleiche Varianz (homoskedastisch)
3	Zwei Stichproben, ungleiche Varianz (heteroskedastisch)

	A	B	C	D	E
1	**TTEST**				
2					
3		<Matrix1>			
4		3	3	4	
5		5	6	7	
6		8	9	10	
7					
8		<Matrix2>			
9		3	2	5	
10		5	7	8	
11		7	6	9	
12					
13			*Formel*		
14		0,23568084	=TTEST(B4:D6;B9:D11;1;1)		
15		0,387378813	=TTEST(B4:D6;B9:D11;1;2)		
16		0,774757627	=TTEST(B4:D6;B9:D11;2;2)		

TTEST

Funktions-Assistent
Kategorie:
Statistik

Englischer Funktionsname
TTEST

Besonderheiten

Wenn Sie für einen der Parameter <Seiten> oder <Typ> einen nicht numerischen Wert übergeben, wird der Fehlerwert #WERT! geliefert.

Die Dezimalstellen werden bei den Parametern <Seiten> und <Typ> abgeschnitten.

Wenn Sie für <Seiten> einen anderen Wert als eins oder zwei übergeben, liefert die Funktion den Fehlerwert #ZAHL!.

Wenn Sie für <Typ> den Wert eins übergeben, müssen beide Matrizen dieselbe Anzahl von Elementen besitzen, sonst liefert die Funktion den Fehlerwert #NV.

Die Funktion liefert den Fehlerwert #DIV/0!, wenn einer der beiden übergebenen Bereiche keine Zahl enthält.

Anstelle eines Bezuges auf einen Zellbereich können Sie der Funktion TTEST die Matrizen auch in geschweiften Klammern übergeben. Dabei trennen Sie die einzelnen Elemente über Punkte und die einzelnen Zeilen über Semikolons.

TVERT

Mit der Funktion TVERT berechnen Sie die Wahrscheinlichkeit eines bestimmten Wertes der Verteilungsfunktion einer normal t-verteilten Zufallsvariablen.

Aufbau

=TVERT(<x;<Freiheitsgrade>;<Seiten>)

Parameter

Mit <x> übergeben Sie den Wert, für den Sie die Wahrscheinlichkeit berechnen möchten.

Mit <Freiheitsgrade> übergeben Sie die Anzahl der Freiheitsgrade der T-Verteilung.

Über den Parameter <Seiten> legen Sie mit einer Eins fest, dass es ein einseitiger Test ist. Ein Wert von zwei definiert einen zweiseitigen Test.

Besonderheiten

Wenn Sie für einen der Parameter einen nicht numerischen Wert übergeben, wird der Fehlerwert #WERT! geliefert.

Dezimalstellen werden beim Parameter <Freiheitsgrade> abgeschnitten.

Wenn Sie für < Freiheitsgrade> einen Wert kleiner als eins übergeben, liefert die Funktion den Fehlerwert #ZAHL!.

Wenn Sie für <Seiten> einen anderen Wert als eins oder zwei übergeben, liefert die Funktion den Fehlerwert #ZAHL!.

	A	B	C	D	E	F
1	**TVERT**					
2						
3	<x>	<Freiheitsgrade>	<Seiten>	TVERT	*Formel*	
4	5	2	2	0,0377496	=TVERT(A4;B4;C4)	
5	4	3	1	0,0140042	=TVERT(A5;B5;C5)	
6	5	2	2	0,0377496	=TVERT(A6;B6;C6)	
7	4	3	1	0,0140042	=TVERT(A7;B7;C7)	
8	-12	3	1	#ZAHL!	=TVERT(A8;B8;C8)	
9	Peter			#WERT!	=TVERT(A9;B9;C9)	
10						

TVERT

Funktions-Assistent
Kategorie:
Statistik

Englischer
Funktionsname
TDIST

VARIANZ, VARIANZEN, VARIANZA und VARIANZENA

Mit den Funktionen VARIANZ, VARIANZEN, VARIANZA und VARIANZENA berechnen Sie die Varianz einer Datengruppe.

➡ VARIANZ berechnet die Varianz ausgehend von einer Stichprobe.

➡ VARIANZEN berechnet die Varianz ausgehend von einer übergebenen Grundgesamtheit.

➡ VARIANZA berechnet die Varianz ausgehend von einer Stichprobe. Dabei werden übergebene Textinhalte als Nullwerte interpretiert.

➡ VARIANZENA berechnet die Varianz ausgehend von einer übergebenen Grundgesamtheit. Dabei werden übergebene Textinhalte als Nullwerte interpretiert.

Aufbau

=VARIANZ (<Zahl1>;<Zahl2>...<Zahl30>)

=VARIANZEN (<Zahl1>;
<Zahl2>...<Zahl30>)

=VARIANZA (<Zahl1>;<Zahl2>...<Zahl30>)

=VARIANZENA (<Zahl1>;
<Zahl2>...<Zahl30>)

Parameter

Mit <Zahl1> bis <Zahl30> übergeben Sie bis zu 30 Elemente, Zellen oder Zellbereiche, für die Sie die Varianz berechnen möchten. Sie müssen den Funktionen mindestens ein Element übergeben, <Zahl2> bis <Zahl30> sind also optional.

Funktions-Assistent

Kategorie:
Statistik

Englischer Funktionsname
VAR
VARP
VARA
VARPA

	A	B	C	D	E	F	G
1	VARIANZ, VARIANZEN, VARIANZA und VARIANZENA						
2							
3	<Zahl1>	<Zahl2>	<Zahl3>	Ergebnis	*Formel*		
4	2	3	Victor	0,5	=VARIANZ(A4;B4;C4)		
5	2	3		0,5	=VARIANZ(A5;B5;C5)		
6	2	3	Victor	0,25	=VARIANZEN(A6;B6;C6)		
7	2	3		0,25	=VARIANZEN(A7;B7;C7)		
8	2	3	Victor	2,33333	=VARIANZA(A8;B8;C8)		
9	2	3		0,5	=VARIANZA(A9;B9;C9)		
10	2	3	Victor	1,55556	=VARIANZENA(A10;B10;C10)		
11	2	3		0,25	=VARIANZENA(A11;B11;C11)		

VARIANZ, VARIANZEN, VARIANZA und VARIANZENA

Besonderheiten

Die Funktionen werten alle Zahlen, Wahrheitswerte und Datumsangaben als Zahlen. Textwerte werden von den beiden Funktionen VARIANZA und VARIANZENA als Nullwerte interpretiert. Zahlen in Textform werden von allen vier Funktionen als Zahlen gezählt; allerdings nur, wenn sie der Funktion direkt übergeben werden.

VARIATIONEN

Mit VARIATIONEN berechnen Sie die Anzahl der Möglichkeiten mehrerer Elemente aus einer angegebenen Gesamtmenge von Elementen. Anders als bei der Funktion KOMBINATIONEN wird bei VARIATIONEN die Reihenfolge der Elemente berücksichtigt.

Aufbau

=VARIATIONEN(<n>;<k>)

Parameter

Mit <n> übergeben Sie die Gesamtzahl der Elemente.

Der Parameter <k> legt fest, wie viele Elemente aus der Gesamtzahl <n> kombiniert werden sollen.

	A	B	C	D	E
1	**VARIATIONEN**				
2					
3	<n>	<k>	VARIATIONEN	*Formel*	
4	2	1	2	=VARIATIONEN(A4;B4)	
5	3	2	6	=VARIATIONEN(A5;B5)	
6	10	9	3628800	=VARIATIONEN(A6;B6)	
7	Peter	200	#WERT!	=VARIATIONEN(A7;B7)	
8	30	-3	#ZAHL!	=VARIATIONEN(A8;B8)	
9	2	10	#ZAHL!	=VARIATIONEN(A9;B9)	
10					

VARIATIONEN

Funktions-Assistent
Kategorie:
Statistik

Englischer Funktionsname
PERMUT

Besonderheiten

Wenn Sie der Funktion mit einem der beiden Parameter keine Zahl übergeben, wird der Fehlerwert #WERT! geliefert.

Wenn der übergebene Parameter <k> größer als <n> ist, liefert die Funktion den Fehlerwert #ZAHL!.

Bei zu hohen Werten für <n> und/oder <k> kann es sein, dass die Funktion kein Ergebnis mehr berechnen kann. In solchen Fällen wird ebenfalls der Fehlerwert #ZAHL! ausgegeben.

WAHRSCHBEREICH

Mit der Funktion WAHRSCHBEREICH berechnen Sie die Wahrscheinlichkeit für ein von zwei Werten eingeschlossenes Intervall innerhalb eines Wertebereichs mit dazugehörenden Einzelwahrscheinlichkeiten.

Aufbau

```
=WARSCHBEREICH(<Beob_Werte>;
<Beob_Wahrsch>;<Untergrenze>;
<Obergrenze>)
```

Parameter

Mit <Beob_Werte> übergeben Sie den Wertebereich für die Berechnung.

<Beob_Wahrsch> enthält die zu den einzelnen Werten aus <Beob_Werte> gehörenden Einzelwahrscheinlichkeiten.

Über <Untergrenze> legen Sie die Untergrenze des Wertebereichs fest, für den Sie die Wahrscheinlichkeit ermitteln möchten.

Der optionale Parameter <Obergrenze> legt die Obergrenze des Wertebereichs fest, für den Sie die Wahrscheinlichkeit ermitteln möchten. Wenn Sie <Obergrenze> nicht angeben, wird mit dem in <Untergrenze> angegebenen Wert auch als Obergrenze gerechnet.

Besonderheiten

Die mit <Untergrenze> und <Obergrenze> angegebenen Grenzen werden inklusive interpretiert.

Wenn einer der im Bereich <Beob_Wahrsch> enthaltenen Werte größer als eins oder kleiner als null ist, liefert die Funktion den Fehlerwert #ZAHL!.

Wenn die Summe aller im Bereich <Beob_Wahrsch> enthaltenen Werte ungleich eins ist, liefert die Funktion den Fehlerwert #ZAHL!.

Wenn <Untergrenze> größer als <Obergrenze> ist, liefert die Funktion das Ergebnis null.

Die Funktion liefert den Fehlerwert #NV, wenn in den beiden Bereichen <Beob_Werte> und <Beob_Wahrsch> unterschiedlich viele Werte enthalten sind.

Wenn in einem der beiden Bereiche <Beob_Werte> oder <Beob_Wahrsch> Leerzellen oder nicht numerische Werte enthalten sind, liefert die Funktion den Fehlerwert #ZAHL!.

Wenn Sie für <Untergrenze> oder <Obergrenze> einen Textwert übergeben, liefert die Funktion den Fehlerwert #WERT!.

	A	B	C	D	E	F
1	**WAHRSCHBEREICH**					
2						
3		<Beob_Werte>				
4		2	3	4		
5		5	6	7		
6		8	9	10		
7						
8		<Beob_Wahrsch>				
9		0,1	0,1	0,1		
10		0,1	0,1	0,1		
11		0,1	0,1	0,2		
12						
13			*Formel*			
14		0,4	=WAHRSCHBEREICH(B4:D6;B9:D11;2;5)			
15		1	=WAHRSCHBEREICH(B4:D6;B9:D11;2;10)			
16		0,1	=WAHRSCHBEREICH(B4:D6;B9:D11;5;5)			
17		0,1	=WAHRSCHBEREICH(B4:D6;B9:D11;2)			

Funktions-Assistent
Kategorie: Statistik

Englischer Funktionsname
PROB

WAHRSCHBEREICH

WEIBULL

Mit der Funktion WEIBULL berechnen Sie die Wahrscheinlichkeit eines bestimmten Wertes der Verteilungsfunktion einer weibullverteilten Zufallsvariablen.

Aufbau

```
=WEIBULL(<x>;<Alpha>;<Beta>;
  <kumuliert>)
```

Parameter

<x> ist der Wert, für den Sie die Wahrscheinlichkeit berechnen möchten.

Mit <Alpha> übergeben Sie den Alpha-Parameter der Verteilung.

Mit <Beta> übergeben Sie den Beta-Parameter der Verteilung.

Wenn Sie dem Parameter <Kumuliert> den Wert 1 oder WAHR übergeben, wird die kumulierte Wahrscheinlichkeit berechnet. Wenn Sie <Kumuliert> den Wert null übergeben, wird die exakte Wahrscheinlichkeit berechnet.

	Funktions-Assistent
	Kategorie: Statistik
	Englischer Funktionsname
	WEIBULL

	A	B	C	D	E	F
1	**WEIBULL**					
2						
3	<x>	<Alpha>	<Beta>	<kumuliert>	WEIBULL	*Formel*
4	7	2	7	WAHR	0,6321206	=WEIBULL(A4;B4;C4;D4)
5	10	11	1	WAHR	1	=WEIBULL(A5;B5;C5;D5)
6	7	2	4	FALSCH	0,0409243	=WEIBULL(A6;B6;C6;D6)
7	10	werner	1	WAHR	#WERT!	=WEIBULL(A7;B7;C7;D7)
8	-2	10	12	WAHR	#ZAHL!	=WEIBULL(A8;B8;C8;D8)
9	Peter	10	12	WAHR	#WERT!	=WEIBULL(A9;B9;C9;D9)
10	7	2	4		0,0409243	=WEIBULL(A10;B10;C10;D10)

WEIBULL

Besonderheiten

Wenn Sie für einen der Parameter einen nicht numerischen Wert übergeben, wird der Fehlerwert #WERT! geliefert.

Wenn Sie für <x> einen Wert kleiner als null übergeben, liefert die Funktion den Fehlerwert #ZAHL!.

Wenn Sie für <Alpha> oder <Beta> eine Wert kleiner oder gleich null übergeben, liefert die Funktion den Fehlerwert #ZAHL!.

Jede Zahl außer null, die Sie <Kumuliert> übergeben, wird wie eine 1 behandelt, führt also zur Berechnung der kumulierten Wahrscheinlichkeit.

Text: Alle Funktionen

Mit den Tabellenfunktionen der Kategorie „Text" füh-ren Sie Berechnungen mit den Textinhalten Ihrer Ar-beitsmappen durch oder verändern die Textinhalte Ihrer Tabellen.

Die Beispieldatei aus diesem Kapitel können Sie im Internet abrufen, wenn Sie die Beispiele direkt in Ihrem Excel nachvollziehen möchten. Wählen Sie die folgende Internet-Adresse:

www.computerwissen.de/downloads/excel-lexikon

Rufen Sie dann die folgende Datei ab: Text.xls.

Beschreibung der Textfunktionen

CODE und ZEICHEN

Die Funktion CODE ermittelt den ANSI-Code eines Zeichens und die Funktion ZEICHEN liefert das Zeichen eines übergebenen ANSI-Codes.

Aufbau

=CODE(<Text>)

=ZEICHEN(<Zahl>)

Parameter

<Text> legt das Zeichen fest, dessen ANSI-Code Sie ermitteln möchten. Wenn der mit <Text> übergebene Text aus mehreren Zeichen besteht, wird der ANSI-Code des ersten Zeichens ermittelt.

Mit <Zahl> übergeben Sie den ANSI-Code, dessen Buchstaben oder Zeichen die Funktion ZEICHEN liefern soll.

Funktions-Assistent
Kategorie: Text

Englischer Funktionsname
CODE
CHAR

	A	B	C	D	E
1	**CODE und ZEICHEN**				
2					
3	<Text>	CODE	*Formel*		
4	Peter spielt Doppelkopf	80	=CODE(A4)		
5	13	49	=CODE(A5)		
6	peter spielt Doppelkopf	112	=CODE(A6)		
7		#WERT!	=CODE(A7)		
8	Werner	32	=CODE(A8)		
9					
10	<Zahl>	ZEICHEN	*Formel*		
11	80	P	=ZEICHEN(A11)		
12	49	1	=ZEICHEN(A12)		
13	112	p	=ZEICHEN(A13)		
14	Peter	#WERT!	=ZEICHEN(A14)		
15	256	#WERT!	=ZEICHEN(A15)		

CODE und ZEICHEN

Besonderheiten

Wenn Sie den Funktionen eine Leerzelle übergeben, wird der Fehlerwert #WERT! geliefert.

Wenn Sie der Funktion ZEICHEN einen Text oder einen Wert außerhalb des Wertebereichs 1 bis 255 übergeben, liefert sie den Fehlerwert #WERT!.

DM

Die Funktion DM liefert die übergebene Zahl im Standardwährungsformat (heutzutage normalerweise eine Formatierung mit dem Euro-Zeichen, früher mit dem Textkürzel „DM") Ihres Systems und gibt das Ergebnis als Text aus.

Aufbau

=DM(<Zahl>;<Dezimalstellen>)

Parameter

<Zahl> legt die Zahl fest, die Sie in das Standardwährungsformat Ihres Systems umwandeln möchten.

Mit dem optionalen Parameter <Dezimalstellen> legen Sie die Anzahl der Dezimalstellen der gelieferten Zahl fest. Wenn Sie <Dezimalstellen> nicht übergeben, wird das Ergebnis mit zwei Dezimalstellen ausgegeben.

	A	B	C	D	E
1	**DM**				
2					
3	<Zahl>	<Dezimalstellen>	DM	*Formel*	
4	123		2	123,00 €	=DM(A4;B4)
5	100000			100.000 €	=DM(A5;B5)
6	20500			20.500,00 €	=DM(A6)
7	12345		-2	12.300 €	=DM(A7;B7)
8				0 €	=DM(A7;B7)
9					

DM

Funktions-
Assistent
Kategorie: Text

Englischer
Funktionsname
DOLLAR

Besonderheiten

Wenn Sie dem Parameter <Dezimalstellen> eine Leerzelle übergeben, wird das Ergebnis ohne Dezimalstellen ausgegeben.

Das Ergebnis wird immer mit einem Tausendertrennzeichen geliefert.

Wenn Sie mit <Dezimalstellen> einen negativen Wert übergeben, wird das gelieferte Ergebnis an der entsprechenden Stelle links vom Komma gerundet.

Wenn Sie mit dem Parameter <Zahl> einen Text übergeben, liefert die Funktion den Fehlerwert #WERT!.

Nachkommastellen werden beim Parameter <Dezimalstellen> abgeschnitten.

ERSETZEN

Mit der Funktion ERSETZEN tauschen Sie eine bestimmte Anzahl von Zeichen eines Textes durch einen neuen Text aus.

Aufbau

```
=ERSETZEN(<Alter_Text>;
  <Erstes_Zeichen>;<Anzahl_Zeichen>;
  <Neuer_Text>)
```

Parameter

<Alter_Text> übergibt den Text, in dem Sie eine bestimmte Anzahl von Zeichen ersetzen möchten.

<Erstes_Zeichen> legt fest, an welcher Position innerhalb von <Alter_Text> mit dem Ersetzen begonnen werden soll.

<Anzahl_Zeichen> definiert die Anzahl der Zeichen, die ersetzt werden sollen.

Mit <Neuer_Text> übergeben Sie den neuen Text, der die angegebene Anzahl von Zeichen an der übergebenen Position ersetzen soll.

	A	B	C	D	E	F
1	ERSETZEN					
2						
3	<Alter_Text>	<Erstes_Zeichen>	<Anzahl_Zeichen>	<Neuer_Text>	ERSETZEN	Formel
4	Peter spielt Doppelkopf		7	6	mag	Peter mag Doppelkopf	=ERSETZEN(A4;B4;C4;D4)
5	Wir fahren nach Köln		5	11	waren in	Wir waren in Köln	=ERSETZEN(A5;B5;C5;D5)
6	Heinz		20	6	mag	Heinzmag	=ERSETZEN(A6;B6;C6;D6)
7	Peter spielt Doppelkopf		13	0	e	Peter spielte Doppelkopf	=ERSETZEN(A7;B7;C7;D7)
8	Peter spielt Doppelkopf	w		6	mag	#WERT!	=ERSETZEN(A8;B8;C8;D8)
9						
10						

ERSETZEN

Besonderheiten

Nachkommastellen werden bei den Parametern <Erstes_Zeichen> und <Anzahl_Zeichen> abgeschnitten.

Wenn Sie für <Erstes_Zeichen> oder <Anzahl_Zeichen> einen nicht numerischen Inhalt oder eine negative Zahl übergeben, liefert die Funktion den Fehlerwert #WERT!.

Wenn Sie für <Erstes_Zeichen> eine Leerzelle übergeben, wird ebenfalls der Fehlerwert #WERT! geliefert.

Wenn <Erstes_Zeichen> größer als die Anzahl der Zeichen in <Alter_Text> ist, wird <Neuer-Text> am Ende angehängt.

Wenn Sie mit <Anzahl_Zeichen> den Wert null oder eine Leerzelle übergeben, wird <Neuer-Text> an der entsprechenden Position eingefügt, ohne Text zu ersetzen.

FEST

Formatiert eine Zahl als Text mit einer festen Anzahl von Nachkommastellen.

Aufbau

```
=FEST(<Zahl>;<Dezimalstellen>;
    <Keine_Punkte>)
```

Parameter

<Zahl> ist die Zahl, die Sie runden und in Text umwandeln möchten.

Mit dem optionalen Parameter <Dezimalstellen> legen Sie die Anzahl der Dezimalstellen der gelieferten Zahl fest. Wenn Sie <Dezimalstellen> nicht übergeben, wird das Ergebnis mit zwei Dezimalstellen ausgegeben.

Über den optionalen Parameter <Keine_Punkte> legen Sie mit WAHR oder einer beliebigen anderen Zahl fest, dass das Ergebnis ohne Tausendertrennzeichen geliefert wird. Die Übergabe von FALSCH oder null bzw. ein Auslassen des Parameters führt zu einem Ergebnis mit Tausendertrennzeichen.

Funktions-Assistent

Kategorie: Text

Englischer Funktionsname

FIXED

	A	B	C	D	E
1	**FEST**				
2					
3	<Zahl>	<Dezimalstellen>	<Keine_Punkte>	FEST	*Formel*
4	123	1		123,0	=FEST(A4;B4;C4)
5	100000		WAHR	100000	=FEST(A5;B5;C5)
6	100000			100.000	=FEST(A6;B6;C6)
7	100000		FALSCH	100.000	=FEST(A7;B7;C7)
8	123456	-3		123.000	=FEST(A8;B8;C8)
9	100000			100.000,00	=FEST(A9)
10				0	=FEST(A10;B10;C10)
11	werner			#WERT!	=FEST(A11;B11;C11)
12					

FEST

Besonderheiten

Wenn Sie mit dem Parameter <Zahl> einen Text übergeben, liefert die Funktion den Fehlerwert #WERT!.

Wenn Sie dem Parameter <Dezimalstellen> eine Leerzelle übergeben, wird das Ergebnis ohne Dezimalstellen geliefert.

Wenn Sie mit <Dezimalstellen> einen negativen Wert übergeben, wird das gelieferte Ergebnis an der entsprechenden Stelle links vom Komma gerundet.

Nachkommastellen werden beim Parameter <Dezimalstellen> abgeschnitten.

FINDEN und SUCHEN

Mit den Funktionen FINDEN und SUCHEN ermitteln Sie die Position eines Textteils innerhalb eines Textes. Bei FINDEN wird die Groß- und Kleinschreibung beachtet, bei SUCHEN hingegen nicht.

Aufbau

```
=FINDEN(<Suchtext>;<Text>;
  <Erstes_Zeichen>)

=SUCHEN(<Suchtext>;<Text>;
  <Erstes_Zeichen>)
```

Parameter

<Suchtext> übergibt den Text, dessen Position innerhalb von <Text> Sie ermitteln möchten.

<Text> legt den Text fest, in dem Sie nach der Position von <Suchtext> suchen möchten.

Der optionale Parameter <Erstes_Zeichen> definiert die Position, an der innerhalb von <Text> mit der Suche begonnen werden soll. Wenn Sie <Erstes_Zeichen> nicht übergeben, wird der Wert 1 angenommen.

Besonderheiten

Nachkommastellen werden beim Parameter <Erstes_Zeichen> abgeschnitten.

Als Ergebnis wird immer die Position des ersten Auftretens von <Suchtext> geliefert.

Bei der Funktion SUCHEN können Sie im Parameter <Suchtext> auch Joker (?) und Wildcards (*) einsetzen. Bei der Funktion FINDEN werden ? und * als zu suchende Zeichen interpretiert.

Wenn die gesuchte Zeichenfolge nicht in <Text> enthalten ist, liefert die Funktion den Fehlerwert #WERT!.

Sie können mit den beiden Funktionen auch nach Zahlen oder Ziffern innerhalb von Zahlen suchen.

Wenn Sie für <Erstes_Zeichen> einen nicht numerischen Inhalt oder eine negative Zahl übergeben, liefert die Funktion den Fehlerwert #WERT!.

Wenn Sie für <Erstes_Zeichen> eine Leerzelle oder einen Wert größer als die Anzahl der Zeichen in <Text> übergeben, wird ebenfalls der Fehlerwert #WERT! geliefert.

Funktions-Assistent
Kategorie: Text

Englischer Funktionsname
FIND
SEARCH

	A	B	C	D	E
1	**FINDEN und SUCHEN**				
2					
3	<Suchtext>	<Text>	<Erstes_Zeichen>	Ergebnis	*Formel*
4	spielt	Peter spielt Doppelkopf	1	7	=FINDEN(A4;B4;C4)
5	?pielt	Peter spielt Doppelkopf	1	#WERT!	=FINDEN(A5;B5;C5)
6	sp*lt	Peter spielt Doppelkopf	1	#WERT!	=FINDEN(A6;B6;C6)
7	Spielt	Peter spielt Doppelkopf	1	#WERT!	=FINDEN(A7;B7;C7)
8	e	Peter spielt Doppelkopf	1	2	=FINDEN(A7;B7;C7)
9	spielt	Peter spielt Doppelkopf	1	7	=SUCHEN(A4;B4;C4)
10	?pielt	Peter spielt Doppelkopf	1	7	=SUCHEN(A5;B5;C5)
11	sp*lt	Peter spielt Doppelkopf	1	7	=SUCHEN(A6;B6;C6)
12	Spielt	Peter spielt Doppelkopf	1	7	=SUCHEN(A12;B12;C12)
13	e	Peter spielt Doppelkopf	1	2	=SUCHEN(A7;B7;C7)
14	123	Peter spielt Doppelkopf 123	1	25	=SUCHEN(A8;B8;C8)
15	12	341234	1	3	=SUCHEN(A9;B9;C9)
16	Hans	Peter spielt Doppelkopf	1	#WERT!	=SUCHEN(A10;B10;C10)
17					

FINDEN und SUCHEN

GLÄTTEN und SÄUBERN

Mit GLÄTTEN entfernen Sie überflüssige Zeichen aus dem übergebenen Text. Als überflüssig werden Leerzeichen am Anfang und am Ende sowie mehrfache Leerzeichen im Text angesehen. SÄUBERN entfernt nicht druckbare Zeichen aus einem Text.

Aufbau

=GLÄTTEN(<Text>)

=SÄUBERN(<Text>)

Parameter

<Text> übergibt den Text, aus dem Sie die überflüssigen bzw. nicht druckbaren Zeichen entfernen möchten.

	A	B	C
1	**GLÄTTEN und SÄUBERN**		
2			
3	<Text>	Ergebnis	*Formel*
4	Peter spielt Doppelkopf	Peter spielt Doppelkopf	=GLÄTTEN(A4)
5	13	13	=GLÄTTEN(A5)
6	peter□	peter	=SÄUBERN(A6)
7	123	123	=SÄUBERN(A7)
8			

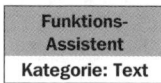

Funktions-Assistent
Kategorie: Text

Englischer Funktionsname
TRIM
CLEAN

GLÄTTEN und SÄUBERN

Besonderheiten

Wenn Sie den Funktionen Zahlen übergeben, werden diese als Text geliefert.

GROSS, GROSS2 und KLEIN

Mit GROSS, GROSS2 und KLEIN wandeln Sie Texte in Groß- bzw. Kleinbuchstaben um.

➡ GROSS wandelt alle Zeichen eines Textes in Großbuchstaben um.

➡ GROSS2 wandelt die ersten Zeichen in jedem Wort eines Textes in Großbuchstaben um.

➡ KLEIN wandelt alle Zeichen eines Textes in Kleinbuchstaben um.

Aufbau

=GROSS(<Text>)

=GROSS2(<Text>)

=KLEIN(<Text>)

Parameter

<Text> übergibt den Text, in dem Sie die Zeichen umwandeln möchten.

Funktions-Assistent
Kategorie: Text

Englischer Funktionsname
UPPER
PROPER
LOWER

	A	B	C
1	**GROSS, KLEIN und GROSS2**		
2			
3	<Text>	Ergebnis	*Formel*
4	Peter spielt Doppelkopf	PETER SPIELT DOPPELKOPF	=GROSS(A4)
5	1234	1234	=GROSS(A5)
6	peter spielt doppelkopf	Peter Spielt Doppelkopf	=GROSS2(A6)
7	1234	1234	=GROSS(A7)
8	Peter spielt Doppelkopf	peter spielt doppelkopf	=KLEIN(A8)
9	1234	1234	=KLEIN(A9)
10			

GROSS, KLEIN und GROSS2

Besonderheiten

Wenn Sie den Funktionen Zahlen übergeben, werden diese als Text ausgegeben.

IDENTISCH

Mit IDENTISCH überprüfen Sie zwei übergebene Texte auf Übereinstimmung. Als Ergebnis liefert die Funktion den Wahrheitswert WAHR bei einer Übereinstimmung oder FALSCH, wenn keine Übereinstimmung vorliegt.

Aufbau

`=IDENTISCH(<Text1>;<Text2>)`

Parameter

Mit <Text1> und <Text2> übergeben Sie die beiden
Texte, die Sie auf Übereinstimmung prüfen möchten.

	A	B	C	D
1	**IDENTISCH**			
2				
3	<Text1>	<Text2>	IDENTISCH	*Formel*
4	Peter spielt	Peter spielt nicht	FALSCH	=IDENTISCH(A4;B4)
5	Peter spielt	Peter spielt	WAHR	=IDENTISCH(A5;B5)
6	123	124	FALSCH	=IDENTISCH(A6;B6)
7	200	200	WAHR	=IDENTISCH(A7;B7)
8	peter	Peter	FALSCH	=IDENTISCH(A8;B8)

IDENTISCH

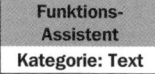

Funktions-
Assistent
Kategorie: Text

Englischer
Funktionsname
EXACT

Besonderheiten

Anstelle der Funktion IDENTISCH können Sie auch
den Operator „=" verwenden. „IDENTISCH(A6;B6)"
ergibt daher das gleiche Resultat wie „A6=B6".

Bei den beiden übergebenen Texten wird auch auf
Groß- und Kleinschreibung geachtet.

LÄNGE

LÄNGE gibt die Anzahl der Zeichen einer Zeichenfolge
zurück. Leerzeichen zählen dabei ebenfalls als Zeichen.

Aufbau

`=LÄNGE(<Text>)`

Parameter

<Text> übergibt den Text, dessen Länge Sie ermitteln
möchten.

Funktions-Assistent
Kategorie: Text

Englischer Funktionsname
LEN

	A	B	C	D
1	**LÄNGE**			
2				
3	<Text>	LÄNGE	*Formel*	
4	Peter spielt Doppelkopf	23	=LÄNGE(A4)	
5	1234	4	=LÄNGE(A5)	
6	3.5.06 12:00	7	=LÄNGE(A6)	
7	23. Dezember 1912	4	=LÄNGE(A7)	
8	12:38	17	=LÄNGE(A8)	
9	1.000,23	7	=LÄNGE(A9)	
10				

LÄNGE

Besonderheiten

Sie können der Funktion auch Zahlen übergeben. Bei Zahlen werden auch das Komma und alle Dezimalstellen gezählt. Tausendertrennzeichen werden allerdings nicht gezählt.

Bei Datumswerten und Uhrzeiten werden die Stellen des zugrunde liegenden Datumswertes gezählt.

LINKS und RECHTS

Mit den Funktionen LINKS und RECHTS ermitteln Sie eine bestimmte Anzahl von Zeichen eines Textes, beginnend von links bzw. rechts.

Aufbau

=LINKS(<Text>;<Anzahl_Zeichen>)

=RECHTS(<Text>;<Anzahl_Zeichen>)

Parameter

<Text> übergibt den Text, von dem Sie eine bestimmte Anzahl Zeichen rechts oder links ermitteln möchten.

<Anzahl_Zeichen> definiert die Anzahl der Zeichen, die isoliert werden soll. Wenn Sie <Anzahl_Zeichen>

nicht übergeben, liefert die Funktion das Zeichen ganz
links oder ganz rechts im übergebenen Text.

	A	B	C	D
1	**LINKS und RECHTS**			
2				
3	<Text>	<Anzahl_Zeichen>	Ergebnis	*Formel*
4	Peter spielt Doppelkopf	4	kopf	=RECHTS(A4;B4)
5	1234	2	34	=RECHTS(A5;B5)
6	Peter	100	Peter	=RECHTS(A6;B6)
7	Peter spielt Doppelkopf	5	Peter	=LINKS(A7;B7)
8	1234	2	12	=LINKS(A8;B8)
9	Peter	100	Peter	=LINKS(A9;B9)
10	Peter	-2	#WERT!	=LINKS(A10;B10)
11				

LINKS und RECHTS

Funktions-Assistent
Kategorie: Text

Englischer Funktionsname
LEFT
RIGHT

Besonderheiten

Nachkommastellen werden beim Parameter <Anzahl_Zeichen> abgeschnitten.

Wenn Sie für <Anzahl_Zeichen> einen nicht numerischen Inhalt oder eine negative Zahl übergeben, liefert die Funktion den Fehlerwert #WERT!.

Wenn <Anzahl_Zeichen> größer als die Anzahl der Zeichen in <Text> ist, wird der komplette Text ausgegeben.

T

Die Funktion T liefert einen übergebenen Text unverändert als Ergebnis. Wenn Sie eine Zahl übergeben, wird ein Leerstring als Ergebnis angezeigt. Die Funktion T ist aus Gründen der Kompatibilität mit anderen Tabellenkalkulationsprogrammen in Excel enthalten.

Aufbau

```
=T(<Wert>)
```

Parameter

<Wert> enthält den Inhalt, den Sie der Funktion über-geben möchten.

	Funktions-Assistent
	Kategorie: Text

	Englischer Funktionsname
	T

	A	B	C	D
1	**T**			
2				
3	<Wert>	T	*Formel*	
4	Peter spielt Doppelkopf	Peter spielt Doppelkopf	=T(A4)	
5	1234		=T(A5)	
6	#WERT!	#WERT!	=T(A6)	
7	#NV	#NV	=T(A7)	
8	12.03.2004		=T(A8)	

T

Besonderheiten

Wenn Sie der Funktion T einen Fehlerwert übergeben, wird dieser Fehlerwert als Ergebnis geliefert.

TEIL

Mit der Funktion TEIL ermitteln Sie eine bestimmte Anzahl von Zeichen eines Textes, beginnend an der angegebenen Position.

Aufbau

```
=TEIL(<Text>;<Erstes_Zeichen>;
<Anzahl_Zeichen>)
```

Parameter

<Text> übergibt den Text, in dem Sie eine bestimmte Anzahl von Zeichen ermitteln möchten.

Mit <Erstes_Zeichen> geben Sie die Position innerhalb von <Text> an, mit der die Lieferung der Zeichen be-gonnen werden soll.

<Anzahl_Zeichen> definiert die Anzahl der Zeichen, die geliefert werden soll.

	A	B	C	D	E
1	**TEIL**				
2					
3	<Text>	<Erstes_Zeichen>	<Anzahl_Zeichen>	TEIL	*Formel*
4	Peter spielt Doppelkopf		1	4	Pete	=TEIL(A4;B4;C4)
5	Peter spielt Doppelkopf		1	2	Pe	=TEIL(A5;B5;C5)
6	Peter spielt Doppelkopf		1	100	Peter spielt Doppelkopf	=TEIL(A6;B6;C6)
7	Peter spielt Doppelkopf		50	5		=TEIL(A7;B7;C7)
8	Peter spielt Doppelkopf		3	100	ter spielt Doppelkopf	=TEIL(A8;B8;C8)
9	Peter spielt Doppelkopf			-2	#WERT!	=TEIL(A9;B9;C9)
10	Peter spielt Doppelkopf			3	#WERT!	=TEIL(A10;B10;C10)

Funktions-Assistent

Kategorie: Text

Englischer Funktionsname

MID

TEIL

Besonderheiten

Nachkommastellen werden bei den Parametern <Erstes_Zeichen> und <Anzahl_Zeichen> abgeschnitten.

Wenn Sie für <Erstes_Zeichen> oder <Anzahl_Zeichen> einen nicht numerischen Inhalt oder eine negative Zahl übergeben, liefert die Funktion den Fehlerwert #WERT!.

Wenn <Anzahl_Zeichen> größer als die Anzahl der Zeichen ab der angegebenen Position ist, wird der komplette Text ab der angegebenen Position geliefert.

Wenn <Erstes_Zeichen> größer als die Anzahl der Zeichen von <Text> ist, wird ein Leerstring geliefert.

TEXT

Mit der Funktion TEXT wandeln Sie einen übergebenen Wert in einen Text um. Dabei können Sie den Wert mit einem beliebigen Zahlenformat formatieren.

Aufbau

=TEXT(<Wert>;<Textformat>)

Parameter

<Wert> übergibt den Wert, den Sie in eine Zahl in Textform umwandeln und formatieren möchten.

Mit <Textformat> übergeben Sie das Zahlenformat, mit dem der übergebene Wert formatiert werden soll. Sie können mit diesem Parameter jedes Zahlenformat übergeben, das Sie auch als benutzerdefiniertes Zahlenformat über den Menübefehl „Format – Zellen – Zahl" formatieren können.

Funktions-Assistent

Kategorie: Text

Englischer Funktionsname

TEXT

	A	B	C	D	E
1	**TEXT**				
2					
3	<Wert>	<Textformat>	TEXT	*Formel*	
4	36589	TT.MM.JJJJ	04.03.2000	=TEXT(A4;B4)	
5	36589	TT.MM.JJJJ	04.03.2000	=TEXT(A5;"TT.MM.JJJJ")	
6	36589	0.000	36.589	=TEXT(A6;B6)	
7	36589	0.000 "Stück"	36.589 Stück	=TEXT(A7;B7)	
8	0,5	hh:mm:ss	12:00:00	=TEXT(A8;B8)	
9	0,5	# ?/?	1/2	=TEXT(A9;B9)	
10	12	abab	a43a43	=TEXT(A10;B10)	
11	-14	0,00;-0,00;0	-14,00	=TEXT(A11;B11)	
12	0	0,00;-0,00;0	0	=TEXT(A12;B12)	
13					

TEXT

Besonderheiten

Wenn Sie den Parameter <Textformat> direkt an die Funktion übergeben, müssen Sie ihn in Anführungsstriche setzen.

Wenn Sie mit dem Parameter <Textformat> ein ungültiges Zahlenformat übergeben, wird der Inhalt des Parameters <Textformat> als Ergebnis der Funktion geliefert.

Wenn Sie mit dem Parameter <Wert> einen Text übergeben, erscheint dieser Text als Ergebnis der Funktion.

Der Unterschied zwischen der Funktion TEXT und einem „normalen" Formatieren des Zahlenformats besteht darin, dass bei der Funktion TEXT der angezeigte Inhalt auch tatsächlich in der Zelle enthalten ist, während eine Zelle beim Formatieren mit einem Zahlenformat immer noch die ursprüngliche Zahl als Inhalt besitzt.

Wenn Sie Zahlenformate mit eingebundenen Farben übergeben, werden diese Farben ignoriert.

VERKETTEN

Mit der Funktion VERKETTEN verbinden Sie mehrere Textteile zu einem zusammenhängenden Text.

Aufbau

=VERKETTEN(<Text1>;
 <Text2>...<Text30>)

Parameter

Mit <Text1> bis <Text30> übergeben Sie bis zu 30 Elemente oder einzelne Zellen, die Sie zu einem Text verketten möchten. Sie müssen der Funktion mindestens ein Element übergeben, <Text2> bis <Text30> sind also optional.

	A	B	C	D	E
1	**VERKETTEN**				
2					
3	<Text1>	<Text2>	<Text3>	VERKETTEN	*Formel*
4	Peter	raucht	nicht	Peterrauchtnicht	=VERKETTEN(A4;B4;C4)
5	Peter	raucht	nicht	Peter raucht nicht	=VERKETTEN(A5;" ";B5;" ";C5)
6	Peter	raucht	nicht	#WERT!	=VERKETTEN(A6:C6)
7	25	Stühle	pro Verein	25 Stühle pro Verein	=VERKETTEN(A7;" ";B7;" ";C7)
8					

VERKETTEN

Funktions-Assistent
Kategorie: Text

Englischer Funktionsname
CONCATENATE

Besonderheiten

Anstelle der Funktion VERKETTEN können Sie auch den Operator „&" einsetzen.

Sie können der Funktion als Parameter keine Zellbereiche übergeben, sondern müssen jede Zelle eines Bereichs einzeln übermitteln.

Jeden Text, den Sie der Funktion direkt übergeben, müssen Sie in Anführungszeichen setzen.

WECHSELN

Mit der Funktion WECHSELN ersetzen Sie einen bestimmten Textteil innerhalb eines Textes durch einen neuen Text.

Aufbau

`=WECHSELN(<Text>;<Alter_Text>;`
`<Neuer_Text>;<Ntes_Auftreten>)`

Parameter

Mit <Text> übergeben Sie den Text, in dem Sie einen bestimmten Textteil ersetzen möchten.

<Alter_Text> übergibt den Text, den Sie innerhalb von <Text> durch <Neuer_Text> ersetzen möchten.

Über <Neuer_Text> legen Sie den Text fest, mit dem <Alter_Text> ersetzt werden soll.

Mit dem optionalen Parameter <Ntes_Auftreten> legen Sie fest, das wievielte Auftreten von <Alter_Text> Sie durch <Neuer_Text> ersetzen möchten. Wenn Sie <Ntes_Auftreten> nicht oder als Leerzelle angeben, wird jedes Auftreten ersetzt.

Funktions-Assistent
Kategorie: Text

Englischer Funktionsname
SUBSTITUTE

	A	B	C	D	E	F
1	**WECHSELN**					
2						
3	<Text>	<Alter_Text>	<Neuer_Text>	<Ntes_Auftreten>	WECHSELN	Formel
4	Peter spielt Doppelkopf	spielt	mag		Peter mag Doppelkopf	=WECHSELN(A4;B4;C4)
5	5 + 5 = 10		5	3	3 + 3 = 10	=WECHSELN(A5;B5;C5)
6	5 + 5 = 10		5	3	2	5 + 3 = 10	=WECHSELN(A6;B6;C6;D6)
7	5 + 5 = 10		5	3	1	3 + 5 = 10	=WECHSELN(A7;B7;C7;D7)
8						

WECHSELN

Besonderheiten

Wenn <Alter_Text> in <Text> nicht enthalten ist, wird als Ergebnis der unveränderte Inhalt von <Text> geliefert.

WERT

Die Funktion WERT wandelt eine als Text übergebene Zahl in eine Zahl um. Die Funktion ist aus Gründen der Kompatibilität mit anderen Tabellenkalkulationsprogrammen in Excel enthalten. Sie ist aber auch beim Umwandeln von importierten Daten hilfreich.

Aufbau

=WERT(<Text>)

Parameter

Mit <Text> übergeben Sie die Zahl in Textform, die Sie in eine Zahl umwandeln möchten.

	A	B	C	D
1	**WERT**			
2				
3	<Text>	WERT	*Formel*	
4	123	123	=WERT(A4)	
5	12.04.2005	38454	=WERT(A5)	
6	15:00	0,625	=WERT(A6)	
7		2000	=WERT("2000 €")	

WERT

Funktions-Assistent
Kategorie: Text

Englischer Funktionsname
VALUE

Besonderheiten

Wenn Sie der Funktion einen Datumswert oder eine Uhrzeit übergeben, wird der zugrunde liegende Datumswert oder Zeitwert als Ergebnis in Zahlenform geliefert.

Wenn Sie der Funktion eine Zahl übergeben, wird diese Zahl als Ergebnis geliefert.

In der Regel ist es nicht erforderlich, die Funktion WERT innerhalb einer Formel zu verwenden, da Excel Text bei Bedarf automatisch in Zahlen umwandelt.

WIEDERHOLEN

Die Funktion WIEDERHOLEN wiederholt einen Text so oft wie angegeben.

Aufbau

`=WIEDERHOLEN(<Text>;<Multiplikator>)`

Parameter

Mit <Text> übergeben Sie den Inhalt, aus dem Sie durch die mit <Multiplikator> angegebene Anzahl von Wiederholungen einen Text erzeugen möchten.

<Multiplikator> legt fest, wie oft die Funktion <Text> wiederholen soll.

	Funktions-Assistent
	Kategorie: Text

	Englischer Funktionsname
	REPT

	A	B	C	D
1	**WIEDERHOLEN**			
2				
3	<Text>	<Multiplikator>	WIEDERHOLEN	*Formel*
4	Peter	3	PeterPeterPeter	=WIEDERHOLEN(A4;B4)
5	Peter			=WIEDERHOLEN(A5;B5)
6	12	4	12121212	=WIEDERHOLEN(A6;B6)
7	12	-1	#WERT!	=WIEDERHOLEN(A7;B7)
8				

WIEDERHOLEN

Besonderheiten

Nachkommastellen werden beim Parameter <Multiplikator> abgeschnitten.

Wenn Sie mit <Multiplikator> eine Leerzelle oder den Wert null übergeben, wird als Ergebnis eine leere Zeichenfolge geliefert.

Wenn Sie mit <Multiplikator> eine negative Zahl übergeben, wird der Fehlerwert #WERT! ausgegeben.

Sie können der Funktion WIEDERHOLEN auch Zahlen übergeben. Als Ergebnis wird aber in jedem Fall ein Text geliefert.

Funktionen kombinieren

Es ist oft schwierig, einzelne Formeln zu einer großen, umfassenden „Mega-Formel" zusammenzubauen. Sehr unübersichtlich wird vor allem das korrekte Setzen von Klammern und Trennzeichen. Dieses Kapitel zeigt Ihnen, wie Sie „Mega-Formeln" schrittweise aufbauen, ohne Fehlermeldungen zu erhalten.

Monatsprognose anhand von Tagesumsätzen

Anhand aktueller Tagesumsätze eines bestimmten, online vertriebenen Produktes soll täglich eine Prognose des Monatsumsatzes erstellt werden. Neben den aktuellen Tagesumsätzen soll ein Schätzumsatz mit in die Berechnung der Prognose einfließen.

Der Aufbau der Tabelle

Die Tabelle mit den Monatsumsätzen besitzt den in der folgenden Abbildung dargestellten Aufbau:

	A	B	C	D	E
1	Datum	Umsatz			
2	01. Mai	2.525 €		Hochgerechneter Monatsumsatz:	
3	02. Mai	1.799 €		Schätzumsatz pro Tag	1.800 €
4	03. Mai	2.730 €			
5	04. Mai	1.581 €			
6	05. Mai	1.982 €			
7	06. Mai	2.124 €			
8	07. Mai	1.419 €			
9	08. Mai	2.029 €			
10	09. Mai	2.203 €			
11	10. Mai	564 €			
12	11. Mai				
13	12. Mai				
14	13. Mai				
15	14. Mai				

Die Tabelle mit den Monatsumsätzen

Formeln zuverlässig aufbauen

Als Erstes eine grobe Planung vornehmen

Der erste Schritt, komplexe Formeln aufzubauen, besteht darin, die Aufgabenstellung, welche von der Formel gelöst bzw. berechnet werden soll, grob zu planen. Eine detaillierte Planung der erforderlichen Rechenbeziehung ist bei der Schritt-für-Schritt-Methode nicht erforderlich, da nachträgliche Anpassungen der Rechenbeziehung problemlos möglich sind. Anschließend setzen Sie diese Grobplanung über mehrere „Zwischenformeln" nacheinander jeweils in separaten Zellen um.

Die Umsätze in der Tabelle werden automatisch per SQL-Abfrage aus einer Datenbank in Spalte B eingetragen. In Zelle E2 möchten Sie eine Formel einbinden, die anhand der bereits erzielten Tagesumsätze und des Schätzumsatzes eine Prognose für den zu erwartenden Monatsumsatz liefert. Da die Umsätze für den aktuellen Tag in Zelle B11 noch nicht komplett erzielt wurden, soll der letzte Tag, der in der Tabelle Umsätze aufweist, nicht in die Berechnung aufgenommen werden.

Nicht alle Umsätze sollen in die Berechnung einfließen

Die Grobplanung für die Formel sieht folgendermaßen aus: Die Prognose des Monatsumsatzes besteht aus zwei Teilen. Für die Tage, deren Umsatz bereits feststeht, soll der tatsächliche Umsatz in die Prognose einfließen. Für die Tage, deren Umsatz noch nicht komplett feststeht, soll der Schätzwert aus Zelle E3 in die Prognose einfließen.

So sieht die Grobplanung aus

Als Erstes berechnen Sie den durchschnittlichen Umsatz aller bereits mit einem Umsatz gefüllten Zeilen der Liste, wobei der letzte eingetragene Umsatz unberücksichtigt bleiben soll. Um diesen Mittelwert zu berechnen, benötigen Sie das Datum des letzen Eintrags der Tabelle, da dieser nicht in die Berechnung einfließen soll. Um dieses Datum zu ermitteln, tragen Sie in Zelle E6 die folgende Formel ein:

Durchschnittlichen Umsatz berechnen

```
=MAX(WENN(ISTLEER(B2:B32);"";A2:A32))
```

Bestätigen Sie die Formel über die Tastenkombination [Strg][⇧][↵], da es sich um eine Matrixformel handelt. Geben Sie anschließend in Zelle D6 noch einen kurzen erläuternden Text ein, damit Sie stets wissen, was Sie in Zelle E6 berechnet haben.

Tastenkombination für Matrixformel

E6	▼	ƒx	{=MAX(WENN(ISTLEER(B2:B32);"";A2:A32))}		
	A	B	C	D	E
1	Datum	Umsatz			
2	01. Mai	2.525 €		Hochgerechnter Monatsumsatz:	
3	02. Mai	1.799 €		Schätzumsatz pro Tag	1.800 €
4	03. Mai	2.730 €			
5	04. Mai	1.581 €			
6	05. Mai	1.982 €		Aktuelles Datum	10. Mai
7	06. Mai	2.124 €			

Das Datum des letzten Eintrags wird berechnet

Mittelwert berechnen

Mit dieser Information können Sie nun den Mittelwert derjenigen Tage berechnen, die kleiner als dieses ermittelte Datum sind. Dazu tragen Sie in Zelle E7 die folgende Formel ein:

```
=MITTELWERT(WENN(A2:A32<E6;
B2:B32;""))
```

Auch diese Formel bestätigen Sie über die Tastenkombination (Strg)(⇧)(←), da es sich ebenfalls um eine Matrixformel handelt. Wie bei der ersten Formel geben Sie auch diesmal in Zelle D7 noch einen kurzen erläuternden Text ein.

Anzahl der Tage für den Mittelwert

Dieser berechnete Mittelwert soll nur für die Tage in die Berechnung einfließen, deren Umsatz bereits komplett erzielt wurde. Also besteht der nächste Schritt darin, die Anzahl der Tage zu berechnen, für die dieser Mittelwert in die Berechnung einfließen soll. Die dazu erforderliche Formel ist ganz einfach und besitzt den folgenden Aufbau:

```
=TAG(E6)-1
```

Die passende Formel

Als Ergebnis liefert die Formel die Zahl 9. Der Mittelwert soll also nur für die ersten neun Tage in die Berechnung einfließen. Das ist auch korrekt, da der zehnte Tag ja noch keinen endgültigen Umsatz aufweist.

Anzahl Tage für den Schätzwert

Im nächsten Schritt berechnen Sie die Anzahl der Tage, für die der Schätzwert in die Berechnung einfließen soll. Dazu setzen Sie in Zelle E9 (diese Matrixformel bitte über (Strg)(⇧)(←) eingeben) ein:

`=MAX(TAG(A2:A32))-E8`

	E9	▼	*fx* {=MAX(TAG(A2:A32))-E8}		
	A	B	C	D	E
1	Datum	Umsatz			
2	01. Mai	2.525 €		Hochgerechnter Monatsumsatz:	
3	02. Mai	1.799 €		Schätzumsatz pro Tag	1.800 €
4	03. Mai	2.730 €			
5	04. Mai	1.581 €			
6	05. Mai	1.982 €		Aktuelles Datum	10. Mai
7	06. Mai	2.124 €		Mittelwert, ohne aktuelles Datum	2.044 €
8	07. Mai	1.419 €		Anzahl Tage für Mittelwert	9
9	08. Mai	2.029 €		Anzahl Tage für Schätzwert	22
10	09. Mai	2.203 €			

Die „Zwischenformeln" sind eingerichtet

So arbeitet die Formel

Der erste Teil der Formel ermittelt den letzten Tag des aufgeführten Monats. Indem Sie von dieser Zahl die Anzahl der Tage abziehen, für die der Mittelwert gültig ist, erhalten Sie genau die Anzahl der Tage, für die der Schätzwert in die Berechnung einfließen soll.

Endergebnis berechnen

Alle erforderlichen Informationen

Sie haben nun alle erforderlichen Informationen in einzelnen Formeln berechnet und können anhand dieser Informationen die gewünschte Berechnung in Zelle E2 durchführen. Verwenden Sie dazu die folgende Formel:

`=E7*E8+E3*E9`

Zwischenformeln zu einer Formel zusammenfassen

Sie multiplizieren den Mittelwert (E7) mit der Anzahl der Tage, für die dieser Mittelwert gültig ist (E8). Dazu addieren Sie das Produkt aus Schätzwert (E3) und Anzahl der Tage, für die der Schätzwert gilt (E9). Das Ergebnis ist der anhand der von Ihnen gewünschten Methode berechnete prognostizierte Monatsumsatz:

	E2	▼	*fx* =E7*E8+E3*E9		
	A	B	C	D	E
1	Datum	Umsatz			
2	01. Mai	2.525 €		Hochgerechnter Monatsumsatz:	57.992 €
3	02. Mai	1.799 €		Schätzumsatz pro Tag	1.800 €
4	03. Mai	2.730 €			
5	04. Mai	1.581 €			
6	05. Mai	1.982 €		Aktuelles Datum	10. Mai
7	06. Mai	2.124 €		Mittelwert, ohne aktuelles Datum	2.044 €
8	07. Mai	1.419 €		Anzahl Tage für Mittelwert	9
9	08. Mai	2.029 €		Anzahl Tage für Schätzwert	22
10	09. Mai	2.203 €			

Der hochgerechnete Monatsumsatz wird ermittelt

Gesamtformel zusammenbauen

Bezüge durch Formeln ersetzen

Der letzte Schritt besteht nun darin, die Bezüge in dieser Formel durch die jeweiligen Berechnungen in den Zellen E6 bis E9 zu ersetzen. Dazu müssen Sie zuerst die Formeln dieses Bereichs so verändern, dass sie sich nicht mehr aufeinander beziehen. Gehen Sie dabei im Bereich E6 bis E9 von oben nach unten vor. Die Formel in Zelle E6 können Sie unverändert lassen, da sie sich lediglich auf die Zellen A2:B32 bezieht.

In der Formel in Zelle E7 haben Sie einen Bezug auf Zelle E6 eingebunden. Diesen ersetzen Sie durch die in Zelle E6 eingetragene Formel. Markieren Sie dazu Zelle E6 und kopieren Sie die komplette Bearbeitungszeile ohne das Gleichheitszeichen. Anschließend markieren Sie Zelle E7 und ersetzen den Bezug „E6" durch diese Formel. Setzen Sie die eingefügte Formel dabei in Klammern. Das ist in diesem Fall zwar nicht zwingend erforderlich, schadet aber auch nicht und kann bei der Ersetzung mancher Formeln wichtig sein. Nach dem Betätigen der Tastenkombination (Strg)(⇧)(↵) liefert die Formel immer noch dasselbe Ergebnis, es ist aber etwas länger geworden und sieht folgendermaßen aus:

Die neue Formel für den Mittelwert

```
=MITTELWERT(WENN(A2:A32<(MAX(WENN(
ISTLEER(B2:B32);"";A2:A32))));
B2:B32;""))
```

Auch diese Formel bezieht sich nun nur noch auf die Zellen A2:B32 und kann so bleiben. Auf demselben Wege ersetzen Sie in Zelle E8 den Bezug auf Zelle E6. Die neue Formel in Zelle B8 sieht daraufhin folgendermaßen aus:

Die neue Formel für die Anzahl der Tage für den Mittelwert

```
=TAG((MAX(WENN(ISTLEER(B2:B32);"";
A2:A32))))-1
```

In der Formel in Zelle E9 ersetzen Sie den Bezug auf Zelle E8 durch ebendiese neue Formel und erhalten folgenden Formelaufbau:

```
=MAX(TAG(A2:A32))-(TAG((MAX(WENN(
ISTLEER(B2:B32);"";A2:A32))))-1)
```

Die neue Formel
für die Anzahl der
Tage für den
Schätzwert

Sie haben nun alle Formeln des Bereichs E6:E9 „gereinigt". Der letzte Schritt besteht darin, die Bezüge der Formel in Zelle E2 ebenfalls durch die entsprechenden Formeln zu ersetzen:

```
=(MITTELWERT(WENN(A2:A32<(MAX(WENN(
ISTLEER(B2:B32);"";A2:A32)));B2:B32;
"")))*(TAG((MAX(WENN(ISTLEER(B2:
B32);"";A2:A32))))-1)+E3*(MAX(TAG(
A2:A32))-(TAG((MAX(WENN(ISTLEER(
B2:B32);"";A2:A32))))-1))
```

Denken Sie daran, dass Sie die Formel über [Strg][⇧][↵] bestätigen müssen, da sie aus mehreren Matrixformeln aufgebaut ist.

Die Formel bezieht sich nun nur auf den Bereich A2:B32 und die Zelle E3. Sie können also alle „Zwischenformeln" des Bereichs E6:E9 löschen.

E2	▼	fx	{=(MITTELWERT(WENN(A2:A32<(MAX(WENN(ISTLEER(B2:B32);
	A	B	"";A2:A32)));B2:B32;"")))*(TAG((MAX(WENN(ISTLEER(B2:B32);"";
			A2:A32))))-1)+E3*(MAX(TAG(A2:A32))-(TAG((MAX(WENN(ISTLEER(B2:B32);
			"";A2:A32))))-1))}
1	Datum	Umsatz	
2	01. Mai	2.525 €	Hochgerechneter Monatsumsatz:	57.992 €
3	02. Mai	1.799 €	Schätzumsatz pro Tag	1.800 €
4	03. Mai	2.730 €	
5	04. Mai	1.581 €	
6	05. Mai	1.982 €	
7	06. Mai	2.124 €	
8	07. Mai	1.419 €	
9	08. Mai	2.029 €	
10	09. Mai	2.203 €	
11	10. Mai	564 €	

Die komplexe Formel ist fertig

Mit diesem Weg können Sie komplexe Formeln mit einer minimalen Fehleranfälligkeit Schritt für Schritt zusammenbauen. Wie detailliert Sie den Aufbau der einzelnen Zwischenformeln umsetzen, liegt dabei ganz in Ihrem eigenen Ermessen. Mit der Zeit werden Sie mit immer weniger Zwischenformeln auskommen.

Funktionen verschachteln

Formeln verschachteln – aber richtig!

Excel bietet viele Möglichkeiten, Formeln zu verschachteln – allerdings leidet die Übersichtlichkeit darunter. Dieses Kapitel zeigt Ihnen Methoden, mit denen Sie dafür sorgen, dass Sie in Ihren Formeln trotz großer Verschachtelungen nicht den Überblick verlieren. Sie erfahren auch, wie Sie verschachtelte Formeln am einfachsten schrittweise aufbauen und Fehler in verschachtelten Formeln und Funktionen schnell finden.

Das Beispiel: Ein komplexes Rabattsystem

Das Rabattsystem

Im vorliegenden Beispiel soll eine Formel entwickelt werden, die ein komplexes Rabattsystem in einem Bestellformular umsetzt. Der Rabatt soll nach den folgenden Kriterien gewährt werden:

➡ Mehr als 120 DVDs: 10 % Rabatt

➡ Mehr als 200 CDs: 5 % Rabatt

➡ MCs für mehr als 2.000 €: 5 % Rabatt

Bauen Sie verschachtelte Formeln schnell und sicher auf

Schritt für Schritt

Für den Aufbau der verschachtelten Formel bauen Sie nacheinander die Formeln für die einzelnen Schritte der notwendigen Berechnungen auf. Alle Einzelformeln werden dann im letzten Schritt zu einer verschachtelten Formel zusammengefasst.

1. Ermittlung der Vergleichssummen

Einzelne Summen

Im ersten Schritt ermitteln Sie für die einzelnen Artikel im Lieferschein die Summen, die für den Vergleich mit den Grenzwerten des Rabattsystems erforderlich sind.

Dazu verwenden Sie die Funktion SUMMEWENN. Mit dieser Funktion addieren Sie aus dem Lieferschein alle Werte zu einem Artikel.

Für die Ermittlung der Zahl der gelieferten DVDs verwenden Sie die folgende Formel:

Das ist die Formel

=SUMMEWENN(B6:E20;"DVD";C6:C20)

In der Lieferschein-Tabelle sieht das Ergebnis dieser Berechnung folgendermaßen aus:

Das Ergebnis

B	C	D	E	F	G	H
	Menge	Preis	Summe		Rabatte	
	38	28,05 €	1.065,90 €		Medium	Grenze
	13	20,45 €	265,85 €		DVD	Menge >120
	20	26,33 €	526,60 €		CD	Menge >200
	37	24,10 €	891,70 €		MC	Summe>2000
	33	11,65 €	384,45 €			
	38	31,75 €	1.206,50 €			
	41	7,93 €	325,13 €			
	10	9,59 €	95,90 €			
	13	11,48 €	149,24 €		DVD	110

fx =SUMMEWENN(B6:E20;"DVD";C6:C20)

Berechnung in der Tabelle

Für die Berechnung der Anzahl der gelieferten CDs verwenden Sie die folgende Formel:

CDs

=SUMMEWENN(B6:E20;"CD";C6:C20)

Den Wert der gelieferten MCs in Euro berechnen Sie mit der folgenden Formel:

MCs

=SUMMEWENN(B6:E20;"MC";E6:E20)

2. Berechnung der einzelnen Rabattbeträge

Für die Ermittlung der einzelnen Rabattbeträge für alle Artikel erstellen Sie als Erstes nach dem im ersten Schritt beschriebenen Muster eine kleine Tabelle, in der Sie für alle drei Artikel die jeweiligen Mengen und die

Mengen und Gesamtpreise

dazugehörigen Gesamtpreise pro Artikelgruppe berechnen. In der Tabelle sieht das folgendermaßen aus:

	Gesamtmenge	Gesamtpreis
DVD	110	1688,86
CD	229	4554,22
MC	107	2174,27

Mengen und Gesamtpreise

Wenn-Abfrage

In einer dritten Spalte dieser kleinen Hilfstabelle ermitteln Sie nun für jede Artikelgruppe mit einer Wenn-Abfrage, ob ein Rabatt gewährt wird. Falls ja, wird als Ergebnis der Rabattbetrag ausgegeben. Wenn die Abfrage ergibt, dass kein Rabatt zu gewähren ist, liefert sie als Ergebnis den Wert null.

Abfrage im Klartext

Die Formel soll im ersten Schritt überprüfen, ob der entsprechende Wert der Artikelgruppe über dem Grenzwert liegt. Wenn ja wird der Rabatt mit dem Gesamtpreis der Artikelgruppe multipliziert. Das Ergebnis ist dann der für diese Artikelgruppe von der Gesamtsumme abzuziehende Rabattbetrag. Falls der Wert unter dem Grenzwert liegt, wird für diese Artikelgruppe nichts vom Gesamtbetrag abgezogen.

Die Formel konkret

Die Wenn-Abfrage für die Berechnung des Rabatts für die Artikelgruppe „DVD" sieht dementsprechend folgendermaßen aus:

=WENN(H15>120;I15*0,1;0)

Für die anderen Artikelgruppen bauen Sie die Wenn-Abfragen entsprechend auf. In der Tabelle sieht das Ergebnis dieser Berechnungen der Einzelrabatte folgendermaßen aus:

	Gesamtmenge	Gesamtpreis	Rabatt
DVD	110	1688,86	0
CD	229	4554,22	683,133
MC	107	2174,27	108,7135

Rabattberechnungen

3. Jetzt wird verschachtelt

Damit sind alle Vorbereitungen für die verschachtelte Formel abgeschlossen. Ziel ist es, mit dieser Formel nur auf die Tabelle des Lieferscheins zuzugreifen, ohne weitere Hilfstabellen bemühen zu müssen.

Eine Formel ohne Hilfstabellen

Dazu ersetzen Sie in der Tabelle in allen Formeln zur Rabattberechnung die Bezüge zu Zellen der Hilfstabelle. Ersetzen Sie diese Bezüge durch die in der Hilfstabelle enthaltenen Formeln, die sich auf die Daten des Lieferscheins beziehen.

Formeln statt Bezüge

Die Formel zum Ermitteln des Rabattbetrags für die Artikelgruppe „DVD" sieht dann folgendermaßen aus:

Das ist die Formel

```
=WENN(SUMMEWENN(B6:E20;"DVD";C6:C20)>
120;SUMMEWENN(B6:E20;"DVD";E6:E20)
*0,1;0)
```

Die passende Formel dazu

Nach dem gleichen Muster erstellen Sie dann die Formeln für die beiden anderen Produktgruppen, die im vorliegenden Beispiel folgendermaßen aussehen:

Für die anderen Produkte

```
=WENN(SUMMEWENN(B6:E20;"CD";C6:C20)>2
00; SUMMEWENN(B6:E20;"CD";E6:E20)*0
,15;0)
```

Die passende Formel dazu

```
=WENN(SUMMEWENN(B6:E20;"MC";E6:E20)>2
000; SUMMEWENN(B6:E20;"MC";E6:E20)*
0,05;0)
```

Die Abbildung auf der folgenden Seite zeigt die in den letzten Schritten aufgebaute Hilfstabelle mit der neuen

Die Formeln in der Hilfstabelle

Spalte „Formel", die die Formeln mit Bezügen auf den Lieferschein enthält:

	Gesamtmenge	Gesamtpreis	Rabatt	Formel
DVD	110	1688,86	0	0
CD	229	4554,22	683,133	683,133
MC	107	2174,27	108,7135	108,7135

Formelergebnisse in der Hilfstabelle

3 Formeln sind übrig

Damit sind die ersten Verschachtelungen erledigt. Sie haben nun drei Formeln, mit denen Sie direkt aus dem Lieferschein die Rabatte für die einzelnen Artikelgruppen errechnen können.

Summenfunktion

Zur Berechnung des Gesamtrabatts für alle Artikelgruppen müssen Sie im nächsten Schritt diese drei Formeln in eine Summenfunktion integrieren.

Funktions-Assistent

Dazu rufen Sie über das Menü „Einfügen" mit dem Befehl „Funktion" den Funktions-Assistenten auf. In der erscheinenden Dialogbox wählen Sie die Funktion SUMME. Das bestätigen Sie mit der Schaltfläche „OK".

Argumente für SUMME

Daraufhin gelangen Sie in die Dialogbox zur Übergabe der Argumente an die Funktion SUMME. Markieren Sie in dieser das Eingabefeld „Zahl 1". In dieses tragen Sie dann die im letzten Schritt entwickelte Formel zur Berechnung des Rabatts für die erste Artikelgruppe ein.

Bei sehr komplexen Formeln kann es sehr hilfreich sein, die Formeln, die Sie mit der Summen-Funktion zusammenfassen wollen, über die Zwischenablage in eine Textverarbeitung oder den Editor zu kopieren.

Sie können dann bei der Eingabe in den Funktions-Assistenten mit der Taste ⬚ zwischen Excel und den kopierten Formeln hin und herwechseln und die Formeln kopieren, anstatt sie einzutippen. So vermeiden

Sie Eingabefehler. Die folgende Abbildung zeigt die im vorliegenden Beispiel benötigten Formeln im Editor:

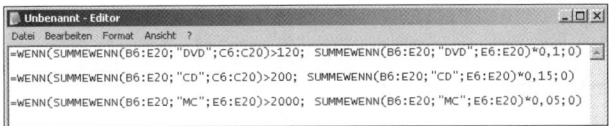

Formeln im Editor

Nach der Eingabe der ersten Formel markieren Sie das Eingabefeld „Zahl2". In dieses geben Sie dann die Formel für die zweite Artikelgruppe ein. Das wiederholen Sie im Eingabefeld „Zahl3" mit der Formel für die dritte Artikelgruppe. Damit haben Sie alle drei Formeln in der Summen-Formel zusammengefasst. Die Dialogbox für die Übergabe der Argumente an die Funktion SUMME sieht dann wie in der Abbildung auf der folgenden Seite aus.

Formeln als Argumente übergeben

Die Übergabe der Argumente bestätigen Sie mit der Schaltfläche „OK". Daraufhin wird in der Zelle, in der der Rabatt angezeigt werden soll, eine Formel mit der Gesamtberechnung des Rabatts eingetragen. Die Formel sieht folgendermaßen aus:

Das Ergebnis

```
=SUMME(WENN(SUMMEWENN(B6:E20;"DVD";C6
:C20)>120; SUMMEWENN(B6:E20;"DVD";
E6:E20)*0,1;0);WENN(SUMMEWENN(B6:E20;
"CD";C6:C20)>200; SUMMEWENN(B6:E20;
"CD";E6:E20)*0,15;0);WENN(SUMMEWENN(
B6:E20;"MC";E6:E20)>2000;
SUMMEWENN(B6:E20;"MC";E6:E20)*
0,05;0))
```

Die verschachtelte Formel

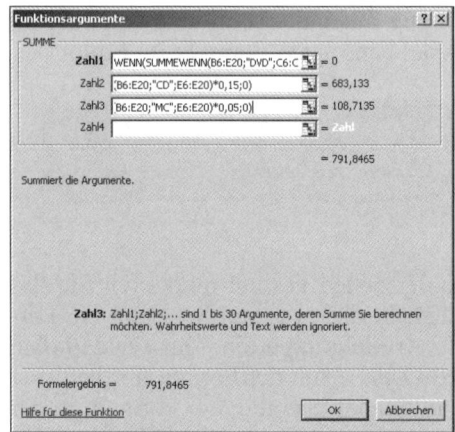

Formeln als Argumente der Funktion SUMME

Ergebnis sichtbar Das Ergebnis der Berechnung des Gesamtrabatts mit dieser umfangreichen Formel in der Tabelle sieht dann folgendermaßen aus:

	A	B	C	D	E
1					
2					
3	**Lieferschein**				
4					
5	Artikel-Nr.	Medium	Menge	Preis	Summe
6	MUS-2904-01	CD	38	28,05 €	1.065,90 €
7	MUS-2904-02	DVD	13	20,45 €	265,85 €
8	MUS-2904-03	MC	20	26,33 €	526,60 €
9	MUS-2904-04	DVD	37	24,10 €	891,70 €
10	MUS-2904-05	MC	33	11,65 €	384,45 €
11	MUS-2904-06	CD	38	31,75 €	1.206,50 €
12	MUS-2904-07	CD	41	7,93 €	325,13 €
13	MUS-2904-08	MC	10	9,59 €	95,90 €
14	MUS-2904-09	CD	13	11,48 €	149,24 €
15	MUS-2904-10	DVD	17	13,32 €	226,44 €
16	MUS-2904-11	CD	35	35,81 €	1.253,35 €
17	MUS-2904-12	MC	44	26,53 €	1.167,32 €
18	MUS-2904-13	DVD	43	7,09 €	304,87 €
19	MUS-2904-14	CD	47	8,44 €	396,68 €
20	MUS-2904-15	CD	17	9,26 €	157,42 €
21					8.417,35 €
22				Rabatt:	791,85 €

Die Formel liefert dieses Ergebnis

Einschränkungen und Grenzen bei der Verschachtelung von Formeln

Wenn Sie in Ihren Excel-Tabellen verschachtelte Formeln und Funktionen einsetzen möchten, müssen Sie
beachten, dass Excel dies nicht ohne Einschränkungen
und Grenzen erlaubt.

Achten Sie auf gültige Rückgabewerte

Wenn Sie eine verschachtelte Funktion als Argument
für eine Funktion verwenden, muss diese den gleichen
Werttyp wie das Argument zurückgeben.

**Bedingung:
gleicher Werttyp**

Wenn das erforderliche Argument beispielsweise
WAHR oder FALSCH zurückgibt, muss die verschachtelte Funktion ebenfalls WAHR oder FALSCH zurückgeben. Falls dies nicht der Fall ist, liefert Excel als Ergebnis den Fehlerwert #WERT!.

**Sonst
Fehlermeldung**

Die Grenzen der Verschachtelung

Grundsätzlich kann eine Formel in einer Excel-Tabelle
bis zu sieben Ebenen verschachtelter Funktionen enthalten. Zur Verdeutlichung: Wenn Funktion B als Argument in Funktion A verwendet wird, ist Funktion B eine
Funktion zweiter Ebene.

**7 Ebenen der
Verschachtelung**

Im konkreten Beispiel der Formel zur Berechnung des
Gesamtrabatts handelt es sich um eine Verschachtelung
mit drei Ebenen, die sich folgendermaßen aufteilt:

**3 Ebenen im
Beispiel**

1. Ebene: Summen-Funktion zur Zusammenfassung der
drei Formeln zur Einzelrabattberechnung.

Summen-Funktion

2. Ebene: Wenn-Abfragen zur Ermittlung der einzelnen
Rabatte für die Produktgruppen.

Wenn-Abfragen

3. Ebene: SUMMEWENN-Funktionen zur Berechnung der Summen für die einzelnen Produkte.

In der Praxis kommt es – häufig bei komplexen Wenn-Abfragen – immer wieder vor, dass Sie die Grenze der sieben möglichen Verschachtelungsebenen erreichen. In diesem Fall können Sie sich durch Verteilung der Funktionen auf mehrere Zellen behelfen. Statt einer Verschachtelung verwenden Sie dann eine Zelle, die die erforderliche Verschachtelung enthält, als Argument.

Fehlersuche in verschachtelten Formeln

Komplizierte Fehlersuche

Wenn sich in eine verschachtelte Formel ein Fehler eingeschlichen hat, ist die Not oft groß. Je komplexer die Formel aufgebaut ist, desto schwieriger gestaltet sich die Suche nach möglichen Fehlerquellen.

Hilfsmittel

Glücklicherweise stellt Ihnen Excel leistungsstarke Hilfsmittel für die Fehlersuche und -korrektur zur Verfügung.

Überprüfen Sie die Zwischenergebnisse

Dem Fehler auf der Spur

Wenn das Ergebnis einer verschachtelten Formel einen Fehlerwert oder ein offensichtlich falsches Ergebnis liefert, ist es immer sinnvoll, die einzelnen Rechenschritte zu überprüfen, um der Fehlerquelle auf die Spur zu kommen.

Bearbeitungszeile

Dazu markieren Sie die Zelle, die die verschachtelte Formel enthält, und aktivieren mit der Taste [F2] die Bearbeitungszeile. In dieser wird dann die komplette Formel angezeigt.

Teil der Formel markieren

In der Formel markieren Sie dann den Teil der Formel, für den Sie sich das Zwischenergebnis anzeigen lassen wollen. Die Abbildung auf der folgenden Seite zeigt, wie das aussieht:

Markierter Formelteil

Dann drücken Sie die Taste [F9]. In der Bearbeitungszeile erscheint daraufhin statt der Formel das dazugehörige Ergebnis. Die folgende Abbildung zeigt das anhand des Beispiels:

Ergebnis mit [F9]

Zwischenergebnis

Die Anzeige der Zwischenergebnisse wiederholen Sie für alle Elemente der Formel, bis Sie den Grund für den Fehler gefunden haben.

Alle Zwischenergebnisse

Einen auf diese Art und Weise aufgespürten Fehler können Sie dann direkt in der Bearbeitungszeile korrigieren.

Fehler korrigieren

Überwachen Sie Ihre Formeln

Seit der Version Excel XP steht Ihnen mit der neuen Formelauswertung ein umfangreiches und leistungsfähiges Tool zur Fehlersuche in Ihren Formeln zur Verfügung.

Die Formelauswertung arbeitet so, dass die einzelnen Formeln innerhalb einer verschachtelten Formel in der Reihenfolge ausgewertet werden, in der die Formel berechnet wird. Für den Einsatz der Formelauswertung gehen Sie folgendermaßen vor:

Auswertung Schritt für Schritt

Markieren Sie die Zelle, welche die Formel enthält, die Sie auswerten möchten. Beachten Sie dabei, dass die Formelauswertung nur funktioniert, wenn Sie eine einzelne Zelle markieren. Auf Zellbereiche ist sie nicht anwendbar.

Formelauswertung aufrufen

Rufen Sie im Menü „Extras" den Befehl „Formelüberwachung" und im verzweigenden Menü den Befehl „Formelauswertung" auf. Daraufhin wird die folgende Dialogbox angezeigt:

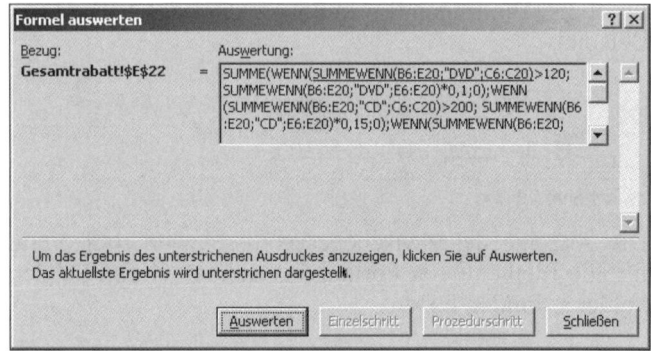

Dialogbox zur Auswertung einer Formel

Die Auswertung

In dieser Box erscheint der zuerst auszuwertende Teil der Formel unterstrichen. Klicken Sie auf die Schaltfläche „Auswerten", um den Wert des unterstrichenen Bezugs zu untersuchen. Das Ergebnis der Auswertung erscheint in Kursivschrift in der Dialogbox.

Wenn der unterstrichene Teil der Formel in der Dialogbox ein Bezug auf eine andere Formel ist, können Sie die Schaltfläche „Einzelschritt" verwenden, um die andere Formel im Feld „Auswertung" anzuzeigen. Mit der Schaltfläche „Prozedurschritt" wechseln Sie zur vorherigen Zelle und Formel zurück.

Schaltfläche „Auswerten"

Mit der Schaltfläche „Auswerten" lassen Sie sich die Ergebnisse aller in der Verschachtelung enthaltenen Formeln anzeigen. Nach und nach werden so alle Formeln in Ihrer Verschachtelung durch die daraus resultierenden Werte ersetzt. Die folgende Abbildung zeigt, wie das aussieht:

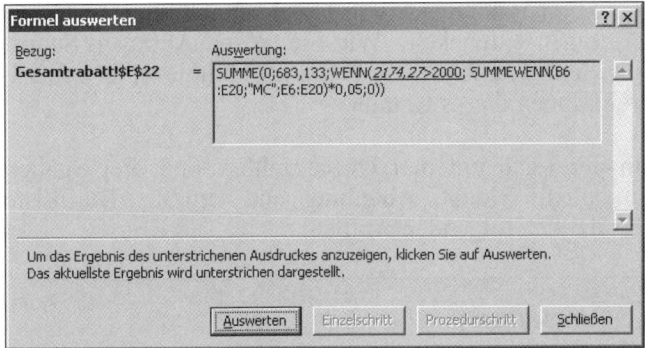

Zwischenergebnisse bei der Auswertung

Nach der letzten Auswertung ist dann nur noch das Ergebnis sichtbar. Die folgende Abbildung zeigt, wie das aussieht:

Das Ergebnis der Berechnung

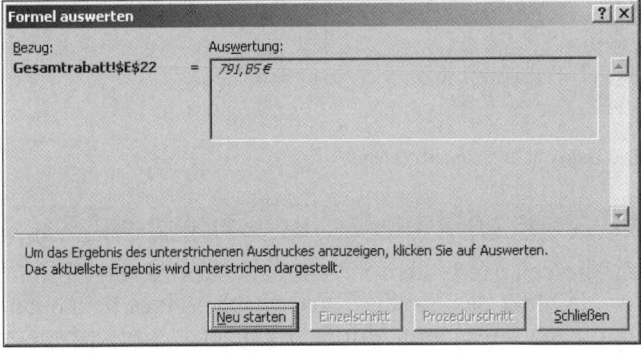

Das Endergebnis der Berechnung

Mit der Schaltfläche „Neu starten" können Sie die Auswertung bei Bedarf von vorne beginnen. Um die Auswertung Ihrer verschachtelten Formel zu beenden, klicken Sie auf die Schaltfläche „Schließen".

Neu starten oder schließen

Tabellen mit Funktionen abfragen

Durch die Kombination unterschiedlicher Formeln und Funktionen können Sie in Excel schnell leistungsfähige Abfragen entwickeln. Wie Sie solche Abfragen Schritt für Schritt aufbauen und immer komplexer erweitern, zeigt Ihnen dieses Kapitel.

In der Liste mit den Umsatzzahlen sind drei Spalten enthalten: Monat, Abteilung und Umsatz. Die Liste besitzt den folgenden Aufbau:

	A	B	C	D	E
	Umsatzzahlen				
1					
2	Monat	Abteilung	Umsatz		
3	Januar 02	A 1002	74.877 €		
4	Januar 02	B 012	67.171 €		
5	Januar 02	C 314	104.350 €		
6	Februar 02	A 1002	50.954 €		
7	Februar 02	B 012	71.525 €		
8	Februar 02	C 314	97.962 €		
9	März 02	A 1002	143.185 €		
10	März 02	B 012	108.996 €		
11	März 02	C 314	61.366 €		
12	April 02	A 1002	138.788 €		
13	April 02	B 012	72.374 €		
14	April 02	C 314	127.578 €		

Die Liste mit den Umsatzzahlen

Einfaches Abfrageformular einbinden

Zu dieser Liste binden Sie ein einfaches Abfrageformular ein, über das Sie die Umsatzzahlen eines beliebigen zeitlichen Abschnitts abfragen können. Dazu erweitern Sie das Arbeitsblatt, wie es auf der folgenden Seite zu sehen ist.

In Zelle F2 geben Sie einen Startmonat ein und in Zelle F3 einen Endmonat. Sie möchten nun eine Formel entwickeln, die Ihnen automatisch die Summe aller Listeneinträge liefert, die durch diesen Zeitraum festgelegt sind.

	A	B	C	D	E
1	**Umsatzzahlen**				
2	Monat	Abteilung	Umsatz		Anfang, Monat
3	Januar 02	A 1002	74.877 €		Ende, Monat
4	Januar 02	B 012	67.171 €		
5	Januar 02	C 314	104.350 €		Umsatz
6	Februar 02	A 1002	50.954 €		

Das kleine Abfrageformular ist eingebunden

Über Matrixformeln fragen Sie Listen ab

Für solche Aufgaben benötigen Sie eine Matrixformel mit zwei ineinander verschachtelten WENN-Funktionen. Matrixformeln setzen Sie immer dann ein, wenn Sie jede Zelle eines zu prüfenden Bereichs einzeln überprüfen möchten. Matrixformeln geben Sie wie jede andere Formel ein, nur müssen Sie die Eingabe am Ende über die Tastenkombination [Strg][⇧][↵] statt mit einem einfachen [↵] bestätigen.

Zwei ineinander verschachtelte WENN-Funktionen

Geben Sie in Zelle F2 „Januar 2002" und in Zelle F3 „März 2002" ein. Die Formel für die Abfrage des dazugehörigen Umsatzes ist folgendermaßen aufgebaut:

Aufbau der ersten Formel

```
=SUMME(WENN(A3:A38>=F2;
WENN(A3:A38<=F3;C3:C38;0)))
```

Nach der Bestätigung der Eingabe über [Strg][⇧][↵] liefert die Formel als Ergebnis den Wert 780.386 €. Dabei handelt es sich exakt um die Summe des Bereichs C3 bis C11, da nur dort die Monate Januar bis März auftreten. In der Abbildung auf der folgenden Seite können Sie erkennen, wie die veränderte Tabelle aussieht.

So funktioniert die Formel

In der ersten WENN-Funktion prüfen Sie, ob das Datum des übergebenen Bereichs A3:A38 größer oder gleich dem in Zelle F2 übergebenen Datum ist. Nur wenn das

Daten werden geprüft

der Fall ist, kommt die zweite WENN-Funktion zum Einsatz. Dort wird ebenfalls der Bereich A3:A38 geprüft. Diesmal prüft die WENN-Funktion, ob die Daten dieses Bereichs kleiner oder gleich dem Datum in Zelle F3 sind.

F5	▼	= {=SUMME(WENN(A3:A38>=F2;WENN(A3:A38<=F3;C3:C38;0)))}			
	A	B	C	D	E	F
1	**Umsatzzahlen**					
2	Monat	Abteilung	Umsatz		Anfang, Monat	Januar 02
3	Januar 02	A 1002	74.877 €		Ende, Monat	März 02
4	Januar 02	B 012	67.171 €			
5	Januar 02	C 314	104.350 €		Umsatz	780.386 €
6	Februar 02	A 1002	50.954 €			
7	Februar 02	B 012	71.525 €			

Die Formel ist eingebunden

Beide Prüfungen müssen positiv ausfallen

Nur wenn die Prüfungen beider WENN-Funktionen positiv ausfallen, bekommt die SUMME-Funktion den Wert aus der entsprechenden Zelle des Bereichs C3:C38 übergeben.

Weiteres Abfragekriterium einbinden

Formel erweitern

In der Liste sind neben den Monaten und Umsatzzahlen auch die Abteilungen eingebunden. Sie möchten das Formular und die Formel nun dahingehend erweitern, dass Sie neben Start- und Endmonat auch noch die Abteilung angeben können. Dann soll die Formel nur die Summe derjenigen Listeneinträge liefern, für die alle drei Bedingungen erfüllt sind.

Eine weitere WENN-Funktion

Geben Sie dazu in Zelle E4 den Text „Abteilung" ein und tragen Sie die Abteilung „A 1002" in die daneben liegende Zelle F4 ein. Da nun ein weiteres Kriterium hinzugekommen ist, müssen Sie die Formel um eine weitere WENN-Funktion erweitern. Mit dieser Erweiterung sieht die Formel folgendermaßen aus:

Die erweiterte Formel

```
=SUMME(WENN(A3:A38>=F2;WENN(A3:A38
<=F3;WENN(B3:B38=F4;C3:C38;0))))
```

Diesmal liefert die Formel als Ergebnis den Wert 269.016 €, da nur die drei Zellen C3, C6 und C9 addiert wurden, denn nur dort treffen alle drei Bedingungen zu.

	A	B	C	D	E	F	G	H
F5		= {=SUMME(WENN(A3:A38>=F2;WENN(A3:A38<=F3;WENN(B3:B38=F4;C3:C38;0))))}						
	Umsatzzahlen							
1								
2	Monat	Abteilung	Umsatz		Anfang, Monat	Januar 02		
3	Januar 02	A 1002	74.877 €		Ende, Monat	März 02		
4	Januar 02	B 012	67.171 €		Abteilung	A 1002		
5	Januar 02	C 314	104.350 €		Umsatz	269.016 €		
6	Februar 02	A 1002	50.954 €					
7	Februar 02	B 012	71.525 €					
8	Februar 02	C 314	97.962 €					
9	März 02	A 1002	143.185 €					
10	März 02	B 012	108.996 €					
11	März 02	C 314	61.366 €					
12	April 02	A 1002	138.788 €					
13	April 02	B 012	72.374 €					
14	April 02	C 314	127.578 €					
15	Mai 02	A 1002	50.739 €					
16	Mai 02	B 012	137.242 €					

Die Formel wurde um eine Bedingung erweitert

Bei dem bisherigen Aufbau der Formel ist es erforderlich, in den beiden Zellen E2 und E3 ein Datum des Formats „MMMM JJ" anzugeben, also „Januar 02" oder „März 02". Sie möchten nun das Abfrageformular (und natürlich die Formel) dahin gehend ändern, dass dort nur noch ein Monat ohne Jahresangabe eingetragen wird. Das Jahr soll in einer separaten Zelle eingegeben werden. Erweitern Sie dazu das Eingabeformular um eine weitere Zeile „Jahr".

Formel flexibler gestalten

Für die Formel ist neben dieser Jahresangabe eine zusätzliche Information erforderlich, damit aus dem Namen des Monats und der Angabe der Jahreszahl ein Datum zusammengestellt werden kann: Sie benötigen eine Liste mit den Namen der zwölf Monate untereinander.

Liste mit den Namen der zwölf Monate

Um eine solche Liste zu erzeugen, führen Sie die folgenden Schritte durch. Geben Sie in Zelle H2 den Text „Januar" ein. Anschließend markieren Sie den Bereich

AutoAusfüllen-Funktion

H2:H13. Rufen Sie nun den Menübefehl „Bearbeiten –
Ausfüllen – Reihe" auf. In dem erscheinenden Dialogfenster wählen Sie die Option „AutoAusfüllen" und
betätigen die Schaltfläche „OK". Excel erzeugt daraufhin automatisch eine Liste aller zwölf Monate untereinander.

	A	B	C	D	E	F	G	H
1	**Umsatzzahlen**							
2	Monat	Abteilung	Umsatz		Anfang, Monat	Januar		Januar
3	Januar 02	A 1002	74.877 €		Ende, Monat	März		Februar
4	Januar 02	B 012	67.171 €		Abteilung	A 1002		März
5	Januar 02	C 314	104.350 €		Jahr	2002		April
6	Februar 02	A 1002	50.954 €		Umsatz	0 €		Mai
7	Februar 02	B 012	71.525 €					Juni
8	Februar 02	C 314	97.962 €					Juli
9	März 02	A 1002	143.185 €					August
10	März 02	B 012	108.996 €					September
11	März 02	C 314	61.366 €					Oktober
12	April 02	A 1002	138.788 €					November
13	April 02	B 012	72.374 €					Dezember

Das Formular ist um die Jahresangabe erweitert worden und die Liste
mit den zwölf Monaten ist eingebunden

Kein korrektes Ergebnis mehr

Sie erkennen in der Abbildung, dass die Formel in ihrer
jetzigen Form kein korrektes Ergebnis liefert, da in den
beiden Zellen F2 und F3 kein Datum angegeben ist.

Aus Monatsangabe und Jahresangabe ein Datum erstellen

Sie müssen die Formel erweitern, damit diese wieder
ein korrektes Ergebnis liefert. Anstelle des Bezugs auf
die beiden Zellen F2 bzw. F3 setzen Sie nun die Funktion DATUM ein, welche aus der Monatsangabe und der
Jahresangabe ein Datum erstellt. Dabei greift sie außer-
dem auf die soeben erstellte Liste mit den Monaten zu.
Folgenden Aufbau besitzt diese neue Formel:

```
=SUMME(WENN(A3:A38>=DATUM(F5;
VERGLEICH(F2;H2:H13;0);1);
WENN(A3:A38<=DATUM(F5;VERGLEICH(F3;
H2:H13;0);1);WENN(B3:B38=F4;
C3:C38;0))))
```

Anstelle des vorherigen Bezugs F2 finden Sie in der
Formel nun die folgenden Angaben:

```
DATUM(F5;VERGLEICH(F2;H2:H13;0);1)
```

Die Tabellenfunktion DATUM bildet aus einer Jahreszahl, einer Monatszahl und einer Tageszahl ein Datum. Die Jahreszahl ist in Zelle F5 angegeben und als Tageszahl können Sie eine 1 einsetzen. Die Monatszahl müssen Sie allerdings über die Funktion VERGLEICH aus der Liste mit den Monaten ermitteln. Die Funktion VERGLEICH liefert als Ergebnis die Position, an der der in Zelle F2 enthaltene Inhalt in der Liste H2:H13 auftritt.

Die Funktion DATUM in der Praxis

Entsprechend arbeitet auch die zweite DATUM-Funktion in der Formel, mit der das Datum des Endmonats gebildet wird. Nach dem Bestätigen über die Tastenkombination $\boxed{\text{Strg}}\boxed{\text{⇧}}\boxed{\text{←}}$ liefert die Formel wie auch schon vor der Einbindung der separaten Jahresangabe den Wert 269.016 €.

	A	B	C	D	E	F	G	H
	Umsatzzahlen							
1								
2	**Monat**	**Abteilung**	**Umsatz**		Anfang, Monat	Januar		Januar
3	Januar 02	A 1002	74.877 €		Ende, Monat	März		Februar
4	Januar 02	B 012	67.171 €		Abteilung	A 1002		März
5	Januar 02	C 314	104.350 €		Jahr	2002		April
6	Februar 02	A 1002	50.954 €		Umsatz	269.016 €		Mai
7	Februar 02	B 012	71.525 €					Juni
8	Februar 02	C 314	97.962 €					Juli
9	März 02	A 1002	143.185 €					August
10	März 02	B 012	108.996 €					September
11	März 02	C 314	61.366 €					Oktober
12	April 02	A 1002	138.788 €					November
13	April 02	B 012	72.374 €					Dezember
14	April 02	C 314	127.578 €					
15	Mai 02	A 1002	50.739 €					
16	Mai 02	B 012	137.242 €					

Die neue Formel mit den DATUM-Funktionen ist eingebunden

Vielseitigere Abfragen ermöglichen

Als zusätzliche Erweiterung für Ihr Abfrageformular möchten Sie vielleicht die Möglichkeit einbinden, gleichzeitig die Umsatzzahlen mehrerer Abteilungen abzufragen.

Leider ist es in Matrixformeln dieses Aufbaus nicht möglich, die ODER-Funktion einzubinden, also müssen Sie auch diese Funktionalität in der Formel über eine weitere WENN-Funktion realisieren.

Keine ODER-Funktionen in dieser Matrixformel

Formular erweitern

Als Erstes erweitern Sie aber das Formular so, dass auch noch eine zweite Abteilung angegeben werden kann. Markieren Sie die Zellen E5:F5 und klicken Sie die Markierung mit der rechten Maustaste an. Aus dem erscheinenden Kontextmenü wählen Sie den Menübefehl „Zellen einfügen". In dem daraufhin erscheinenden Dialogfenster aktivieren Sie die Option „Zellen nach unten verschieben". Nach dem Betätigen der Schaltfläche „OK" geben Sie in die neue Zelle E5 den Text „2. Abteilung" und in Zelle F5 den Abteilungsnamen „B 012" ein.

	A	B	C	D	E	F
	Umsatzzahlen					
1						
2	Monat	Abteilung	Umsatz		Anfang, Monat	Januar
3	Januar 02	A 1002	74.877 €		Ende, Monat	März
4	Januar 02	B 012	67.171 €		Abteilung	A 1002
5	Januar 02	C 314	104.350 €		2. Abteilung	B 012
6	Februar 02	A 1002	50.954 €		Jahr	2002
7	Februar 02	B 012	71.525 €		Umsatz	269.016 €
8	Februar 02	C 314	97.962 €			

Das Formular wurde um die zweite Abteilung erweitert

Wie Sie erkennen können, liefert die Formel immer noch den vorherigen Wert von 269.016 €, da bisher nur die eine Abteilung in Zelle F4 geprüft wird. Wie oben bereits erwähnt, müssen Sie die Formel um eine weitere WENN-Funktion erweitern:

Die nochmals erweiterte Formel

```
=SUMME(WENN(A3:A38>=DATUM(F6;
VERGLEICH(F2;H2:H13;0);1);
WENN(A3:A38<=DATUM(F6;VERGLEICH(F3;
H2:H13;0);1);WENN(B3:B38=F4;
C3:C38;WENN(B3:B38=F5;C3:C38;0)))))
```

Noch eine WENN-Funktion

Wie Sie erkennen können, bleiben die ersten beiden WENN-Funktionen gleich, da für die Abfrage der Daten keine Änderung erforderlich ist. Die dritte WENN-Funktion wurde um eine weitere WENN-Abfrage erweitert. Falls die Abfrage nach der ersten Abteilung in Zelle F4 nun negativ ausfällt, wird nicht mehr der Wert null übergeben, sondern es wird auf die zweite Abteilung in Zelle F5 geprüft. Erst wenn auch diese zweite Prüfung nicht erfolgreich verläuft, wird der Wert null zurückgegeben.

Nach der Bestätigung über die Tastenkombination [Strg][⇧][↵] liefert diese neue Formel den Wert 516.708 €, da neben den Zellen A3, A6 und A9 nun auch die Umsatzzahlen der zweiten Abteilung in den Zellen A4, A7 und A10 in das Ergebnis einfließen.

Das korrekte Ergebnis erscheint

F7	▼	= {=SUMME(WENN(A3:A38>=DATUM(F6;VERGLEICH(F2;H2:H13;0);1);
A	B	WENN(A3:A38<=DATUM(F6;VERGLEICH(F3;H2:H13;0);1);
Umsatzzahlen		WENN(B3:B38=F4;C3:C38;WENN(B3:B38=F5;C3:C38;0)))))}

	A	B			
1					
2	Monat	Abteilung	Umsatz	Anfang, Monat	Januar
3	Januar 02	A 1002	74.877 €	Ende, Monat	März
4	Januar 02	B 012	67.171 €	Abteilung	A 1002
5	Januar 02	C 314	104.350 €	2. Abteilung	B 012
6	Februar 02	A 1002	50.954 €	Jahr	2002
7	Februar 02	B 012	71.525 €	Umsatz	516.708 €
8	Februar 02	C 314	97.962 €		
9	März 02	A 1002	143.185 €		
10	März 02	B 012	108.996 €		
11	März 02	C 314	61.366 €		
12	April 02	A 1002	129.788 €		

Die Formel liefert die Umsatzzahlen beider Abteilungen

Abfrage bedienungsfreundlich gestalten

Um Ihr Abfrageformular bedienungsfreundlich zu gestalten, sollten Sie den Anwender auf eine Fehlerquelle hinweisen, wenn der folgende Fall erkannt wird: Es wird in eine der beiden Zellen eine Abteilung eingetragen, die nicht in der Liste enthalten ist. Zum Abfangen verwenden Sie eine Gültigkeitsprüfung.

Markieren Sie die beiden Zellen F4 und F5, da Sie dort die Eingabe einer nicht vorhandenen Abteilung verhindern möchten. Anschließend rufen Sie den Menübefehl „Daten – Gültigkeit" auf. In dem erscheinenden Dialogfenster wählen Sie in der Auswahlliste „Zulassen" den Eintrag „Benutzerdefiniert" und geben im Eingabefeld „Formel" die folgende Formel ein:

Zellen markieren und „Daten – Gültigkeit" aufrufen

```
=NICHT(ISTFEHLER(SVERWEIS(F4;
  $B$3:$B$38;1;0))))
```

Die Gültigkeitsprüfung

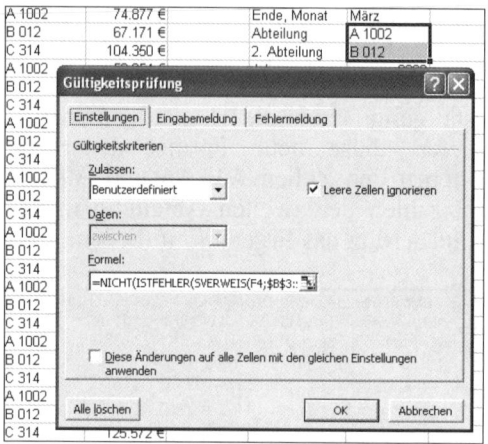

Definieren Sie die Gültigkeitsprüfung

Keine falschen Eingaben mehr

Wenn Sie in einer der beiden Zellen nun eine Abteilung eingeben, die nicht in der Liste auftritt, wird diese Eingabe nicht zugelassen.

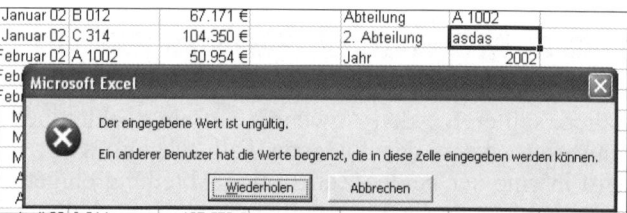

Eine nicht vorhandene Abteilung kann nicht mehr eingegeben werden

Fehler in Funktionen verhindern

Wenn Sie den Aspekt „Mensch" bei der Erstellung Ihrer Kalkulationen nicht zu berücksichtigen hätten, bräuchten Sie sich über die Vermeidung von Fehlern nur wenig Gedanken zu machen. Eine fehlerfreie Tabelle rechnet richtig, auf jeden Fall – darauf können Sie sich verlassen! Wie Sie Fehler beim Aufbau und bei der Bedienung von Tabellen vermeiden und erkennen, erfahren Sie in diesem Kapitel.

Da beim Aufbau einer Excel-Tabelle und beim Einsatz in der Praxis immer Menschen beteiligt sind, können Sie Fehler nie zu 100 % ausschließen. Wenn Sie potenzielle Fehlerquellen kennen, die notwendigen Schutzmaßnahmen ergreifen und das erforderliche Maß an Sorgfalt walten lassen, können Sie jedoch relativ sicher sein.

Vertrauen ist gut – Kontrolle ist besser

Am anfälligsten für Fehler sind Excel-Tabellen, die als Vorlage für Tabellen dienen und dann als Kopie in der Praxis von vielen Anwendern eingesetzt werden. Ein möglicher Fehler verbreitet sich in solchen Fällen immer weiter. Ähnliches gilt für Tabellen, die stetig erweitert werden. **Diese Tabellen sind besonders anfällig**

Zur Vermeidung von Rechenfehlern in derart sicherheitsrelevanten Tabellen sollten Sie zusätzlich zu den auf den folgenden Seiten beschriebenen technischen Methoden die folgende Vorgehensweise beachten: **Sicherheitsmaßnahmen**

➡ Erstellen Sie ein Tabellengerüst, das alle für die erforderlichen Berechnungen notwendigen Formeln und Funktionen enthält. **Gerüst mit Formeln**

➡ Überprüfen Sie anhand von Beispielzahlen, ob die Formeln offensichtliche Fehlermeldungen liefern. **Überprüfung auf Fehlermeldungen**

Überprüfung der Ergebnisse

➡ Überprüfen Sie, ob alle Berechnungen anhand der Beispielzahlen die korrekten Ergebnisse liefern. Gegebenenfalls verwenden Sie dazu einen Taschenrechner.

Bei Tabellen, die im späteren Einsatz erweitert werden sollen, müssen Sie zusätzlich überprüfen, ob alle Bezüge in Formeln und Funktionen so angelegt sind, dass sie bei der Erweiterung korrekt angepasst werden. Dabei legen Sie besonderes Augenmerk auf absolute und relative Bezüge.

Noch mehr Sicherheit

Bei sehr umfangreichen Tabellen oder wenn besondere Sicherheitsmaßnahmen erforderlich sind, bietet es sich an, zusätzlich die folgenden Sicherheitsvorkehrungen zu treffen:

Eine weitere Überprüfung

➡ Lassen Sie obige Überprüfungen zusätzlich durch einen weiteren Mitarbeiter durchführen. Das geschieht am besten ohne vorherige Erläuterungen, da so nicht nur Rechenfehler, sondern auch strukturelle Probleme aufgedeckt werden können.

Checkliste zur Sicherheit

➡ Erstellen Sie eine Checkliste für die Erstellung, die Überprüfung und die Freigabe von sicherheitsrelevanten Tabellen. Je nach Aufbau der Tabelle fragen Sie darin etwa die folgenden Informationen ab: Ersteller, erforderliche Ergebnisse, benötigte Formeln, mögliche Plausibilitätskontrollen, mögliche Gültigkeitsprüfungen, Methoden zur Fehlererkennung, Kontrolleur, Kontrolltermine oder Erweiterungstermine.

Führen Sie Plausibilitätskontrollen ein

Bei sehr vielen Berechnungen in Excel-Tabellen ist es möglich, die Ergebnisse auf verschiedenen Wegen zu ermitteln. Diese Tatsache können Sie sich für Plausibilitätskontrollen zunutze machen.

Die Möglichkeiten der Doppelberechnung zur Plausibilitätskontrolle sind vielfältig. Sie sollten bei jeder Tabelle sehr genau die Struktur analysieren, um die verschiedenen Rechenwege zu finden. Der Aufwand lohnt auf jeden Fall, da diese Art der Kontrolle mit relativ geringem Aufwand ein hohes Maß an Sicherheit garantiert.

Suche nach Rechenwegen

Im vorliegenden Beispiel können Sie die Quartalsumsätze durch Addition aller Einzelumsätze und durch Addition der einzelnen Monatsumsätze ermitteln. Wenn Sie in zwei untereinander liegenden Zellen beide Berechnungen durchführen, sehen Sie auf einen Blick, ob Sie zum selben Ergebnis kommen. Die folgende Abbildung zeigt den Einsatz einer solchen Kontrollrechnung an einem Auszug aus der Beispieltabelle:

Verschiedene Additionen

D13	▼	*fx* =SUMME(B10:D10)	
	A	B	C	D
1	**Umsätze nach Sparten I-IV**			
2				
3		Januar	Februar	März
4	Leben	49.338,00 €	33.193,00 €	39.895,00 €
5	Haftpflicht	17.910,00 €	13.786,00 €	45.404,00 €
6	Unfall	27.918,00 €	35.336,00 €	42.342,00 €
7	Kranken	36.349,00 €	33.476,00 €	13.264,00 €
8	Kfz	35.123,00 €	11.591,00 €	49.628,00 €
9	Sonstige	27.370,00 €	15.916,00 €	40.262,00 €
10	**Summe:**	**194.008,00 €**	**143.298,00 €**	**230.795,00 €**
11				
12			**Summe I:**	568.101,00 €
13				568.101,00 €
14				

Zwei Rechenwege, ein Ergebnis

Noch komfortabler können Sie die Doppelberechnung einsetzen, wenn Sie sie in eine Wenn-Abfrage integrieren, die bei Übereinstimmung eine „OK"-Meldung und bei Widersprüchen eine Warnung ausgibt.

Dazu setzen Sie im vorliegenden Beispiel die folgende Formel ein:

```
=WENN(SUMME(B10:D10)=D12;"OK";"FEHLER!")
```

Diese Formel vergleicht die alternative Berechnung mit dem Ergebnis der anderen Berechnung. Bei Übereinstimmung liefert Sie den Text „OK", ansonsten „FEHLER!".

Erkennen Sie Fehler blitzschnell

Hervorhebung

Wenn Fehler in einer Tabelle auftreten und erkannt werden, ist es sehr hilfreich, die Zellen, die den Fehler enthalten, möglichst deutlich hervorzuheben. Dazu nutzen Sie die Möglichkeiten der bedingten Formatierung.

Bedingte Formatierung

Hierfür markieren Sie die Zelle, in der die Berechnung durchgeführt wird. Dann rufen Sie im Menü „Format" den Befehl „Bedingte Formatierung" auf. Daraufhin erscheint eine Dialogbox.

Wenn-Abfrage

In dieser Box öffnen Sie das Listfeld „Bedingung 1". Aus der Liste wählen Sie mit einem Mausklick die Option „Formel ist". In das Eingabefeld tragen Sie dann die folgende Formel ein, die eine Abwandlung der Wenn-Abfrage auf der vorigen Seite ist:

```
=WENN(SUMME(B10:D10)=D12;"";WAHR)
```

Muster oder Farbe

Mit der Schaltfläche „Format" öffnen Sie dann eine weitere Dialogbox. In dieser wählen Sie ein auffälliges Muster oder eine Farbe aus, in der die Zelle markiert werden soll, wenn die Abfrage das Ergebnis WAHR liefert. Die folgende Abbildung zeigt die Dialogbox mit den entsprechenden Einstellungen:

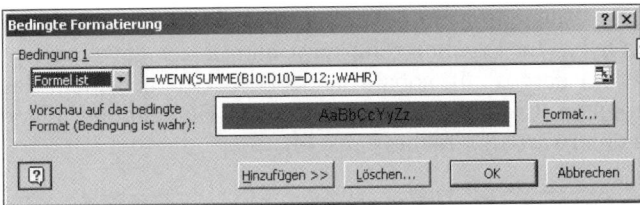

Bedingte Formatierung

Die Tatsache, dass die bedingte Formatierung bis zu drei Bedingungen erlaubt, können Sie dazu nutzen, zusätzlich die Möglichkeit abzufangen, dass die Berechnung zu einer Fehlermeldung führt.

Dazu klicken Sie die Schaltfläche „Hinzufügen" an. Die Box wird um ein Bedingungsfeld erweitert. Aus dem Listfeld „Bedingung 2" wählen Sie „Formel ist". In das Eingabefeld tragen Sie die folgende Formel ein:

Bedingung hinzufügen

`=ISTFEHLER(D12)`

Wie bei der ersten Bedingung legen Sie dann ein Format fest. Da im vorliegenden Fall keine Unterscheidung erforderlich ist, können Sie das Gleiche einstellen, wie bei der ersten Bedingung. Die folgende Abbildung zeigt die Dialogbox mit den notwendigen Einstellungen:

Formatierung

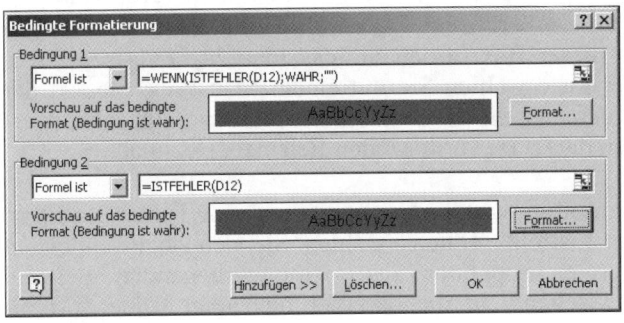

Zweite Bedingung

Das Ergebnis der bedingten Formatierung

Die Einstellungen in dieser Box bestätigen Sie mit „OK". Die Ergebniszelle wird nun in der gewünschten Form dargestellt, sobald beide Berechnungen nicht das gleiche Ergebnis liefern oder die Berechnung einen Fehlerwert als Ergebnis ausgibt.

Beschränken Sie die Eingabemöglichkeiten

Eine weitere Möglichkeit zur Fehlervermeidung bietet Ihnen die Gültigkeitsprüfung. Mit dieser Funktionalität können Sie Eingaben in Zellen auf vielfältige Art und Weise beschränken.

Kriterien müssen erfüllt sein

Das funktioniert so: Sie legen fest, welche Kriterien Daten erfüllen müssen, damit sie in eine Zelle eingegeben werden können. Die Eingabe ist nur noch dann möglich, wenn die Kriterien erfüllt sind. Andernfalls erscheint ein Hinweisfenster, das auf die unpassenden Daten aufmerksam macht.

Aufruf der Gültigkeitsprüfung

Zur Anwendung der Gültigkeitsprüfung markieren Sie die Zellen, für die Sie die Eingabemöglichkeiten einschränken möchten. Im vorliegenden Beispiel ist das der Zellbereich, in den die Umsätze eingetragen werden sollen. Dann rufen Sie im Menü „Daten" den Befehl „Gültigkeitsprüfung" auf. Daraufhin erscheint das Dialogfenster, das auf der folgenden Seite dargestellt ist.

Listfeld „Zulassen"

In dieser Box öffnen Sie das Listfeld „Zulassen". Aus der Liste wählen Sie mit einem Mausklick die Art der Daten aus, die in die markierten Zellen eingegeben werden darf – im vorliegenden Beispiel „Dezimal".

Vergleichsoperator und Grenzen

Daraufhin wird die Dialogbox um neue Felder erweitert. Im Listfeld „Daten" wählen Sie den anzuwendenden Vergleichsoperator aus – im vorliegenden Beispiel „zwischen". In die darunter liegenden Felder „Maximum" und „Minimum" tragen Sie dann die Ober- und Untergrenze des zuzulassenden Bereichs ein.

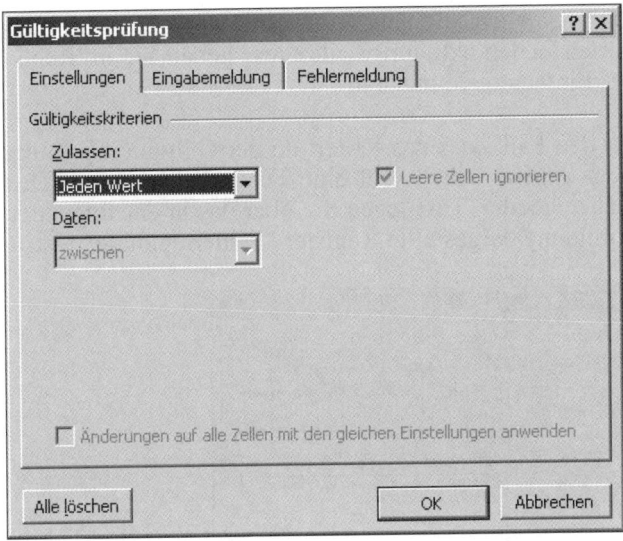

Gültigkeitsprüfung

Die folgende Abbildung zeigt die Dialogbox mit den Optionen für das vorliegende Beispiel:

Die Dialogbox mit den Optionen

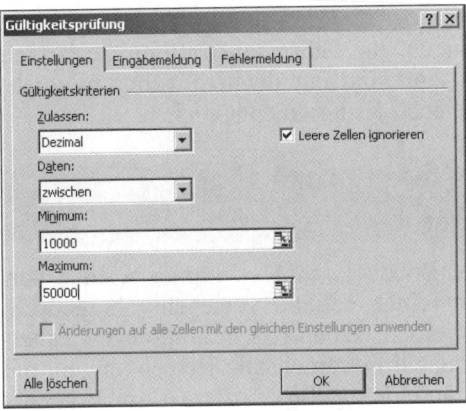

Gültigkeitsprüfung mit Voreinstellungen

Zur Erläuterung der möglichen Eingaben für den An- wender der Tabelle können Sie nun eine Eingabemel-

Eingabemeldung festlegen

dung festlegen, die angezeigt wird, wenn eine der markierten Zellen aktiviert wird. Diese geben Sie im Register „Eingabemeldung" ein.

Fehlermeldung ausgeben

Für den Fall, dass das Kriterium der Gültigkeitsprüfung nicht zutrifft, gibt Excel eine Fehlermeldung aus. Den anzuzeigenden Text legen Sie über das in der folgenden Abbildung dargestellte Register „Fehlermeldung" fest:

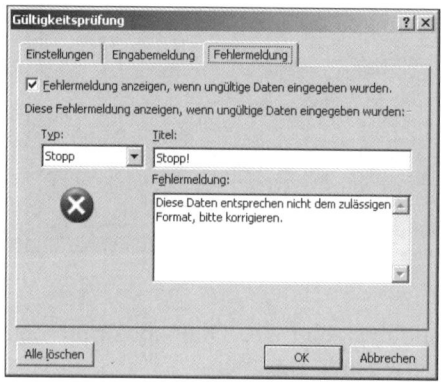

Fehlermeldung

Fertig!

Diese Einstellungen zur Gültigkeitsprüfung bestätigen Sie mit „OK". Dann sind nur noch Eingaben möglich, die den vorgegebenen Kriterien entsprechen.

Schützen Sie Ihre Formeln vor Veränderungen

Versehentliches Löschen oder Ändern

In der täglichen Praxis kommt es immer wieder vor, dass Formeln in einer Tabelle versehentlich gelöscht oder verändert werden. Wenn das in komplexen Tabellen nicht bemerkt wird, werden alle Berechnungen, die sich auf die veränderten Zellen beziehen, im Ergebnis verfälscht. Das können Sie verhindern, indem Sie die Zellen, die Formeln enthalten, mit einem Schutz versehen.

Dazu markieren Sie alle Zellen des Tabellenblatts. Dann rufen Sie im Menü „Format" den Befehl „Zellen" auf. In der erscheinenden Dialogbox aktivieren Sie das Register „Schutz". In diesem Register deaktivieren Sie dann die Option „Gesperrt".

Schutz aufheben

Anschließend markieren Sie alle Zellen, die Formeln enthalten. Dann rufen Sie wieder das Register „Schutz" auf. Aktivieren Sie nun die Option „Gesperrt".

Zellen mit Formeln schützen

Dann rufen Sie im Menü „Extras" den Befehl „Schutz" auf. Im verzweigenden Menü aktivieren Sie den Befehl „Blatt schützen". Daraufhin wird die folgende Dialogbox eingeblendet:

Blatt schützen

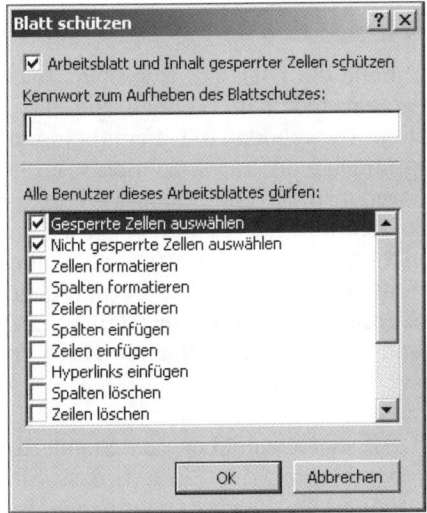

Blattschutz einrichten

Im vorliegenden Fall müssen Sie keine weiteren Optionen einstellen und kein Passwort vergeben. Bestätigen Sie den Schutz mit der Schaltfläche „OK". Nun können die mit einem Schutz versehenen Zellen Ihrer Tabelle nicht mehr bearbeitet oder verändert werden.

Das Blatt ist geschützt

Undokumentierte Funktionen

Versteckt und undokumentiert

In Excel verstecken sich eine Reihe von Tabellenfunktionen und anderen Funktionen, die nicht dokumentiert sind. Dabei handelt es sich wohl um Überreste vergangener Programmversionen oder um Dinge, die in Alpha- oder Beta-Phasen getestet wurden, aber dann doch nicht den Weg in die Final-Version fanden.

Einsatz in der Praxis

In diesem Beitrag stellen wir Ihnen ausgewählte undokumentierte Tabellenfunktionen und andere Funktionen von Excel vor und zeigen Ihnen, wie Sie diese in der Praxis einsetzen.

Differenzen zwischen Daten ermitteln

Nicht dokumentiert

Wenn Sie in einer Tabelle die Differenz zwischen zwei Datumsangaben ermitteln möchten, können Sie dazu sehr gut eine Funktion verwenden, die eigentlich nur aus Kompatibilitätsgründen von Excel zu Lotus 1-2-3 angeboten wird und weder in der Hilfe noch im Funktions-Assistenten dokumentiert ist. Lediglich in Excel 2000 taucht die Funktion in der Hilfe auf – aber nur, wenn bei einer bereits im Tabellenblatt befindlichen Funktion über „Einfügen – Funktion" der Funktions-Assistent geöffnet und hier die Schaltfläche „Hilfe zu dieser Funktion" ausgewählt wird.

DATEDIF

Die Funktion DATEDIF hat gegenüber den Standardfunktionen zur Differenzbildung den Vorteil, dass Sie unabhängig von der Einheit des gewünschten Ergebnisses nur eine Funktion benötigen. Sie müssen lediglich das Argument für die Einheit anpassen.

Beim Einsatz der regulären Excel-Funktionen müssen Sie sich je nach der gewünschten Einheit für das Ergebnis, das Sie erzielen möchten, für eine der vorhandenen Datumsfunktionen entscheiden. Beim Einsatz der Funktion DATEDIF legen Sie die Einheit über eines der Argumente fest:

```
DATEDIF(Startdatum;Enddatum;
"Zeiteinheit")
```

Als Argumente übergeben Sie der Funktion DATEDIF ein Anfangsdatum, ein Enddatum und die Einheit, in der das Ergebnis ausgegeben werden soll.

Argumente

Das Anfangsdatum und das Enddatum können Sie der Funktion entweder als absolute Werte, als Bezüge auf eine Zelle oder als Ergebnisse einer Berechnung übergeben.

Anfangs- und Enddatum

Beim Einsatz der Funktion DATEDIF stehen Ihnen die folgenden Zeiteinheiten für die Ausgabe des Ergebnisses zur Verfügung:

Zeiteinheiten

➡ „md": Unterschied in Tagen, wobei Monate und Jahre ignoriert werden

➡ „ym": Unterschied in Monaten, Tage und Jahre bleiben unberücksichtigt

➡ „yd": Unterschied in Tagen, wobei die Jahre ignoriert werden

Ausgegeben werden von der Funktion immer die jeweils kompletten Einheiten. Angebrochene Jahre, Monate oder Tage werden ignoriert.

Nur komplette Einheiten

Für den Fall, dass Sie nur die ganzen Tage ohne Berücksichtigung der Jahre und Monate ermitteln möchten, verwenden Sie die Einheit „md". Dementsprechend setzen Sie „ym" ein, wenn Tage und Jahre ignoriert werden sollen. Wenn lediglich die Jahre unberücksichtigt bleiben sollen, wählen Sie „yd".

Da der Funktions-Assistent die Funktion nicht zur Verfügung stellt, müssen Sie den Funktionsnamen und die erforderlichen Argumente direkt in eine Zelle eintragen.

Direkte Eingabe

Beispieltabelle

Die folgende Abbildung zeigt eine kleine Beispieltabelle, in der die Funktion DATEDIF mit verschiedenen Einheiten zum Einsatz kommt:

B5	▼	f_x =DATEDIF(B3;B4;"y")	
	A	B	C
1	**Einsatz von DATEDIF**		
2			
3	Anfangsdatum:	01.02.2000	
4	Enddatum:	31.08.2004	
5	Differenz in Jahren:	4	
6	Differenz in Monaten:	54	
7	Differenz in Tagen:	1673	
8			
9			
10			

DATEDIF im Einsatz

Für den Fall, dass die Funktion DATEDIF eine Fehlermeldung liefert, müssen Sie das Add-In „Analyse-Funktionen" installieren. Dazu benutzen Sie im Menü „Extras" den Befehl „Add-Ins". In der erscheinenden Dialogbox wählen Sie das Add-In „Analyse-Funktionen". Das bestätigen Sie mit der Schaltfläche „OK".

Tabellen auswerten

AUSWERTEN

Für den Einsatz beliebiger Formeln steht Ihnen in Excel die undokumentierte Tabellenfunktion AUSWERTEN zur Verfügung. Sie finden eine Dokumentation dazu weder in der Hilfe noch im Funktions-Assistenten.

Fehlermeldung

Auch die direkte Eingabe der Funktion in eine Zelle, die bei DATEDIF möglich ist, klappt bei AUSWERTEN nicht. Der Versuch der direkten Eingabe führt zu der auf der folgenden Seite dargestellten Fehlermeldung.

Fehlermeldung

Fehlerwert

Interessant an dieser Fehlermeldung ist, dass es sie so eigentlich gar nicht geben dürfte. Wenn Sie versuchen, eine Funktion einzugeben, die nicht existiert, quittiert Excel das mit dem Fehlerwert #NAME! in der Zelle, in der Sie die Eingabe versuchen – hier ist das anders.

Namen vergeben

Mit einem kleinen Umweg gelingt der Einsatz der Funktion AUSWERTEN aber doch. Dafür vergeben Sie einige Namen und weisen einem der Namen einen Ausdruck mit AUSWERTEN zu. Das geht so:

Tabellengerüst

Legen Sie ein Tabellengerüst wie in der folgenden Abbildung gezeigt an:

	A	B	C
1	Einsatz der Funktion AUSWERTEN		
2			
3	x		
4	y		
5	Formel		
6			
7	Ergebnis		
8			

Tabellengerüst

Namen einfügen

In der gezeigten Tabelle markieren Sie die Zelle B3. Dann rufen Sie im Menü „Einfügen" den Befehl „Namen" auf. Im verzweigenden Menü wählen Sie den

Befehl „Definieren". Daraufhin erscheint die folgende Dialogbox:

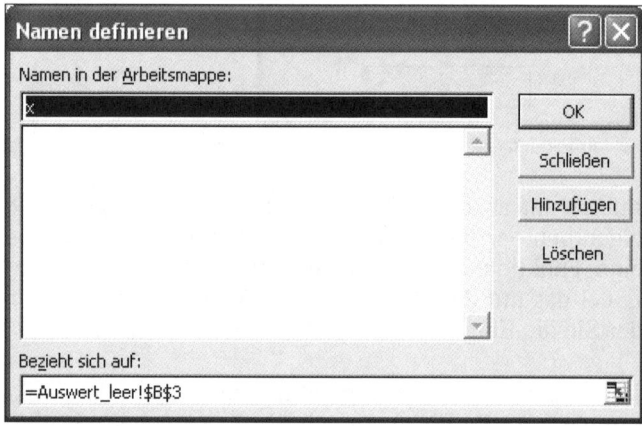

Namen definieren

Namensfeld

In dieser Box tragen Sie oben in das Namensfeld den Buchstaben x ein. Das bestätigen Sie mit der Schaltfläche „OK".

Mehr Namen

Auf die beschriebene Art und Weise versehen Sie auch die Zellen B4 und B5 mit Namen. Als Namen verwenden Sie die entsprechenden Bezeichnungen aus der Spalte A (y und Formel).

Damit sind die Vorbereitungen für den Einsatz der Funktion AUSWERTEN getroffen. Sie müssen nun noch einem Namen den entsprechenden Ausdruck zuweisen. Dazu gehen Sie folgendermaßen vor:

Namen definieren

Rufen Sie im Menü „Einfügen" den Befehl „Namen" auf. Im verzweigenden Menü wählen Sie den Befehl „Definieren". Daraufhin erscheint die oben gezeigte Dialogbox.

In das Eingabefeld „Namen in der Arbeitsmappe" tragen Sie „Ergebnis" (ohne Anführungszeichen) ein. Dann markieren Sie das Eingabefeld „Bezieht sich auf". In dieses tragen Sie dann die folgende Funktion ein:

Funktion als Bezug

=AUSWERTEN()

Dann bewegen Sie den Cursor im Eingabefeld zwischen die beiden Klammern und drücken die Taste [F3]. Daraufhin wird die folgende Dialogbox eingeblendet:

Namen einfügen

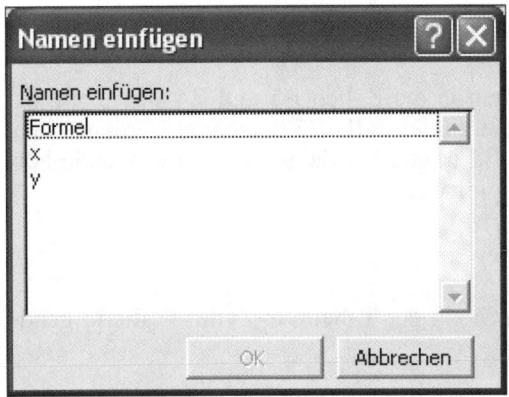

Namen in der Tabelle

In dieser Dialogbox sehen Sie eine Auflistung aller in der aktiven Tabelle vergebenen Namen. Mit einem Mausklick wählen Sie den Namen „Formel" aus und bestätigen das mit „OK". Der Name ist nun im Eingabefeld als Argument für AUSWERTEN eingetragen.

Vergebene Namen

Mit „OK" schließen Sie dann die Dialogbox „Namen definieren". Jetzt sind alle Namen vergeben, die Sie für den Einsatz der Funktion AUSWERTEN in der Tabelle benötigen.

Fertig!

Die Abbildung auf der folgenden Seite zeigt die Dialogbox „Namen definieren" mit allen vergebenen Namen.

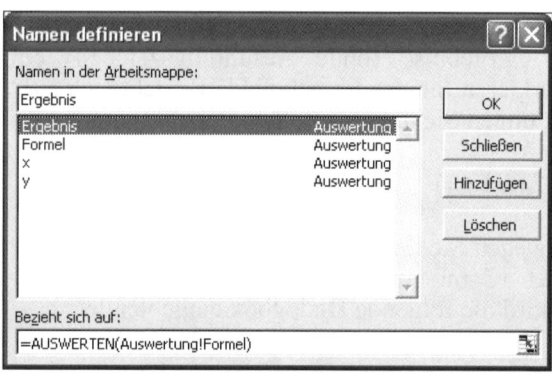

Die vergebenen Namen

Werte

Tragen Sie nun in die Zellen B3 und B4 Werte ein, die mit der Formel in der Zelle B5 berechnet werden sollen. In die Zelle B5 tragen Sie dann die anzuwendende Formel ein, beispielsweise:

Formel

x*y

Ergebnis

Dann tragen Sie in der Tabelle in Zelle B7 die folgende Formel ein:

=Ergebnis

Nach Bestätigung der Eingabe mit [↵] erscheint das gewünschte Ergebnis in der Zelle B7. Die folgende Abbildung zeigt, wie das in der Tabelle aussieht:

	A	B	C
	B7 ▼	ƒx =Ergebnis	
1	Einsatz der Funktion AUSWERTEN		
2			
3	x	7	
4	y	9	
5	Formel	x*y	
6			
7	Ergebnis	63	
8			

Einsatz von AUSWERTEN

Achten Sie bei der Anpassung der Formel oder bei der Veränderung von Werten unbedingt darauf, dass das Berechnungsergebnis nicht automatisch aktualisiert wird. Für die Neuberechnung markieren Sie die Zelle B7 und drücken dann nacheinander F2 und ↵. Dann stimmt das Ergebnis.

Funktion	Englische Funktion
ABRUNDEN	ROUNDDOWN
ABS	ABS
ACHSENABSCHNITT	INTERCEPT
ADRESSE	ADDRESS
ANZAHL	COUNT
ANZAHL2	COUNTA
ANZAHLLEEREZELLEN	COUNTBLANK
ARCCOS	ACOS
ARCCOSHYP	ACOSH
ARCSIN	ASIN
ARCSINHYP	ASINH
ARCTAN	ATAN
ARCTAN2	ATAN2
ARCTANHYP	ATANH
AUFRUNDEN	ROUNDUP
BEREICH.VERSCHIEBEN	OFFSET
BEREICHE	AREAS
BESTIMMTHEITSMASS	RSQ
BETAINV	BETAINV
BETAVERT	BETADIST
BINOMVERT	BINOMDIST
BOGENMASS	RADIANS
BW	PV
CHIINV	CHIINV
CHITEST	CHITEST
CHIVERT	CHIDIST
CODE	CODE
COS	COS
COSHYP	COSH
DATUM	DATE
DATEDIF	DATEDIF

Funktion	Englische Funktion
DATWERT	DATEVALUE
DBANZAHL	DCOUNT
DBANZAHL2	DCOUNTA
DBAUSZUG	DGET
DBMAX	DMAX
DBMIN	DMIN
DBMITTELWERT	DAVERAGE
DBPRODUKT	DPRODUCT
DBSTDABW	DSTDEV
DBSTDABWN	DSTDEVP
DBSUMME	DSUM
DBVARIANZ	DVAR
DBVARIANZEN	DVARP
DIA	SYD
DM	DOLLAR
ERSETZEN	REPLACE
EXP	EXP
EXPONVERT	EXPONDIST
FAKULTÄT	FACT
FALSCH	FALSE
FEHLER.TYP	ERROR.TYPE
FEST	FIXED
FINDEN	FIND
FINV	FINV
FISHER	FISHER
FISHERINV	FISHERINV
FTEST	FTEST
FVERT	FDIST
GAMMAINV	GAMMAINV
GAMMALN	GAMMALN
GAMMAVERT	GAMMADIST

Funktion	Englische Funktion
GANZZAHL	INT
GDA	DDB
GDA2	DB
GEOMITTEL	GEOMEAN
GERADE	EVEN
GESTUTZTMITTEL	TRIMMEAN
GLÄTTEN	TRIM
GRAD	DEGREES
GROSS	UPPER
GROSS2	PROPER
GTEST	ZTEST
HARMITTEL	HARMEAN
HÄUFIGKEIT	FREQUENCY
HEUTE	TODAY
HYPERLINK	HYPERLINK
HYPGEOMVERT	HYPGEOMDIST
IDENTISCH	EXACT
IKV	IRR
INDEX	INDEX
INDIREKT	INDIRECT
INFO	INFO
ISPMT	ISPMT
ISTBEZUG	ISREF
ISTFEHL	ISERR
ISTFEHLER	ISERROR
ISTKTEXT	ISNONTEXT
ISTLEER	ISBLANK
ISTLOG	ISLOGICAL
ISTNV	ISNA
ISTTEXT	ISTEXT
ISTZAHL	ISNUMBER

Funktion	Englische Funktion
JAHR	YEAR
JETZT	NOW
KAPZ	PPMT
KGRÖSSTE	LARGE
KKLEINSTE	SMALL
KLEIN	LOWER
KOMBINATIONEN	COMBIN
KONFIDENZ	CONFIDENCE
KORREL	CORREL
KOVAR	COVAR
KRITBINOM	CRITBINOM
KURT	KURT
KÜRZEN	TRUNC
LÄNGE	LEN
LIA	SLN
LINKS	LEFT
LN	LN
LOG	LOG
LOG10	LOG10
LOGINV	LOGINV
LOGNORMVERT	LOGNORMDIST
MAX	MAX
MAXA	MAXA
MDET	MDETERM
MEDIAN	MEDIAN
MIN	MIN
MINA	MINA
MINUTE	MINUTE
MINV	MINVERSE
MITTELABW	AVEDEV
MITTELWERT	AVERAGE

Funktion	Englische Funktion
MITTELWERTA	AVERAGEA
MMULT	MMULT
MODALWERT	MODE
MONAT	MONTH
MTRANS	TRANSPOSE
N	N
NBW	NPV
NEGBINOMVERT	NEGBINOMDIST
NICHT	NOT
NORMINV	NORMINV
NORMVERT	NORMDIST
NV	NA
OBERGRENZE	CEILING
ODER	OR
PEARSON	PEARSON
PI	PI
POISSON	POISSON
POTENZ	POWER
PRODUKT	PRODUCT
QIKV	MIRR
QUADRATSUMME	SUMSQ
QUANTIL	PERCENTILE
QUANTILSRANG	PERCENTRANK
QUARTILE	QUARTILE
RANG	RANK
RECHTS	RIGHT
REST	MOD
RGP	LINEST
RKP	LOGEST
RMZ	PMT
RÖMISCH	ROMAN

Das Excel-Funktionslexikon

Funktion	Englische Funktion
RUNDEN	ROUND
SÄUBERN	CLEAN
SCHÄTZER	FORECAST
SCHIEFE	SKEW
SEKUNDE	SECOND
SIN	SIN
SINHYP	SINH
SPALTE	COLUMN
SPALTEN	COLUMNS
STABW	STDEV
STABWA	STDEVA
STABWN	STDEVP
STABWNA	STDEVPA
STANDARDISIERUNG	STANDARDIZE
STANDNORMINV	NORMSINV
STANDNORMVERT	NORMSDIST
STEIGUNG	SLOPE
STFEHLERYX	STEYX
STUNDE	HOUR
SUCHEN	SEARCH
SUMME	SUM
SUMMENPRODUKT	SUMPRODUCT
SUMMEWENN	SUMIF
SUMMEX2MY2	SUMX2MY2
SUMMEX2PY2	SUMX2PY2
SUMMEXMY2	SUMXMY2
SUMQUADABW	DEVSQ
SVERWEIS	VLOOKUP
T	T
TAG	DAY
TAGE360	DAYS360

Funktion	Englische Funktion
TAN	TAN
TANHYP	TANH
TEIL	MID
TEILERGEBNIS	SUBTOTAL
TEXT	TEXT
TINV	TINV
TREND	TREND
TTEST	TTEST
TVERT	TDIST
TYP	TYPE
UND	AND
UNGERADE	ODD
UNTERGRENZE	FLOOR
VARIANZ	VAR
VARIANZA	VARA
VARIANZEN	VARP
VARIANZENA	VARPA
VARIATION	GROWTH
VARIATIONEN	PERMUT
VDB	VDB
VERGLEICH	MATCH
VERKETTEN	CONCATENATE
VERWEIS	LOOKUP
VORZEICHEN	SIGN
WAHL	CHOOSE
WAHR	TRUE
WAHRSCHBEREICH	PROB
WECHSELN	SUBSTITUTE
WEIBULL	WEIBULL
WENN	IF
WERT	VALUE

Funktion	Englische Funktion
WIEDERHOLEN	REPT
WOCHENTAG	WEEKDAY
WURZEL	SQRT
WVERWEIS	HLOOKUP
ZÄHLENWENN	COUNTIF
ZEICHEN	CHAR
ZEILE	ROW
ZEILEN	ROWS
ZEIT	TIME
ZEITWERT	TIMEVALUE
ZELLE	CELL
ZINS	RATE
ZINSZ	IPMT
ZUFALLSZAHL	RAND
ZW	FV
ZZR	NPER

Englische Funktion	Funktion
ABS	ABS
ACOS	ARCCOS
ACOSH	ARCCOSHYP
ADDRESS	ADRESSE
AND	UND
AREAS	BEREICHE
ASIN	ARCSIN
ASINH	ARCSINHYP
ATAN	ARCTAN
ATAN2	ARCTAN2
ATANH	ARCTANHYP
AVEDEV	MITTELABW
AVERAGE	MITTELWERT
AVERAGEA	MITTELWERTA
BETADIST	BETAVERT
BETAINV	BETAINV
BINOMDIST	BINOMVERT
CEILING	OBERGRENZE
CELL	ZELLE
CHAR	ZEICHEN
CHIDIST	CHIVERT
CHIINV	CHIINV
CHITEST	CHITEST
CHOOSE	WAHL
CLEAN	SÄUBERN
CODE	CODE
COLUMN	SPALTE
COLUMNS	SPALTEN
COMBIN	KOMBINATIONEN
CONCATENATE	VERKETTEN
CONFIDENCE	KONFIDENZ

Englische Funktion	Funktion
CORREL	KORREL
COS	COS
COSH	COSHYP
COUNT	ANZAHL
COUNTA	ANZAHL2
COUNTBLANK	ANZAHLLEEREZELLEN
COUNTIF	ZÄHLENWENN
COVAR	KOVAR
CRITBINOM	KRITBINOM
DATE	DATUM
DATEDIF	DATEDIF
DATEVALUE	DATWERT
DAVERAGE	DBMITTELWERT
DAY	TAG
DAYS360	TAGE360
DB	GDA2
DCOUNT	DBANZAHL
DCOUNTA	DBANZAHL2
DDB	GDA
DEGREES	GRAD
DEVSQ	SUMQUADABW
DGET	DBAUSZUG
DMAX	DBMAX
DMIN	DBMIN
DOLLAR	DM
DPRODUCT	DBPRODUKT
DSTDEV	DBSTDABW
DSTDEVP	DBSTDABWN
DSUM	DBSUMME
DVAR	DBVARIANZ
DVARP	DBVARIANZEN

Englische Funktion	Funktion
ERROR.TYPE	FEHLER.TYP
EVALUATE	EVALUATE
EVEN	GERADE
EXACT	IDENTISCH
EXP	EXP
EXPONDIST	EXPONVERT
FACT	FAKULTÄT
FALSE	FALSCH
FDIST	FVERT
FIND	FINDEN
FINV	FINV
FISHER	FISHER
FISHERINV	FISHERINV
FIXED	FEST
FLOOR	UNTERGRENZE
FORECAST	SCHÄTZER
FREQUENCY	HÄUFIGKEIT
FTEST	FTEST
FV	ZW
GAMMADIST	GAMMAVERT
GAMMAINV	GAMMAINV
GAMMALN	GAMMALN
GEOMEAN	GEOMITTEL
GROWTH	VARIATION
HARMEAN	HARMITTEL
HLOOKUP	WVERWEIS
HOUR	STUNDE
HYPERLINK	HYPERLINK
HYPGEOMDIST	HYPGEOMVERT
IF	WENN
INDEX	INDEX

Englische Funktion	Funktion
INDIRECT	INDIREKT
INFO	INFO
INT	GANZZAHL
INTERCEPT	ACHSENABSCHNITT
IPMT	ZINSZ
IRR	IKV
ISBLANK	ISTLEER
ISERR	ISTFEHL
ISERROR	ISTFEHLER
ISLOGICAL	ISTLOG
ISNA	ISTNV
ISNONTEXT	ISTKTEXT
ISNUMBER	ISTZAHL
ISPMT	ISPMT
ISREF	ISTBEZUG
ISTEXT	ISTTEXT
KURT	KURT
LARGE	KGRÖSSTE
LEFT	LINKS
LEN	LÄNGE
LINEST	RGP
LN	LN
LOG	LOG
LOG10	LOG10
LOGEST	RKP
LOGINV	LOGINV
LOGNORMDIST	LOGNORMVERT
LOOKUP	VERWEIS
LOWER	KLEIN
MATCH	VERGLEICH
MAX	MAX

Englische Funktion	Funktion
MAXA	MAXA
MDETERM	MDET
MEDIAN	MEDIAN
MID	TEIL
MIN	MIN
MINA	MINA
MINUTE	MINUTE
MINVERSE	MINV
MIRR	QIKV
MMULT	MMULT
MOD	REST
MODE	MODALWERT
MONTH	MONAT
N	N
NA	NV
NEGBINOMDIST	NEGBINOMVERT
NORMDIST	NORMVERT
NORMINV	NORMINV
NORMSDIST	STANDNORMVERT
NORMSINV	STANDNORMINV
NOT	NICHT
NOW	JETZT
NPER	ZZR
NPV	NBW
ODD	UNGERADE
OFFSET	BEREICH.VERSCHIEBEN
OR	ODER
PEARSON	PEARSON
PERCENTILE	QUANTIL
PERCENTRANK	QUANTILSRANG
PERMUT	VARIATIONEN

Englische Funktion	Funktion
PI	PI
PMT	RMZ
POISSON	POISSON
POWER	POTENZ
PPMT	KAPZ
PROB	WAHRSCHBEREICH
PRODUCT	PRODUKT
PROPER	GROSS2
PV	BW
QUARTILE	QUARTILE
RADIANS	BOGENMASS
RAND	ZUFALLSZAHL
RANK	RANG
RATE	ZINS
REPLACE	ERSETZEN
REPT	WIEDERHOLEN
RIGHT	RECHTS
ROMAN	RÖMISCH
ROUND	RUNDEN
ROUNDDOWN	ABRUNDEN
ROUNDUP	AUFRUNDEN
ROW	ZEILE
ROWS	ZEILEN
RSQ	BESTIMMTHEITSMASS
SEARCH	SUCHEN
SECOND	SEKUNDE
SIGN	VORZEICHEN
SIN	SIN
SINH	SINHYP
SKEW	SCHIEFE
SLN	LIA

Englische Funktion	Funktion
SLOPE	STEIGUNG
SMALL	KKLEINSTE
SQRT	WURZEL
STANDARDIZE	STANDARDISIERUNG
STDEV	STABW
STDEVA	STABWA
STDEVP	STABWN
STDEVPA	STABWNA
STEYX	STFEHLERYX
SUBSTITUTE	WECHSELN
SUBTOTAL	TEILERGEBNIS
SUM	SUMME
SUMIF	SUMMEWENN
SUMPRODUCT	SUMMENPRODUKT
SUMSQ	QUADRATESUMME
SUMX2MY2	SUMMEX2MY2
SUMX2PY2	SUMMEX2PY2
SUMXMY2	SUMMEXMY2
SYD	DIA
T	T
TAN	TAN
TANH	TANHYP
TDIST	TVERT
TEXT	TEXT
TIME	ZEIT
TIMEVALUE	ZEITWERT
TINV	TINV
TODAY	HEUTE
TRANSPOSE	MTRANS
TREND	TREND
TRIM	GLÄTTEN

Englische Funktion	Funktion
TRIMMEAN	GESTUTZTMITTEL
TRUE	WAHR
TRUNC	KÜRZEN
TTEST	TTEST
TYPE	TYP
UPPER	GROSS
VALUE	WERT
VAR	VARIANZ
VARA	VARIANZA
VARP	VARIANZEN
VARPA	VARIANZENA
VDB	VDB
VLOOKUP	SVERWEIS
WEEKDAY	WOCHENTAG
WEIBULL	WEIBULL
YEAR	JAHR
ZTEST	GTEST

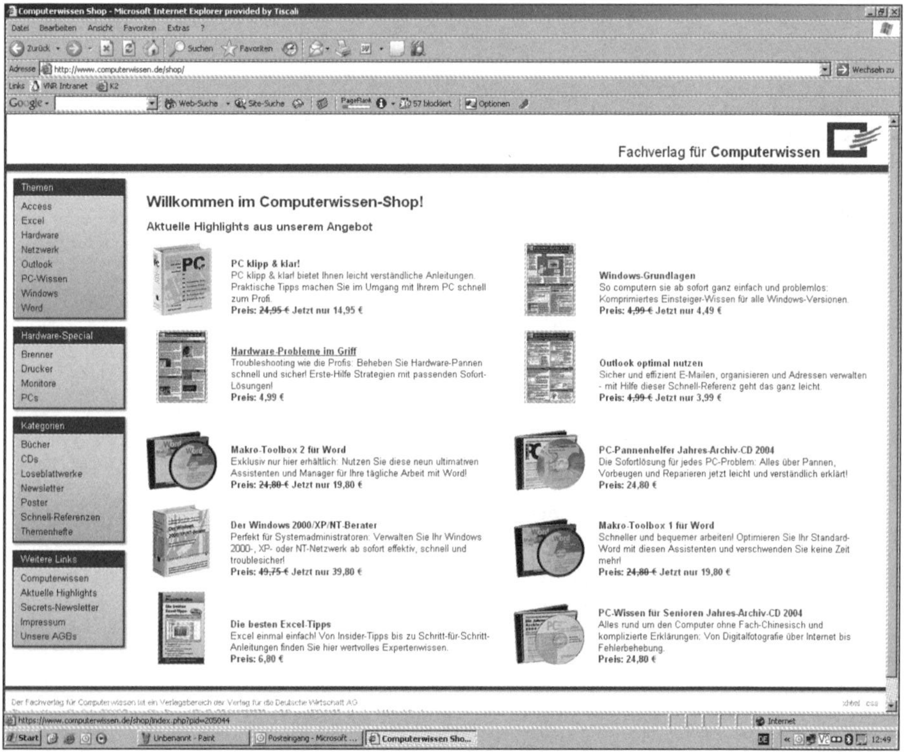

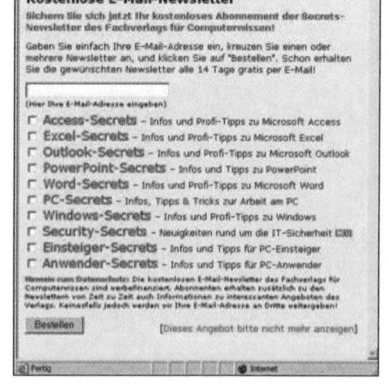